BRUCK-MÖLLER

Kommentar zum

Versicherungsvertragsgesetz

und zu den

Allgemeinen Versicherungsbedingungen

unter Einschluß des

Versicherungsvermittlerrechtes

Begründet von

Prof. Dr. jur. ERNST BRUCK †

Neubearbeitet von

Prof. Dr. jur. HANS MÖLLER

8. Auflage

3. Lieferung: Vorbemerkungen zu §§ 43—48 Recht der Versicherungsvermittlung

Berlin 1956

WALTER DE GRUYTER & CO.

vormals G. J. Göschen'sche Verlagshandlung — J. Guttentag, Verlagsbuchhandlung
Georg Reimer — Karl J. Trübner — Veit & Comp.

Inhalt der 3. Lieferung

Vorbemerkungen zu §§ 43—48: Recht der Versicherungsvermittlung

Seiten

I. Begriff der Vsvermittlung Anm. 1—11 . . . . 536—539
Schrifttum Anm. 1 536
1. Geschichte Anm. 2 537
2. Ausscheidung Anm. 3—9 . . . . 537—539
3. Wesen Anm. 10 539
4. Vermittlung Anm. 11 539

II. Arten der Vsvermittler Anm. 12—28 . . . . 539—549
1. Haupttypen Anm. 13—23 . . . . 539—548
2. Zwischengebilde Anm. 24—28 . . . . 548—549

III. Recht der Vsmakler Anm. 29—126 . . . . 550—587
1. Begriff des Vsmaklers Anm. 30 552
2. Arten des Vsmaklers Anm. 31—33 . . . . 552—553
3. Rechtsquellen des Maklerrechts Anm. 34—36 . . . . 553—555
4. Rechtsstellung des Handelsmaklers Anm. 37—120 . . . . 555—586
5. Rechtsstellung des Zivilmaklers Anm. 121—126 . . . . 586—587

IV. Recht der Vsvertreter Anm. 127—139 . . . . 588—609
Schrifttum Anm. 127 588
1. Begriff des Vsvertreters Anm. 128—130 588
2. Arten des Vsvertreters Anm. 131—132 589
3. Rechtsquellen des Vertreterrechts Anm. 133—138 . . . . 589—609
4. Innen- und Außenverhältnis Anm. 139 609

V. Speziell: Innenverhältnis der Vsvertreter Anm. 140—220 . . . . . . 610—671
1. Innenverhältnis bei selbständigen Vsvertretern Anm. 140—220 . . 615—671

Abkürzungen

Die Abkürzungen für die gebräuchlichsten Allgemeinen Versicherungsbedingungen (AVB) sind eingeführt in der Einleitung Anm. 20 (Lieferung 1).

Das wichtigste Schrifttum ist mit der benutzten Zitierweise angeführt in der Einleitung Anm. 39 (Lieferung 1). — Ist ein Werk mit dem Zusatz a. a. O. zitiert, so ist der genaue Fundort aus den Schrifttumsangaben des betreffenden Abschnitts zu entnehmen.

Ferner bedeuten: V = Versicherung, Ver = Versicherer, Vmer = Versicherungsnehmer, Vter = Versicherter.

Ein ausführliches Abkürzungsverzeichnis wird der letzten Lieferung beigefügt sein.

Einzelheiten über die Tragweite des halbzwingenden Charakters der genannten Vorschriften in Anm. 12 zu § 37, Anm. 29—30 zu § 38, Anm. 52 zu § 39, Anm. 21 zu § 40, Anm. 21 zu § 41, Anm. 19 zu § 41a.

Über die Folgen der Verletzung — also auch Umgehung — relativ zwingender Bestimmungen vgl. Einl. Anm. 48, 49 und speziell für die qualifizierte Mahnung § 39 I 3 mit Anm. 25 zu § 39, aber auch Anm. 36—37 zu § 39.

[6] II. Geltungsbereich der Vertragsfreiheit.

Auch die §§ 37—41a sind nicht zwingend für die Binnentransportv von Gütern usw. gemäß §§ 187 I, II, 192 II, § 27 I 2 GüKG, vgl. Einl. Anm. 41.

Überdies finden die Vorschriften der §§ 38, 39, 42, soweit mit Genehmigung der Aufsichtsbehörde in den Vsbedingungen abweichende Bestimmungen getroffen sind, keine Anwendung auf Ven bei Werkpensionskassen mit Zwangsbeitritt, auf Ven bei einem kleineren Gegenseitigkeitsverein, auf die Kleinlebensv und die Unfallv mit kleineren Beträgen (vgl. § 189). Diese Einschränkungen des Anwendungsgebietes der halbzwingenden Normen sind höchst bedeutsam (vgl. Anm. 29 zu § 38, Anm. 52 zu §39).

Nicht in § 42 aufgezählt und weder absolut noch relativ zwingend sind die §§ 35, 35b, 36. Über deren Abdingbarkeit vgl. Anm. 65 zu § 35, Anm. 7 zu § 35b, Anm. 14—15 zu § 36.

Vierter Titel.

Versicherungsagenten.

Mit Vorbemerkungen zum gesamten

Recht der Versicherungsvermittlung.

Die Erläuterungen zu diesem Titel behandeln alle Tatbestände der Vsvermittlung, also auch das Recht der Vsmakler. Hinsichtlich der Vsagenten, jetzt durchweg Vsvertreter genannt, werden nicht nur die §§ 43—48 kommentiert, welche das Außenverhältnis zu den Vmern behandeln, sondern vorher wird das — besonders durch die Neufassung der §§ 84—92c HGB normierte — Innenverhältnis zu den Vern erörtert.

So ergeben sich ausführliche Vorbemerkungen zu §§ 43—48 mit folgender Stoffeinteilung:

Vorbemerkungen zu §§ 43—48: Recht der Versicherungsvermittlung.

Gliederung:

I. Begriff der Vsvermittlung Anm. 1—11
Schrifttum Anm. 1
1. Geschichte Anm. 2
2. Ausscheidung Anm. 3—9
a) Vmer Anm. 4
b) Ver Anm. 5
c) Gesetzliche Vertreter Anm. 6
d) Generell Bevollmächtigte Anm. 7
e) Vsberater Anm. 8
f) Spezialbeamte Anm. 9
3. Wesen Anm. 10
4. Vermittlung Anm. 11

II. Arten der Vsvermittler Anm. 12—28
1. Haupttypen Anm. 13—23
a) Vsvertreter und Vsmakler Anm. 13
b) Selbständigkeit und Unselbständigkeit Anm. 14
c) Haupt- und Nebenberuflichkeit Anm. 15
d) Abschluß- und Vermittlungstätigkeit Anm. 16
e) General- und Untervertreter Anm. 17
f) Einzelpersonen und Personenvereinigungen Anm. 18
g) Kaufleute und Nichtkaufleute Anm. 19
h) Unterschiedliche Rechtsform des Vsunternehmens Anm. 20—21
aa) Öffentlichrechtliche Ver Anm. 20
bb) Ausländische Ver Anm. 21
i) Unterschiedliche Vergütungsform für Vsvermittlung Anm. 22
k) Gebietliche Abgrenzung des Aufgabenreiches Anm. 23
2. Zwischengebilde Anm. 24—28
a) Mehrfachvertreter Anm. 25
b) Makleragenten Anm. 26
c) Firmengruppen Anm. 27
d) Maklerprovisionsabkommen Anm. 28

III. Recht der Vsmakler Anm. 29—126
Einzelgliederung vor Anm. 29

IV. Recht der Vsvertreter Anm. 127—139
Einzelgliederung vor Anm. 127

V. Speziell: Innenverhältnis der Vsvertreter Anm. 140—500
1. Innenverhältnis bei selbständigen Vsvertretern Anm. 140—423
Einzelgliederung vor Anm. 140
2. Innenverhältnis bei unselbständigen Vsvertretern Anm. 424—500
Einzelgliederung vor Anm. 424

VI. Speziell: Außenverhältnis der Vsvertreter Anm. 501—510
Einzelgliederung vor Anm. 501

Gesetzesabdruck:

Nachstehende Rechtsquellen sind im Wortlaut an folgenden Stellen abgedruckt:

§§ 611—630 BGB	Anm. 136
§§ 652—654 BGB	Anm. 35
§§ 663—675 BGB	Anm. 197
§§ 59—75 h HGB	Anm. 135
§§ 84—92 c HGB	Anm. 134
§§ 93—104 HGB	Anm. 36
Art. 2—6 HandelsvertreterG	Anm. 134
VO PR Nr. 52/50 über Provisionen in der Kraftfahrtv	Anm. 100
Hauptpunkte eines Vertrages für hauptberufliche Vsvertreter	Anm. 138

[1] I. Begriff der Versicherungsvermittlung.

Schrifttum: Möller, Recht und Wirklichkeit der Vsvermittlung, Eine rechtspolitische Studie, Hamburg o. J. (zitiert: Möller Vsvermittlung), S. 16—23 m. w. N., Trinkhaus, Handbuch der Vsvermittlung, Band I: Provision und Abfindung der Vsvermittler, Berlin (1955) (zitiert: Trinkhaus I), S. 14—16, aber auch unten Anm. 29, 127, 140.

[2] **1. Geschichte.**

Die „Ware" V ist schwer abzusetzen. So bedarf es der Werbung für den Vsgedanken, der Vsvermittlung. Schon die ersten Vsverträge sind durch Makler abgeschlossen (Möller Vsvermittlung S. 5—7). Während der Makler bereits im Mittelalter wirtschaftlich und rechtlich zur Entfaltung gelangt war, ist der Agent erst seit dem 18. Jahrhundert auf den Plan getreten, der Vsagent — oder (wie man jetzt sagt) Vsvertreter — bedeutsam erst seit dem 19. Jahrhundert (Möller Vsvermittlung S. 7—11).

Zahlenmäßig hat aber der Vsvertreter den Vsmakler weit überflügelt. Angaben über die Zahl der Vsvermittler sind angesichts der großen Anzahl von Vsvertretern im Nebenberuf schwierig (vgl. Gauer a. a. O. S. 21—22, Trinkhaus I S. 6; für die Zeit bis 1939 Möller Vsvermittlung S. 7, 11: etwa 300000 Vsvermittler). Die Arbeitsstättenstatistik 1950 ist deshalb unzulänglich, weil (unter Nr. 6744, 6745) nicht genügend klargestellt ist, ob unselbständige Vsvertreter bei den Vsunternehmen oder bei dem Vermittlergewerbe zu zählen waren, auch bei den nebenberuflichen Vsvertretern ergaben sich viele Fehlerquellen. Jedenfalls steht aber fest, daß im Rahmen des gesamten „Vermittlergewerbes" die Vsvermittlung weitaus an der Spitze steht (vgl. Statistik der Bundesrepublik Deutschland, Bd 45, Heft 1, S. 24 und dazu Strietholt VW 1955 S. 185—187).

[3] **2. Ausscheidung.**

Nicht zu den Vsvermittlern sind zu zählen:

[4] **a) Versicherungsnehmer.**

Wer eine Schadensv für fremde Rechnung als Vmer abschließt (§§ 74—80), kann nicht als Vsvermittler bezeichnet werden, wird er doch selbst Prämienschuldner. Deshalb ist z. B. der Spediteur bei der Speditionsv kein Vsvermittler. Ebensowenig ist die Gruppenspitze bei einer echten Gruppenv Vsvermittler, denn hier wird die Gruppenspitze Vmer (Anm. 87 zu § 1; bei einer unechten Gruppenv [dazu Millauer, Rechtsgrundsätze des Gruppenvsvertrages, Karlsruhe 1954, S. 107—116] könnte dagegen die Gruppenspitze, z. B. ein Verein als Vsvermittler auftreten).

[5] **b) Versicherer.**

Führt ein Ver einem anderen Ver Risiken im Wege der Rückv zu, so ist der Erstver nicht Vsvermittler, mag auch der Verkehrsauffassung diese Vorstellung nicht fernliegen (der Rückver erhält durchweg die Originalprämie abzüglich Rückvsprovision, dazu Herrmannsdorfer, Wesen und Behandlung der Rückv, 2. Aufl., München 1924, S. 333 bis 340). Bewirkt ein Ver, insonderheit ein führender Ver, daß ein anderer Ver im Wege der Mitv beteiligt wird, weil die eigenen Maxima sonst überschritten werden, so ist auch das nicht Vsvermittlung im Rechtssinne (über Überweisungs- oder Beteiligungs-, Führungs- oder Arbeitsprovision vgl. Hübener, Die Führungsklausel in der Mitv, Karlsruhe 1954, S. 74—75, Möller Vsvermittlung S. 19 Anm. 15, 166—167). Auch bei einem Vspool ist der Begriff der Vsvermittlung nicht anzuwenden, vielmehr genügt der einbringende Ver einer gesellschaftsvertraglichen Verpflichtung.

Jedoch ist es nicht begrifflich ausgeschlossen, daß ein Ver nebenher als Vsvermittler fungiert. So kann bei Organisationsgemeinschaften ein Ver Vsvermittler eines anderen sein; man denke daran, daß ein Lebensver seine Vertreter vertraglich verpflichtet, alle geworbenen Sachvsverträge einem Sachver zuzuführen, mit dem ein Organisationsgemeinschaftsvertrag besteht.

[6] **c) Gesetzliche Vertreter.**

Handelt der Vmer beim Abschluß des Vsvertrages durch einen gesetzlichen Vertreter (Anm. 69, 70 zu § 1), so ist dieser nicht Vsvermittler. Entsprechendes gilt für gesetzliche Verwalter, z. B. Konkursverwalter, Nachlaßverwalter, Testamentsvollstrecker.

[7] **d) Generell Bevollmächtigte.**

Auch wenn ein Prokurist, Handlungsbevollmächtigter, Generalbevollmächtigter eines Vmers einen Vsvertrag abschließt, kann er nicht als Vsvermittler angesehen werden. Entsprechendes gilt für Organe einer vnehmenden juristischen Person (z. B. Vorstand);

wird ihnen eine Agentur übertragen, so handelt es sich um Sondervergütungen (Möller Vsvermittlung S. 245—246). Über die Unerwünschtheit gleichzeitiger Tätigkeit von Vorstands- und Aufsichtsratsmitgliedern eines Vers als Vsvertreter ihres Unternehmens vgl. Anm. 201. Über Hauptbevollmächtigte ausländischer Ver vgl. Anm. 21. Speziell Bevollmächtigte, z. B. ein Vsmakler mit Abschlußvollmacht des Vmers, können Vsvermittler sein.

[8] e) **Versicherungsberater.**

Ein Urteil des OLG Celle 17. II. 1938 DJustiz 1938 S. 604—605 hat erstmalig ausgesprochen, daß die Vsberatung Besorgung fremder Rechtsangelegenheiten (Rechtsberatung) im Sinne des § 1 Abs. 1 G zur Verhütung von Mißbräuchen auf dem Gebiete der Rechtsberatung vom 13. XII. 1935 (RGBl. I S. 1478) und deshalb erlaubnispflichtig sei. In Verfolg dieser Tatsache hat eine Allgemeine Verfügung des Reichsjustizministers vom 5. VII. 1938 (DJustiz 1938 S. 1114 = VA 1939 S. 41) angeordnet, bei Vsberatern — „Personen und Unternehmen, deren Erlaubnis zur geschäftsmäßigen Rechtsbesorgung .... darauf beschränkt ist, Vssuchende und Vte bei dem Abschluß, der Änderung und der Überprüfung von Vsverträgen zu beraten und zu vertreten, sowie die von ihnen ständig betreuten Vten in Vsfällen dem Vsunternehmen gegenüber zu beraten und außergerichtlich zu vertreten" — sei die Erteilung der Erlaubnis mit der Auflage zu verbinden, „daß jede Vermittlung von Vsverträgen zu unterlassen ist".

Später ist noch klargestellt, daß den Vsberatern auch die unentgeltliche Vermittlung von Vsverträgen nicht gestattet ist und daß das Verbot der Vermittlung sich auch auf eine gelegentliche Vermittlertätigkeit bezieht (VA 1939 S. 41 unter Ziff. 2). Außerdem hat der Reichsjustizminister angeordnet, daß die für die Erlaubniserteilung zuständigen Landgerichts- bzw. Amtsgerichtspräsidenten der Vsaufsichtsbehörde „vor jeder Zulassung von Vsberatern Gelegenheit zur Stellungnahme zu geben haben" (VA 1939 S. 41—42 unter Ziff. 3). Über die Vsberatung durch Wirtschaftsprüfer: Allgemeine Verfügung des Reichsjustizministers vom 12. III. 1940 DJustiz 1940 S. 368 bis 369 = NeumannsZ 1940 S. 294.

Diese Rechtsquellen gelten fort (Zonenamt R Nr. 2/47 unter Ziff. IV). Auf den Briefbogen des Vsberaters soll auf die zustimmende Stellungnahme des BAA nicht hingewiesen werden, auch darf der Vsberater im Schriftverkehr nur mit seinem persönlichen Namen, nicht mit seiner Firma zeichnen (VA 1949 S. 66—67). Im Schriftverkehr unterliegt die Zulassung keiner örtlichen Begrenzung auf den Bereich des zulassenden Landgerichts (VA 1949 S. 43).

Über die Vsberater Büchner VersPrax 1940 S, 85—90, ÖffrechtlV 1940 S, 61—65, 73—77, 88—89, Mahr, Einführung in die Vswirtschaft, Berlin 1951, S. 318—319.

Während ein Vsberater nicht vermitteln darf, gehört beim Vsvermittler eine gewisse Beratungstätigkeit zu seinen Aufgaben (vgl. § 5 Abs. 1 G vom 13. XII. 1935; Anm. 54 für den Vsmakler; Anm. zu § 43 für den Vsvertreter). Die Doppelbezeichnung „Vsberater und -vermittler" ist aber zu beanstanden (VA 1938 S. 85—86). Die Beratungstätigkeit darf nicht in einer besonderen Betriebsabteilung über den Kundenkreis des Vsvermittlungsunternehmens hinausgehen (VA 1948 S. 3); auch der Abschluß von Beratungsverträgen als Geschäftsbesorgungsverträgen begegnet Bedenken (VA 1948 S. 35). Vgl. dazu auch Anonym VW 1948 S. 260, 310—311, Bronisch a. a. O. S. 224—226.

Von den Vsberatern zu unterscheiden sind Vereinigungen von Vmern, die ihren Mitgliedern Rat und Hilfe in Vsangelegenheiten gewähren. Solche Vmervereinigungen bedürfen keiner Erlaubnis (§ 7 G vom 13. XII. 1935). Die größte Bedeutung hat der Deutsche Vs-Schutzverband e. V., Bonn (dazu Möller Vsvermittlung S. 23 Anm. 40).

[9] f) **Spezialbeamte.**

Der Gedanke rationeller Arbeitsteilung hat im Vswesen dazu geführt, daß es Spezialkräfte, sogen. „Spezialbeamte" gibt, die z. B. nur Prämien kassieren (Inkassanten), nur Schäden feststellen oder regulieren (Schadensbüros) oder nur eine Unterorganisation betreuen (Außendienstinspektoren) (über diese drei Arten von Spezialkräften Anm. 192).

Als weitere Spezialkräfte kommen sachverständige Personen in Betracht, welche Besichtigungen, Schätzungen und Tarifierungen — z. B. bei Industrierisiken — durchführen. In der öffentlichrechtlichen Sachv spielen Schätzer eine besonders große Rolle (Schmidt-Sievers S. 34, 65—66). Sie müssen bei der Hamburger Feuerkasse des Maurer- oder Zimmerhandwerks kundig sein und werden vereidigt (§ 5 FeuerkassenG bei Schmidt-Sievers S. 134—135). Andere Spezialkräfte haben zuweilen nur die Aufgabe, Schäden zu verhüten und zu bekämpfen. Schließlich kommt es vor, daß jemand nur für die Bestandserhaltung und Stornoverhütung zu sorgen hat.

Alle diese Spezialkräfte gehören nicht zu den echten Vsvermittlern (Anm. 192). Falls jedoch ein Vsvermittler nebenher die genannten Aufgaben miterledigt, so gehört das zur Vsvermittlung i. w. S. hinzu.

[10] 3. Wesen.

Vsvermittler sind Personen, die — ohne dabei selbst Vmer oder Ver zu sein — kraft rechtsgeschäftlich entstandener Geschäftsbesorgermacht für einen anderen einen Vsvertrag anbahnen, vermitteln oder abschließen, möglicherweise auch bei der Abwicklung des Vsvertrages mitwirken. Zu dieser Definition Möller Vsvermittlung S. 19, Trinkhaus I S. 15—16. Verdeutlichend ist zu bemerken, daß nicht nur für einen Ver und/oder Vmer, sondern auch für einen Generalagenten vermittelt werden kann (Anm. 174), und daß man zu den Vsvermittlern nicht diejenigen Personen rechnen darf, welche kraft einer allgemeinen Vertretungsmacht, z. B. als Prokuristen oder Organe einer juristischen Person, für den Vmer abschließen (Anm. 7).

Der generelle Begriff Vsvermittler ist verwendet in §§ 81 II 3, 140 II, IV VAG. Auf Grund der Delegation in § 81 II 3 VAG hat das RAA es in verschiedenen Bekanntmachungen „Vermittlern von Vsverträgen" untersagt, dem Vmer in irgend einer Form Sondervergütungen zu gewähren (vgl. Anm. 86 zu § 1). Auf Grund des § 140 II VAG ist schon häufig gegen Vsvermittler eingeschritten (vgl Anm. 21). Die Vsvermittler sind im Vsbeirat des BAA vertreten (§ 3 II Dritte DurchführungsVO zum BAG vom 25. III. 1953 BGBl. 1953 S. 75).

Auch in der VO PR Nr. 52/50 über Provisionen in der Kraftfahrtv vom 9. VIII. 1950 (Bundesanzeiger Nr. 160 vom 22. VIII. 1950, S. 1 [Anm. 100) ist der generelle Begriff Vsvermittler verwendet. — Vsvermittler unterliegen der Steueraufsicht nach § 11 I V StG.

Der wirtschaftliche Begriff des Vsaußendienstes ist mit jenem der Vsvermittlung nicht identisch. Das Wort „Dienst" deutet auf eine engere Beziehung zum Ver hin, so daß man Vsmakler nicht zum Vsaußendienst zählen sollte.

[11] 4. Vermittlung.

Die Vermittlungstätigkeit i. w. S. kann eine verschiedene Intensität aufweisen. Möglicherweise kann der Vsvermittler einen Vertragsteil als Bevollmächtigter vertreten, so z. B. der Abschlußagent (als Bevollmächtigter der Vers) und regelmäßig der Vsmakler (als Bevollmächtigter des Vmers). Wirkt der Vsvermittler auf den Willen beider Vertragsteile ein oder auf den Willen eines Vertragsteils, aber ohne bevollmächtigt zu sein, so kann man von Vermittlung i. e. S. sprechen (vgl. RG I. XI. 1916 LZ 1917 Sp. 190). Aber die Tätigkeit kann sich auch auf weniger beschränken: § 652 I 1 BGB erwähnt „den Nachweis der Gelegenheit zum Abschluß eines Vertrags", spezieller § 2 III VO PR Nr. 52/50 (Anm. 100) „den Nachweis von Anschriften derjenigen, die ein Interesse am Abschluß von Kraftfahrtven haben".

Abschluß, Vermittlung i. e. S., Gelegenheitsnachweis: Diese drei Grade der Vermittlungsintensität stehen einander nicht ohne weiteres gleich: Näheres in Anm. 16.

[12] II. Arten der Versicherungsvermittler.

Hinter dem Begriff Vsvermittler verbirgt sich eine Fülle der Gestalten. Die Vielfalt der Erscheinungen muß in mannigfache Haupttypen geordnet werden, aber es gibt auch manche Zwischenformen.

[13] 1. Haupttypen.

a) Versicherungsvertreter und Versicherungsmakler.

Der Ver bedarf einer „Organisation", die dauernd für ihn werbend tätig ist. Vsvertreter ist, wer ständig damit betraut ist, Vsverträge zu vermitteln (i. w. S.: Anm.

11, 16). Dabei bleibt die Frage der Selbständigkeit oder Unselbständigkeit (Anm. 14) hier ebenso offen wie die Frage, ob das Betrauungsverhältnis zu einem Ver besteht oder zu einem Generalagenten eines Vers (Anm. 17). Die §§ 43—48, überschrieben „Vsagenten", betreffen (wie noch zu begründen sein wird: Anm. zu § 43), alle Vsvertreter im hier definierten Sinn (während die §§ 84 I, II, 92 I HGB ersehen lassen, daß die Normen der §§ 84—92c HGB Selbständigkeit voraussetzen). Das Vsvertreterverhältnis ist kraft der ständigen Betrauung ein Dauerschuldverhältnis, welches üblicherweise durch Kündigung aufgelöst wird.

Dem Typ des ständig betrauten Vsvertreters steht der Maklertyp gegenüber, der von Fall zu Fall tätig wird. Vsmakler ist hiernach, wer für Vmer und/oder Ver (Vsvertreter), ohne von ihnen auf Grund eines Vertragsverhältnisses ständig betraut zu sein, die Vermittlung (i. w. S.) von Vsverträgen übernimmt (Trinkhaus I S. 129). Dabei bleibt die Frage der Gewerbsmäßigkeit (Anm. 19) hier offen. Der Handelsmakler des § 93 I HGB vermittelt gewerbsmäßig. Fehlt es an der Gewerbsmäßigkeit, wie z. B. bei gelegentlichen Vermittlern, so findet nur § 652 I 1 BGB Anwendung (Zivilmakler).

Kraft der ständigen Betrauung ist der Vsvertreter soziologisch Verbündeter des Vers, er gehört in dessen Sphäre, was sich zivilrechtlich vielfältig auswirkt (Anm. zu § 43). Der Vsmakler ist durchweg Bundesgenosse des Vmers. Beide Feststellungen schließen nicht aus, daß auch der Vsvertreter „seine" Kunden möglichst gut bedienen will (in Schadensfällen nimmt der Vsvertreter oft Partei auf Seiten des Vmers), und daß dem Vsmakler als ehrlichem Makler oft die Rolle zufällt, allzu weitgehende Wünsche des Kunden auf ein vom Ver tragbares Maß herabzumindern.

Zu alldem vgl. OLG Hamburg 15. I. 1937 JRPV 1937 S. 125 und LG Hamburg 31. V. 1951 VersR 1951 S. 261—263 mit Anm. Bronisch in zwei Wettbewerbsprozessen zwischen Vsvertretern und Vsmaklern. Vgl. auch Gauer a. a. O. S. 40—44.

[14] b) Selbständigkeit und Unselbständigkeit.

Während die Maklertätigkeit als solche stets eine selbständige ist — die fallweise Vermittlung schafft keine Abhängigkeit — muß man beim Vsvertreter unterscheiden: Es gibt Vsvertreter, die Angestellte, also Arbeitnehmer sind, ebenso aber auch selbständige Vsvertreter.

Der Ver kann also zwischen verschiedenen Organisationssystemen wählen. Entscheidet er sich für Außendienstangestellte, so spricht man vom Verwaltungssystem oder System der eigenen Regie. Da Selbständige fast ausschließlich auf Provisionsbasis arbeiten, pflegt man dem Verwaltungssystem das Provisionssystem gegenüberzustellen. Besonders in der Mittelinstanz, also bei den Generalagenten, kann man Verwaltungs- und Provisionsgeneralagenten unterscheiden. Für den Ver handelt es sich nicht nur um ein Kostenproblem (niedrige fixe Kosten beim Provisionssystem, andererseits Möglichkeit der Kostensenkung, falls große Bestände vom Ver in eigener Regie verwaltet werden), sondern auch darum, wie fest der Ver die Organisation in der Hand hat (Provisionsgeneralagenten pflegen eine eigene Unterorganisation zu besitzen, so daß bei Lösung des Generalagenturverhältnisses dem Ver auch die Unterorganisation verloren geht). Vom Vsvertreter aus gesehen geht es um Selbständigkeit oder Unselbständigkeit, also um die Tragung des Unternehmerrisikos, bei Erarbeitung größerer Vsbestände und Schaffung von Unterorganisationen auch darum, wie fest der Vsvertreter beides in der Hand behält; der Unselbständige, durchweg mit Festbezügen ausgestattet, genießt demgegenüber — besonders bei kleineren Beständen — stärkere wirtschaftliche und soziale Sicherheit. Bei vielen Vern sind beide Organisationssysteme gemischt, es zeigt sich aber ein gewisser Trend in Richtung auf die — von den Vern angestrebte — Unselbständigkeit, besonders bei den Generalagenten. Kompromisse ergeben sich kraft der für Selbständige vorgesehenen Schutznormen des neuen Handelsvertreterrechtes (Anm. 142—143), ferner dann, wenn ein Provisionsagent gewisse Festbezüge, ein Verwaltungsagent Provisionen erhält, oder wenn Provisionsgeneralagenten angehalten werden, die Unterorganisation nicht im eigenen Namen, sondern in Vertretung des Vers zu verpflichten (zu diesen Fällen Anm. 22, 17). Näheres zu den Organisationssystemen bei Möller Vsvermittlung S. 26, 233—235, Trinkhaus I S. 31—36, 94.

Die Bestimmungen des Handelsvertreterrechtes (§§ 84—92c HGB) setzen Selbständigkeit voraus. „Selbständig ist, wer im wesentlichen frei seine Tätigkeit gestalten und seine Arbeitszeit bestimmen kann" (§ 84 I 2 HGB). Beim Handelsvertreter kommt es nach der Neufassung des § 84 I 1 HGB nicht mehr darauf an, ob sein Geschäftsherr (der Unternehmer) Kaufmann ist oder nicht. Die Rechtsform des Vers (Anm. 20—21) spielt also keine Rolle mehr; auch kann der Unternehmer seinerseits Handelsvertreter (Generalagent) sein (§ 84 III HGB).

Wer ständig betraut, aber kein selbständiger Gewerbetreibender ist, ist Angestellter oder gilt als Angestellter (§ 84 II HGB), ist also Arbeitnehmer. Ist der Arbeitgeber Kaufmann, was für die meisten Ver zutrifft (Einl. Anm. 11), so ist der angestellte Vsvertreter Handlungsgehilfe (§§ 59—83 HGB). Ist der Arbeitgeber ausnahmsweise kein Kaufmann, so finden nur die Dienstvertragsvorschriften (§§ 611—630 BGB) Anwendung. Bei öffentlichrechtlichen Vern kommt ausnahmsweise auch Beamtenrecht in Frage (vgl. § 4 I preußisches G, betreffend die öffentlichen Feuervsanstalten vom 25. VII. 1910).

Näheres über Selbständigkeit und Unselbständigkeit Anm. 154—171. Die Unterscheidung ist besonders für das Innenverhältnis des Vsvertreters zum Ver bedeutsam, während das Außenverhältnis zum Vmer durch die interne Rechtsstellung des Vsvertreters grundsätzlich nicht beeinflußt wird: Der Vmer kann das Innenverhältnis nicht nachprüfen, weshalb die §§ 43—48 auf unselbständige und selbständige Vsvertreter gleichermaßen angewendet werden (Anm. zu § 43).

[15] c) Haupt- und Nebenberuflichkeit.

Die Vswirtschaft kann mit einem nur hauptberuflichen Werbeapparat nicht auskommen (Möller Vsvermittlung S. 30). Die Unterscheidung zwischen Vsvertretern im Haupt- und solchen im Nebenberuf wird auch zivilrechtlich immer bedeutsamer: Bei den selbständigen Vsvertretern gilt eine Reihe von Sonderregelungen für die Nebenberuflichen (vgl. § 92b HGB und Anm. 419: strengere Kündigungsregelung, kein Ausgleichsanspruch, Ausschließbarkeit des Vorschußanspruchs). Auch Vsmakler können haupt- oder nebenberuflich tätig sein (Anm. 33).

§ 92b III HBG läßt die Verkehrsauffassung (dazu Trinkhaus I S. 103) darüber bestimmen, ob ein Vsvertreter nur als Vsvertreter im Nebenberuf tätig ist. Genauere Maßstäbe sind für Vsvertreter entwickelt zur VO PR Nr. 52/50 über Provisionen in der Kraftfahrtv vom 9. VIII. 1950 (Bundesanzeiger Nr. 160 vom 22. VIII. 1950, S. 1 [Anm. 100]). worin für die hauptberufliche Tätigkeit bei der Vermittlung von Kraftfahrtven einerseits, für die nebenberufliche Tätigkeit andererseits Höchstprovisionen festgelegt werden. Der genannten VO war die VO über die V von Kraftfahrzeugen vom 14. II. 1938 (RGBl. I S. 200) vorausgegangen, zu der ein Runderlaß Nr. 51/38 des Reichskommissars für die Preisbildung (dazu Strietholt Vsvermittlung 1941 S. 223—224) eine Definition der Hauptberuflichkeit brachte: Hauptberufliche Vsvermittlung liege vor, wenn eine Person „überwiegend und regelmäßig bei der Vermittlung und Verwaltung von Kraftfahrzeugven oder anderer Vszweige tätig ist und in der Regel den größeren Teil des aus Erwerbstätigkeit bezogenen Einkommens hieraus erzielt. — Einkommen aus Grund- und Hausbesitz oder sonstigem Kapitalvermögen sowie Pensionsbezügen bleiben bei der Feststellung, ob eine hauptberufliche Vsvermittlung vorliegt, außer acht". Diese Definition ist zwar nicht — wie ursprünglich geplant (HandelsvertreterGBegr. S. 7, 42) — allgemein sinngemäß in das Handelsvertreterrecht übernommen, kann aber für Vsvertreter als der Verkehrsauffassung entsprechend angewendet werden (Josten-Lohmüller a. a. O. Anm. 3 zu § 92b, Knapp a. a. O. Anm. 4 zu § 92b, S. 61).

Die Worte „regelmäßige" und „in der Regel" fordern bei der Betrauung eine in die Zukunft gerichtete Beurteilung. Aber später kommt es auf die Verhältnisse im jeweiligen gegenwärtigen Zeitpunkte der Beurteilung an; es kann sich ergeben, daß ein erfolgreicher nebenberuflicher Vsvermittler zum hauptberuflichen wird (Trinkhaus I S. 101 bis 102, 103). Näheres Anm. 214.

Die wiedergegebene Definition erheischt kumulativ für die Hauptberuflichkeit: Überwiegende Tätigkeit und Hauptquelle des Arbeitseinkommens (vgl. auch die bei Möller Vsvermittlung S. 31—35 behandelten Rechtsquellen).

Wenn jemand seine Arbeitszeit nur zum geringeren Teil des Vsvermittlung widmet, aber doch — etwa infolge von Zufallsgeschäften — mehr als die Hälfte seines Arbeitseinkommens der Vsvermittlung entnimmt, so ist er dennoch nicht hauptberuflich tätig. Umgekehrt ist auch jener Handelsvertreter kein hauptberuflicher Vsvermittler, der seine überwiegende Tätigkeit der Vsvermittlung widmet, aber den größten Teil seines Arbeitseinkommens der Warenvermittlung verdankt — vielleicht weil er eine sehr gute Vertretung hat (Warenvertretung und Vsvertretung sind — wie noch zu belegen sein wird — nicht als Einheit aufzufassen). Eine Bank, die sich regelmäßig mit der Vsvermittlung befaßt, ist hauptberuflicher Vsvermittler nur dann, wenn diese Tätigkeit überwiegt und die Hauptquelle ihres Einkommens ist.

Entscheidend ist nicht nur die Erwerbstätigkeit, sondern die Tätigkeit schlechthin (HandelsvertreterGBegr S. 42, anders Möller Vsvermittlung S. 32). Sonst wäre ein Pensionär, der die meisten Tagesstunden bei seiner Briefmarkensammlung oder in seinem Schrebergarten verbringt, hauptberuflicher Vsvermittler, da seine gegenwärtige Erwerbstätigkeit sich ausschließlich oder überwiegend als Vsvermittlung darstellt. Maßgebend ist nur das Arbeitseinkommen, nicht das Einkommen aus Kapital oder früherer Arbeit (Pensionen); zum Arbeitseinkommen sind aber auch Sachbezüge zu rechnen. Wer sein Arbeitseinkommen ausschließlich oder überwiegend der Vsvermittlung verdankt, kann hauptberuflicher Vsvermittler sein, mag er noch so viel anderweitiges Einkommen beziehen. Vor begrifflichen Überspitzungen ist zu warnen, z. B. wird bei einem Werkstudenten oder einer Hausfrau, die sich einen Nebenverdienst schafft, die Verkehrsauffassung wohl nie die Hauptberuflichkeit annehmen, mögen auch Studium oder Haus zeitlich sehr zu kurz kommen (HandelsvertreterGBegr S. 42).

Die Gruppe der nebenberuflichen Vsvertreter umfaßt sehr verschiedenartige Erscheinungen, dazu Näheres Anm. 180. Trinkhaus I S. 106—110 versucht, einerseits gewisse allgemeine Leitsätze zu entwickeln, andererseits die Fülle der Erscheinungen in Untergruppen zu ordnen, nämlich Vertreter mit erkennbarem Hauptberuf, mit mehreren Berufen, gleichzeitige Waren- und Vsvertreter, Studenten und Hausfrauen, Vertreter ohne eigentlichen Hauptberuf. Die allgemeinen Leitsätze gehen von einer „Wesentlichkeitstheorie" (im Gegensatz zur „Übergewichtstheorie") aus und blicken allzu sehr auf das gewünschte, in Wahrheit aber erst zu gewinnende angemessene Ergebnis, wenn sie sagen: „Die Frage, welcher Vermittler als Vsvertreter im Nebenberuf oder im Hauptberuf anzusehen ist, kann nur unter Berücksichtigung der Gesamttätigkeit, der Lebensstellung, des Gesamteinkommens und des Einkommens als Vertreter sowie der sonstigen Umstände des Einzelfalles danach beantwortet werden, ob die Beschäftigung nur von nebensächlicher oder von ausschlaggebender, wesentlicher Bedeutung ist und ob es angemessen erscheint, die Bestimmungen für nebenberufliche oder für hauptberufliche Vertreter anzuwenden. Bei der Abwägung ist der sozialpolitische Schutzzweck zu berücksichtigen, der dem Vertreter im Hauptberuf zugute kommt. Der Begriff ‚Vertreter im Hauptberuf' ist daher weit auszulegen" (S. 106—107). — Bei juristischen Personen und Personenvereinigungen soll regelmäßig Hauptberuflichleit angenommen werden (S. 107 unter Berufung auf Duden a. a. O. S. 345). In Wahrheit kann es sich aber gerade hier um eine nebenberufliche Tätigkeit handeln, man denke an Banken, Reedereien, Verbände, die nebenher Ven vermitteln (Anm. 180); ihnen brauchen z. B. Ausgleichsansprüche nicht zugebilligt zu werden. — Bei der Behandlung der Untergruppen ergeben sich gleichfalls einige Unstimmigkeiten: So werden zu Vertretern mit erkennbarem Hauptberuf schlechthin alle selbständigen Gewerbetreibenden gerechnet (S. 107), während später einzelne derartige Gewerbetreibende als Vertreter mit mehreren Berufen genannt werden (S. 107—108). Auch bei den gleichzeitigen Waren- und Vsvertretern finden sich Widersprüche: Einerseits soll bei ihnen die Wesentlichkeit der Vsvermittlung geprüft werden (S. 108), andererseits wird die Meinung vertreten, Waren- und Vsvermittlung bildeten eine Einheit, es liege also Hauptberuflichkeit vor (S. 109 unter Berufung auf Friebel ZfV 1954 S. 42). In Wahrheit sind Waren- und Vsvertretung streng zu unterscheiden, und es kommt für die Hauptberuflichkeit darauf an, ob die Vsvermittlung nicht nur die überwiegende Zeit erfordert, sondern auch am meisten einbringt (richtig Finke VA 1952 S. 137, Josten-Lohmüller a. a. O. Anm. 2 zu § 92b, Knapp a. a. O. Anm. 4 zu § 92b, S. 61, Lohmüller VW 1955 S. 151, Schröder a. a. O. Anm. 2

zu § 92b, S. 267, Strietholt ZfV 1952 S. 367). — Bei den Studenten, Hausfrauen, Pensionären und sonstigen Rentnern bewährt sich dagegen die Wesentlichkeitstheorie gut (S. 109—110). Z. B. darf ein Pensionär, dessen Tätigkeit weitgehend in der Vsvermittlung besteht, nur dann als hauptberuflich tätig angesehen werden, wenn er sich nicht nur ein Taschengeld oder einen Notgroschen nebenher verdient, sondern seine Vsvermittlereinnahmen einen wesentlichen Beitrag zu seiner Existenz leisten (vgl. Würdinger in: RGRKomm. HGB Bd 1 Anm. 1 zu § 92b, S. 770).

[16] **d) Abschluß- und Vermittlungstätigkeit.**

Es wurde bereits gezeigt, daß die Vsvermittlung i. w. S. in verschiedener Intensität vorkommt (Anm. 11). Entsprechend unterscheidet man Abschluß- und Vermittlungstätigkeit, und man muß daneben den selteneren Gelegenheitsnachweis aufzählen. Die §§ 43—45, 48 I kennen jedoch nur Abschluß- und Vermittlungsagenten. Auch die §§ 84 I 1, 92 I HGB erwähnen bei Handelsvertretern und speziell bei den Vsvertretern nur Absch'uß und Vermittlung. § 93 HGB nennt bei den Handelsmaklern überhaupt nur die Vermittlung. Jedenfalls im hansestädtischen Verkehr kann aber der Vsmakler den ihn beauftragenden Vmer stets beim Abschluß des Vsvertrages vertreten (Näheres Anm. 40). Das schließt die Anwendung der §§ 93—103 HGB nicht aus: Der Abschluß bedeutet im Verhältnis zur Vermittlung i. e. S. ja ein Mehr. Dagegen bedeutet der bloße Gelegenheitsnachweis ein Weniger gegenüber der Vermittlung i. e. S. Wer nur Gelegenheiten nachweist, kann also nicht Handelsvertreter oder -makler sein, ist vielmehr Zivilvermittler nach § 652 I 1 BGB (Anm. 32, 184, 422).

Es handelt sich bei den drei Tätigkeiten um eine Stufenfolge: Der Abschlußvertreter vermittelt zugleich, der Vermittlungsvertreter bahnt zugleich an. § 43 umreißt die Vollmacht, die ein bloßer Vermittlungsagent, deshalb aber erst recht auch ein Abschlußagent hat. § 45 bezieht sich dagegen nur auf die Vollmacht des Abschlußagenten. Man spricht übrigens oft auch bei Abschlußagenten von Vermittlungsprovision, bei Vermittlungsagenten von Abschlußprovision. Der Gelegenheitsnachweis bedeutet im Vergleich zu Vermittlung i. e. S. und zum Abschluß — wie gesagt — ein Weniger. Vsvertreter im allgemeinsten Sinn ist jedoch auch derjenige, der ständig nur mit Gelegenheitsnachweis betraut ist. Ist eine Provision für Vermittlung i. e. S. versprochen, so ist sie durch bloßen Gelegenheitsnachweis nicht ohne weiteres verdient (KG 15.V.1929 JRPV 1929 S. 244 = HansRGZ 1929 A Sp. 611, 27. III. 1939 JRPV 1939 S. 155). In § 140 II VAG ist unter Vermittlung eine solche i. w. S zu verstehen (Prölss VAG S. 679; VA 1939 S. 90).

Nicht zu beanstanden ist es, wenn man neuerdings auch den bloßen Vermittlungsagenten als Vsvertreter bezeichnet. Zwar hat die zum Abschluß erforderliche Vertretungsmacht nur der Abschlußvertreter (§ 45), aber eine mehr passive Vertretungsmacht zur Entgegennahme von Willens- und Wissenserklärungen hat gemäß § 43 Ziff. 1, 2 auch der Vermittlungsagent.

Wird mit einer Personenvereinigung, insbesondere einer juristischen Person, ein Vsvermittlervertrag abgeschlossen und steht diesem Vsvermittler eine Vertretungsmacht, z. B. als Abschlußagent oder Vsmakler zu, so wird diese Vertretungsmacht durch diejenigen natürlichen Personen ausgeübt, welche die Personenvereinigung repräsentieren, z. B. bei einer Vsvermittlungsaktiengesellschaft durch den Vorstand (§ 71 I AktienG), bei einer offenen Handelsgesellschaft regelmäßig durch jeden Gesellschafter (§ 125 I HGB).

Abschlußagenten kommen in der Lebens- und Krankenv praktisch nicht vor, hier behalten sich die Direktionen die Annahme der Anträge vor (Trinkhaus I S. 91). Vsvertreter im Nebenberuf haben durchweg keine Abschlußvollmacht.

[17] **e) General- und Untervertreter.**

Bei größeren Vsunternehmen ist die Zahl der für sie tätigen Vertreter so groß, daß die Direktionen schwerlich mit jedem einzelnen Vertreter Verbindung halten können. Deshalb wird eine Dezentralisation vielfach für nötig erachtet, General- (Haupt-) und Untervertreter müssen unterschieden werden. Allerdings sind einige Vsunternehmen bestrebt, möglichst zentral alle Vertreter zu lenken. Andererseits gibt es aber auch vielstufige Vertreterorganisationen, kunstvolle Hierarchien, man hat bis zu acht Instanzen gezählt (Näheres bei Möller Vsvermittlung S. 37—38, 231—235, Trinkhaus I S. 36—37).

Unter der Direktion arbeiten häufig zunächst Zweigniederlassungen, wobei der Leiter einer mit Außendienstaufgaben betrauten Zweigniederlassung sehr wohl Vsvertreter sein kann; die Begriffe Zweigniederlassung und Agentur schließen einander nicht aus (Möller Vsvermittlung S. 37).

Auch bei Vsmaklern kann man übrigens nicht selten Haupt- und Untermakler unterscheiden (Anm. 33).

Alle Vertreter, die ihrerseits nach den Direktiven eines übergeordneten Vertreters arbeiten, sind wirtschaftlich gesehen Untervertreter. Juristisch wird die Unterordnung allerdings erst dann interessant, wenn der Generalagent den Untervertreter im eigenen Namen betraut. Wenn dagegen der Untervertreter in einem Vertragsverhältnis unmittelbar zum Ver steht — mag auch in Vollmacht des Vers ein Generalvertreter mit dem Untervertreter kontrahiert haben —, so handelt es sich nicht um einen Untervertreter im echten Sinne. Ein echter Untervertreter steht in einem Vertragsverhältnis nur zu dem übergeordneten Generalagenten, dieser hat sich eine eigene Organisation geschaffen (Möller HansRGZ 1941 A Sp. 117). Dies schließt nicht aus, daß sich der Ver im Verhältnis zum Generalvertreter die Zustimmung zum Untervertretervertrage vorbehält oder doch zum mindesten eine Mitteilung von dessen Abschluß fordert.

Hiernach kann man echte und unechte Untervertreter, aber auch echte und unechte Generalagenten unterscheiden. Zwischen echten Untervertretern und echten Generalagenten bestehen eigene Rechtsbeziehungen. Dagegen steht ein unechter Untervertreter in Vertragsbeziehungen direkt zum Ver, der unechte Generalagent ist nur organisatorisch Untervertretern vorgeordnet, wobei er oft den Ver beim Abschluß des Agenturvertrages und später zu vertreten vermag. Wie hier Trinkhaus I S. 95—96.

Leider wird mit der Bezeichnung Generalagent viel Mißbrauch getrieben. Besonders Mehrfachagenten mit umfangreicherem Geschäft führen oft diese Bezeichnung ohne Rücksicht auf das Vorhandensein einer Unterorganisation (Kersting-Durst-Rohrbeck S. 66). Zuweilen werden zu Unrecht auch die Begriffe Abschluß- und Generalagent identifiziert (Hagen II S. 160—161). Fehlt es an einer Unterorganisation, so handelt es sich um bloße Titulargeneralagenten (Anm. 196) — Kersting-Durst-Rohrbeck S. 67—68 wollen den Begriff Generalagent zu Unrecht auf Verwaltungsgeneralagenten, also auf Unselbständige (Anm. 14) beschränken, überdies soll nach ihrer Terminologie „echt" nur ein Verwaltungsgeneralagent mit einer Unterorganisation sein, die der Gesellschaft selbst verpflichtet ist und Generalagenten mit eigener Unterorganisation werden als Titulargeneralagenten bezeichnet. Das Gegenteil ist richtig: Nur dann ist ein echter Generalagent gegeben, wenn er seinerseits in Rechtsbeziehungen zu Untervertretern steht. Trinkhaus I S. 97—98 stellt bei der Kritik am Begriff Titulargeneralagent zu wenig darauf ab, daß es allein auf die organisatorische Aufgabe ankommt; auch Vermittlungsvertreter können echte Generalagenten sein.

Das Vorliegen eines echten Untervertreterverhältnisses ist natürlich für das Rechtsverhältnis Untervertreter/Generalvertreter von großer Bedeutung. Provisionsschuldner ist bei solcher Sachlage z. B. nicht der Ver, sondern der Generalagent (Möller HansRGZ 1941 A Sp. 117). Näheres Anm. 174, 413. Für das Außenverhältnis, im Rahmen der §§ 43—48, ist es nicht erforderlich, daß der Vsvertreter unmittelbar in einem Betrauungsverhältnis zum Ver steht. Beispielsweise kommt die standardisierte Vertretungsmacht eines Vermittlungsagenten (§ 43) auch jedem Untervertreter zu. Der Vmer braucht sich um das Innenverhältnis nicht zu kümmern. Näheres Anm. zu § 43.

[18] f) Einzelpersonen und Personenvereinigungen.

Es kann sich bei einem Vsvermittler um eine natürliche Person oder eine Personenvereinigung handeln, wobei letzterenfalls die Personenvereinigung juristische Persönlichkeit besitzen kann oder nicht.

Näheres über Personenvereinigungen als Vsvermittler: Gauer a. a. O. S. 23—25, Möller ZfV 1955 S. 2—3. Zur Frage des Gewerbebetriebes Anm. 152, der Selbständigkeit Anm. 158, der Nebenberuflichkeit Anm. 15, der Vertretungsmacht Anm. 16, der Kaufmannseigenschaft Anm. 19, des Personenwechsels Anm. 346, 347, 408, 409, des Ausgleichsanspruchs Anm. 383.

[19] g) Kaufleute und Nichtkaufleute.

Handelsvertreter und Handelsmakler sind Kaufleute nach § 1 I, II Ziff. 7 HGB, selbstverständlich auch in der Rechtsform der offenen Handelsgesellschaft (§§ 6 I, 105 I HGB) oder der Kapitalgesellschaft (§ 6 II HGB, § 13 III GmbHG, § 3 AktienG). § 1 I HGB (für den Handelsmakler auch § 93 I HGB) setzt Gewerbsmäßigkeit voraus (dazu Anm. 149, 423).

Keine Kaufleute sind Unselbständige; ferner gelegentliche Vermittler, die nicht planmäßig arbeiten, da bei ihnen die Merkmale des Gewerbebegriffes fehlen.

Erfordert der Gewerbebetrieb eines Vsvermittlers nach Art oder Umfang nicht einen in kaufmännischer Weise eingerichteten Geschäftsbetrieb, handelt es sich also um einen ganz einfachen Betrieb oder um einen Kleinbetrieb, so ist der betreffende Vsvermittler als Einzelkaufmann nur Minderkaufmann (§ 4 I HGB), dem das Handelsregister nicht zugänglich ist, der demzufolge auch keine Firma führen, keine Prokura erteilen kann (Anm. 194).

[20] h) Unterschiedliche Rechtsform des Versicherungsunternehmens.

aa) Öffentlichrechtliche Versicherer.

Neben Vsvermittlern, welche für private Vsunternehmen arbeiten (besonders Aktiengesellschaften und Gegenseitigkeitsvereine), stehen Vermittler der öffentlichrechtlichen Ver. Die Außenorganisation der letzteren besteht teilweise aus „Kommissaren" (v. Gierke II S. 100, Schmidt-Sievers S. 34). Besondere Probleme entstehen, falls Beamte der Kommunen oder der Länder den Vern Hilfsstellung leisten (Nachweise bei Schmidt-Sievers S. 34, vgl. auch Vollmer, Die Rechtsstellung der Bürgermeister als Geschäftsführer der Provinzial-Feuer-Vsanstalten in der Rheinprovinz und in Westfalen, Kölner Diss., Würzburg 1933). Da auch die unmittelbar bei den öffentlichrechtlichen Vern (Körperschaften oder Anstalten) Beschäftigten durchweg Beamte sind, tauchen bei ihrer Tätigkeit im Außendienst auch beamtenrechtliche Fragen auf (Möller Vsvermittlung S. 42 m. w. N.).

Nach § 192 II sollen die Vorschriften über die Vsagenten keine Anwendung finden bei freiwilligen Ven, genommen „bei einer nach Landesrecht errichteten öffentlichen Anstalt", d. h. überhaupt bei einem öffentlichrechtlichen Ver. Diese Sonderregelung läßt sich nicht mehr rechtfertigen (Kersting AkademieZ 1941 S. 219, Möller Vsvermittlung S. 42, Rohrbeck-Durst-Bronisch S. 22). Das RG 2. IV. 1935 RGZ Bd 147 S. 186—190 hat dennoch bei einem Agenten der Provinzial-Feuersozietät der Rheinprovinz § 43 Ziff. 1 angewendet, besonders aber auch die Rechtsprechung hinsichtlich der Vertrauensstellung der Vsvertreter. In einigen Ländern sind die §§ 43—48 für entsprechend anwendbar erklärt (von Gierke II S. 115, § 9 Ziff. 2 Satzung der Westfälischen Provinzial-Feuersozietät, abgedruckt bei Schmidt-Sievers S. 392). § 11 Ziff. 1 Satzung der Schleswig-Holsteinischen Landesbrandkasse (abgedruckt bei Schmidt-Sievers S. 403) ist § 43 weitgehend nachgebildet.

[21] bb) Ausländische Versicherer.

Ausländische Vsunternehmen, „die im Inland durch Vertreter, Bevollmächtigte, Agenten oder andere Vermittler das Vsgeschäft betreiben wollen, bedürfen der Erlaubnis" (§ 105 I VAG). Das gilt jedoch nur für die beaufsichtigten Vszweige (Prölss VAG S. 590 bis 591, Rehm-Berliner-Fromm S. 616; zur Kraftfahrhaftpflichtv von Mitgliedern ausländischer Streitkräfte vgl. aber Art. 17 VII 3 Vertrag über die Rechte und Pflichten ausländischer Streitkräfte: BGBl. 1955 II S. 321).

Für Vsvermittler findet sich eine Strafvorschrift in § 140 II VAG, der nur im Zusammenhang mit § 140 I VAG verständlich ist:

> (1) Wer im Inland das Vsgeschäft oder eine Bausparkasse ohne die vorgeschriebene Erlaubnis betreibt, wird mit Geldstrafe oder mit Haft oder mit Gefängnis bis zu drei Monaten bestraft.

(2) Ebenso wird bestraft, wer im Inland einen Vsvertrag oder einen Bausparvertrag für eine dort zum Geschäftsbetriebe nicht befugte Unternehmung als Vertreter oder Bevollmächtigter abschließt oder wer den Abschluß solcher Verträge geschäftsmäßig vermittelt.

Als Täter kommen bei der Straftat des § 140 I VAG keine Vsvermittler in Betracht, wohl aber z. B. Hauptbevollmächtigte; Vsvermittler können insoweit aber Beihilfe leisten (§ 49 StGB) (RG 10. I. 1935 RGSt. Bd 69 S. 84; Prölss VAG S. 675—676; VA 1907 S. 8).

Bei der Straftat des § 140 II VAG ist vorauszusetzen, daß eine Vsvermittlung i. w. S. (Anm. 11, 16) im Inland vorgenommen wird, es muß also ein vertragsvorbereitendes oder vertragsabschließendes Verhalten von einem Vsvermittler im Inland beobachtet werden, wobei der Vertrag mit einem ausländischen konzessionsbedürftigen, aber nicht konzessionierten Ver geplant oder geschlossen sein muß. Nicht konzessioniert sind z. B. die Lloydsver (VA 1933 S. 165, 193). Ist der ausländische Ver teilkonzessioniert, so ist nach dem Wortlaut des § 140 II VAG bei Überschreitung des Geschäftsplanes, also der Konzession Strafbarkeit nicht gegeben (Prölss VAG S. 678, offengelassen von RG 10. I. 1935 RGSt. Bd 69 S. 85—86).

Im übrigen kennt § 140 II VAG zwei Tatbestände, nämlich Abschluß und geschäftsmäßige Vermittlung. Bei beiden reicht Fahrlässigkeit aus: LG Erfurt 11. V. 1903 VA 1904 S. 42 Nr. 35.

Strafbar ist erstens, wer als Vertreter oder Bevollmächtigter abschließt. Geschäftsmäßigkeit ist hier nicht erforderlich. Ein einziger Abschluß reicht aus (Rehm-Berliner-Fromm S. 710). Der Täter muß Abschlußvertreter des Vers sein, wobei es gleichgültig ist, ob er selbständig oder unselbständig ist (Prölss VAG S. 677; Rehm-Berliner-Fromm S. 710 wollen auch die Vorstandsmitglieder des Vers fälschlich hierher zählen, in Wahrheit sind sie nach § 140 I VAG strafbar). Abschlußtätigkeit bedeutet Annahme einer Offerte des Vmers. Wenn Prölss VAG S. 678 meint: „Abschluß im Inland kann nur die Unterzeichnung von Vsscheinen (Veränderungs- oder Verlängerungsnachträgen) . . . sein; die Aushändigung im Ausland vollzogener Urkunden oder die Ausfüllung im Ausland unterzeichneter Blankette an den Vmer . . . . ist nicht nach II erster Halbsatz, sondern nach II zweiter Halbsatz strafbar", so ist zu bemerken: Zwar kann in der Aushändigung (nicht in der Unterzeichnung) eines Vsscheins eine Offertenannahme liegen (Anm. 18 zu § 3), aber die Abschlußtätigkeit kann auch in der Abgabe einer mündlichen Annahmeerklärung oder Absendung eines Briefes bestehen; falls der Abschluß vorangegangen ist, erfüllt die nachträgliche Unterzeichnung des Vsscheins den Straftatbestand des Abschlusses nicht mehr; ist jemand befugt, Blankette auszufüllen, so muß darin eine Abschlußvollmacht und -tätigkeit erblickt werden. Über einen Fall mittelbarer Täterschaft beim Abschluß: RG 17. XII. 1935 VA 1936 S. 209—210 Nr. 2890. Ein Vertreter oder Bevollmächtigter könnte auch namens des Vmers abschließen, also Vertreter des Vmers sein: Vsmakler sind in kaufmännischen Vszweigen Vertreter des Vmers (Anm. 40). Wenn sie im Inland die Offerte eines ausländischen, nicht konzessionierten Vers annehmen, so machen sie sich aber nicht gemäß § 140 II erster Halbsatz VAG strafbar. Denn der Wortlaut kann nur so verstanden werden, daß eine Vertretungsmacht seitens des Vers gegeben sein muß („für eine . . . Unternehmung als Vertreter oder Bevollmächtigter abschließt").

Zweitens ist strafbar, wer gechäftsmäßig vermittelt. Hier braucht eine Vertretungsmacht nicht gegeben zu sein (Cuntz JRPV 1934 S. 1—2, Prölss VAG S. 678 bis 679). Ausreichend ist also eine Vermittlung i. e. S. oder ein bloßer Gelegenheitsnachweis. Die Vermittlung i. e. S. kann auch nebenberuflich erfolgen, z. B. durch einen „Tierarzt, der gewohnheitsmäßig oder als Vertrauensarzt der Gesellschaft . . . Untersuchungen vornimmt und Befundbericht nebst Gutachten zum Zweck des Abschlusses von Vsverträgen an die ausländische Gesellschaft absendet" (VA 1907 S. 8, unter weiterer Erwähnung des Tatbestandes der Ausfolgung übersandter Polizen nach erfolgter Untersuchung der Tiere). Auch ein bloßer Gelegenheitsnachweis, z. B. die Mitteilung von Anschriften genügt (Prölss VAG S. 679, VA 1928 S. 130—131, 1939 S. 90; sogar die Mitteilung der Anschriften von Agenten und Maklern soll ausreichen: VA 1925 S. 80). Bei einer von einem ausländischen Konzern abgeschlossenen Gefolgschaftsgruppenv soll es eine Vermittlungstätigkeit darstellen, wenn die deutschen Konzernniederlassungen die „Anträge" der deutschen Arbeitnehmer sammeln (VA 1929 S. 101). Es ist gleichgültig, ob der Vermittler unmittelbar mit dem ausländischen Ver in Verbindung steht oder über eine Zwischenperson, z. B. einen ausländischen Makler (Cuntz JRPV 1934 S. 2, Rehm-Berliner-Fromm S. 711, LG Elberfeld 22. III. 1928 VA 1928 S. 204—205 Nr. 1860, LG München 19. IX. 1932 VA 1932 S. 294—295 Nr. 2480 = JRPV 1934 S. 16, auch VA 1928 S. 130 bis 131). Der inländische Vermittler braucht also nicht der einzige Vermittler zu sein (Cuntz JRPV 1934 S. 2, Prölss VAG S. 679). Besonders kommen als Vermittler auch Vsmakler in Frage, wobei es gleichgültig ist, ob die Initiative vom Vmer oder Ver ausgegangen ist (Prölss VAG S. 679, Rehm-Berliner-Fromm S. 711; VA 1902 S. 191, 1931 S. 72, LG München 19. IX. 1932 VA 1932 S. 294—295 Nr. 2480).

Handelt es sich nicht um den Tatbestand des Abschlusses, sondern um jenen der Vermittlung, so ist Geschäftsmäßigkeit der Vermittlung zu fordern. Dieser Begriff setzt Wiederholungsabsicht voraus; letztere braucht sich beim Vsmakler „aber nicht auf die Vermittlung für ein und dieselbe Vsunternehmung, sondern nur auf den Geschäftsbetrieb des Maklers selbst" zu beziehen (Cuntz JRPV 1934 S. 2). Die Absicht genügt, sie kann schon der Vermittlung eines einzigen Geschäftes entnommen werden (Cuntz JRPV 1934 S. 2, Prölss VAG S. 680). Geschäftsmäßigkeit setzt kein Entgelt voraus (VA 1929 S. 101; Rehm-Berliner-Fromm S. 711). Nach VA 1939 S. 90, Bronisch a. a. O. S. 243 reicht es aus, daß „von vornherein die Absicht bestehe, für bestimmte Personen unter gewissen Voraussetzungen den Abschluß einer ... V mit der nicht zum Geschäftsbetrieb zugelassenen ausländischen Gesellschaft zu vermitteln". Es ist nicht richtig, wenn Prölss VAG S. 679 annimmt, bei Vsmaklern liege die Geschäftsmäßigkeit ohne weiteres vor, „wenn nicht nachgewiesen wird, daß die Handlung ausnahmsweise außerhalb des Rahmens ihres Geschäftsbetriebes vorgenommen ist" (anders bei Vsagenten, die mit einem nichtkonzessionierten Ver einen Agenturvertrag abgeschlossen haben). Angestellte eines Vsvermittlers können Gehilfen (§ 49 StGB) sein (Prölss VAG S. 679).

Verbotswidrig vermittelte Vsverträge sind zivilrechtlich dennoch gültig (Anm. 41 zu § 22). Aber der Vsvermittler, z. B. Vsmakler kann schadensersatzpflichtig sein (Anm. 68). Zur Rechtsgültigkeit des Vsvermittlervertrages vgl. Anm. 203.

Der Begriff der geschäftsmäßigen Vsvermittlung ist früher gelegentlich auch in anderem Sinne verwendet worden (Möller Vsvermittlung S. 40—41). Trinkhaus I S. 102 weist mit Recht darauf hin, daß nicht etwa nur bei nebenberuflichen Vsvertretern die Unterscheidung zwischen geschäftsmäßiger und nichtgeschäftsmäßiger Vermittlung eine Rolle spielen könne.

Nach § 106 II Ziff. 3 VAG ist für die deutsche Niederlassung des ausländischen Vers ein Hauptbevollmächtigter zu bestellen, der eine sehr umfassende Vertretungsmacht, insbesondere zum Abschluß von Vsverträgen hat. Trotz seiner organähnlichen Stellung (VA 1915 S. 74—75) ist der Hauptbevollmächtigte, der als Leiter einer Zweigniederlassung (Prölss VAG S. 601, auch Anm. 17) selbst nicht in das Handelsregister einzutragen ist (Bruck LZ 1911 Sp. 182—185, Rotkies VA 1953 S. 202—204), wirtschaftlich einem Vsvermittler verwandt, er ist gleichsam Abschlußvertreter des ausländischen Vers, in der Praxis häufig zugleich Generalagent anderer Ver (immerhin betont Rotkies VA 1953 S. 203 mit Recht die juristischen Unterschiede gegenüber einem Generalagenten). Näheres über Hauptbevollmächtigte Bruck LZ 1911 Sp. 182—185, AssJhrb. Bd 56 S. 3 bis 23, Rotkies VA 1953 S. 202—204, Prölss VAG S. 603—606 m. w. N.

Nach § 107 VAG dürfen ausländische Vsunternehmen, denen der Geschäftsbetrieb im Inland erlaubt worden ist, die Vsverträge mit Vmern, die ihren gewöhnlichen Aufenthalt im Zulassungsgebiet haben, sowie Vsverträge über inländische Grundstücke nur durch Bevollmächtigte abschließen, die im Zulassungsgebiet wohnen. Die Zulassung im Inland hat also zur Folge, daß die ausländische Zentrale des Vers nicht mehr für das Inland kontrahieren darf, z. B. nicht im Wege der Korrespondenz mit inländischen Vmern, selbstverständlich auch nicht über Vsvermittler im Ausland (Näheres Prölss VAG S. 602 bis 603). Für das Inlandsgeschäft muß also der Hauptbevollmächtigte oder ein anderer inländischer Vertreter kontrahieren, z. B. ein Abschlußagent. Die ausländischen Direktoren dürfen Vsscheine nicht unterzeichnen, auch nicht mit Faksimilestempel des Hauptbevollmächtigten (VA 1907 S. 142—143).

Über Vertreterverhältnisse mit Auslandsberührung vgl. auch Anm. 414.

[22] i) Unterschiedliche Vergütungsform für Versicherungsvermittlung.

Die meisten Vsvermittler werden für ihre Tätigkeit ein Entgelt beziehen. Immerhin ist die Unterscheidung zwischen entgeltlicher und unentgeltlicher Vermittlung nicht ohne Bedeutung. Auch die unentgeltliche Vsvermittlung ist z. B. Vsberatern untersagt (VA 1939 S. 41; Anm. 8).

Wird ein Entgelt für die Vsvermittlung geleistet, so kann es sich entweder um Erfolgsvergütungen (insbesondere Provision, Courtage) handeln oder der Vsvermittler erhält nebenher oder ausschließlich ein Fixum (Festbezüge). Man pflegt bei den Generalagenten mit Rücksicht hierauf Provisions- und Verwaltungsgeneralagenten zu unterscheiden (Anm. 14). Jedoch sind diese wirtschaftlichen Begriffe nicht völlig eindeutig. Denn als Provisionsgeneralagenten werden häufig auch Personen bezeichnet, die nebenher ein gewisses Fixum erhalten, und andererseits bildet es bei den Verwaltungsgeneralagenten die Regel, daß sie neben dem Fixum Erfolgsvergütungen beziehen. Die Art der Vergütung ist zusammen mit anderen Gesichtspunkten wichtig, aber nicht entscheidend für die Feststellung, ob ein Vsvertreter selbständig oder unselbständig ist (Anm. 158). Nach § 3 VO PR Nr. 52/50 über Provisionen in der Kraftfahrtv (Anm. 100) dürfen neben den fixierten Höchstprovisionen Organisations- und sonstige Zuschüsse, also Festbezüge, nicht gewährt werden. Einzelheiten über die Festbezüge der Vsvermittlung bei Möller Vsvermittlung S. 195—205 und Anm. 244—247.

[23] k) Gebietliche Abgrenzung des Aufgabenbereiches.

Während für den Vsmakler sein Feld die Welt sein kann, pflegt Vsvertretern ein bestimmter Bezirk zugewiesen zu werden, zuweilen ein bestimmter Kundenkreis. Das hat einerseits für die Vertretungsmacht, andererseits für das Innenverhältnis zum Ver Bedeutung.

Nach § 46[1] beschränkt sich die Vertretungsmacht auf Geschäfte und Rechtshandlungen des Bezirks.

Für das Innenverhältnis ergibt sich eine Vielzahl von Fragen. Stets wird die Verpflichtung des Vsvertreters, sich um Vermittlungen zu bemühen, auf den Bezirk limitiert, zuweilen soll aber auch sein Betätigungsrecht eine Einschränkung erfahren. Weiter fragt es sich, ob dem Vsvertreter der Bezirk vorbehalten sein soll (Monopol), und zwar rechtlich (Alleinvertretung) oder doch wirtschaftlich: Nach § 92 III 2 HGB gilt § 87 II HGB nicht für Vsvertreter, d. h. der Bezirksvertreter hat hier keinen Anspruch auf Provision für solche Geschäfte, die ohne seine Mitwirkung mit Personen seines Bezirkes während des Vertragsverhältnisses abgeschlossen sind. Näheres Anm. 187—191, 415.

[24] 2. Zwischengebilde.

Natürlich kann es im Einzelfall Schwierigkeiten bereiten, einen bestimmten Vsvermittler den geschilderten Kategorien, die rechtlich von großer Bedeutung sind, zuzuordnen. Man denke nur an die Unterscheidung von selbständigen und unselbständigen, hauptberuflichen und nebenberuflichen Vsvermittlern. Letzten Endes wird man sich hier immer für die eine oder andere Gruppe entscheiden müssen. Aber es gibt auch wirkliche Zwischengebilde, insbesondere zwischen Vertreter und Makler.

[25] a) Mehrfachvertreter.

Steht jemand in einem Betrauungsverhältnis nur zu einem einzigen Ver oder auch zu mehreren Vern verschiedener Sparten — etwa zu einem Sach- und einem Personenver —, so handelt es sich zweifelsfrei um Vsvertreter. Die mehreren Ver können „zu einem Vskonzern oder zu einer zwischen ihnen bestehenden Organisationsgemeinschaft gehören" (§ 92a II 1 HGB), es kann aber auch an jeder Rechtsbeziehung zwischen den verschiedenen Vern fehlen. Der sog. Mehrfachvertreter im geschilderten Sinne ist zweifellos echter Vsvertreter, sein Wirken ermöglicht eine rationelle Ausnutzung der Arbeitskraft (Allbranchenvertreter).

Schwieriger wird die Sachlage, wenn jemand mit mehreren Vern der gleichen Sparte Agenturverträge abschließt (dazu Gauer a. a. O. S. 26—28, Möller Vsvermittlung S. 43 bis 44, Nebelung Vsvermittlung 1942 S. 53—54, Strietholt Vsvermittlung 1939 S. 165—167, Trinkhaus I S. 112—113). Man muß aber berücksichtigen, daß für einen Vertretervertrag die sogenannte Ausschließlichkeitsklausel nicht begriffsnotwendig ist: Ein Vertreter kann auch Konkurrenzvertretungen übernehmen. Sieht man auf das Verhältnis des Mehrfachvertreters der geschilderten Art zum Vsuchenden, so wird er nicht etwa zum Makler (so auch LG Lübeck 30. VI. 1950 VersR 1950 S. 182 mit Anm. Bronisch). Denn der Mehrfachvertreter ist nicht völlig unabhängig. Zwar kann er im Interesse des Vsuchenden jenen der von ihm vertretenen Ver aussuchen, der in dem betreffenden Falle am geeignetsten ist, aber immerhin ist doch der Mehrfachvertreter — anders als der Makler — gebunden an die von ihm vertretenen Ver.

Nach § 92a I HGB können für Einfirmenvertreter durch RechtsVO Mindestarbeitsbedingungen festgesetzt werden. In der Vswirtschaft stehen dem Einfirmenvertreter gewisse Mehrfachagenten gleich, nämlich solche, die einen oder mehrere Agenturverträge mit Vern eines Vskonzerns oder einer Organisationsgemeinschaft geschlossen haben, „sofern die Beendigung des Vertragsverhältnisses mit einem dieser Ver im Zweifel auch die Beendigung des Vertragsverhältnisses mit den anderen Vern zur Folge haben würde" (§ 92a II 1 HGB). Einzelheiten über Mehrfachvertreter: Anm. 178, 221, 416 bis 418.

[26] **b) Makleragenten.**

Es kommt vor, daß jemand, der in einem Betrauungsverhältnis zu einem oder mehreren Vern steht, zuweilen auch Vsverträge anderen Vern zuführt, von denen er nicht mit der Vsvermittlung betraut ist. Hier nähert sich der Mehrfachagent völliger Unparteilichkeit, er wird zum Makleragenten (Beispiel: KG 11. I. 1936 HansRGZ 1942 A Sp. 35—36, OLG Hamburg 27. VI. 1924 HansRZ 1924 Sp. 779—780). Für das Publikum ist bei einem Makleragenten die Lage unklar. Wer sich an einen Vsvertreter wendet, will bei den von diesem vertretenen Vern vert sein. Wer sich an einen Vsmakler wendet, vermutet bei diesem gänzliche Unparteilichkeit, welche jedoch fehlen kann, wenn der Vsmakler zugleich für bestimmte Ver als Vertreter arbeitet (vgl. auch Arnold VA 1955 S. 229—230, Gauer a. a. O. S. 28—30, 97—98, Trinkhaus I S. 135—137, Waldstein a. a. O. S. 8—9). Deshalb kann ein Mißstand i. S. des § 81 II 1 VAG gegeben sein (Trinkhaus I S. 137). Soweit ein Makleragent als Vsvertreter arbeitet, gelten im Außen- und Innenverhältnis die Normen des Vsvertreterrechtes. Soweit er als Vsmakler arbeitet, findet das Vsmaklerrecht Anwendung.

[27] **c) Firmengruppen.**

Eine Einzelperson oder eine Personengruppe, etwa bestehend aus mehreren Familienangehörigen, kann mehrere Vsvermittlerfirmen schaffen, die vielleicht teils Makler-, teils Vertreterfirmen sind. Es gibt gegenwärtig viele derartige Firmengruppen im Bereiche der Vsvermittlung. Vgl. Trinkhaus I S. 136.

[28] **d) Maklerprovisionsabkommen.**

Bekanntlich bezieht der Vsmakler, obgleich er vom Vmer beauftragt ist, seine Vergütung vom Ver (Anm. 73). Es kommt nun vor, daß ein Makler mit gewissen Vern Abkommen des Inhalts schließt: „Führe ich, Makler, Dir, Ver, eine V zu, so erhalte ich eine Provision von x Prozent." Ein derartiges Maklerprovisionsabkommen (Beispiel: KG 24. XI. 1937 JRPV 1938 S. 8—9) darf nicht mit einem Agenturvertrage verwechselt werden, und doch ist es geeignet, ähnlich wie beim Makleragenten, die Grenzen zwischen Makler und Vertreter zu verwischen. Das gilt besonders dann, wenn die vereinbarte Maklerprovision das übliche Maß übersteigt. Hier wird der Makler ein besonderes Interesse daran gewinnen, demjenigen Ver, mit dem er das Maklerprovisionsabkommen geschlossen hat, besonders viele Ven zuzuführen, mögen dabei auch die Belange des Kunden nicht völlig gewahrt sein. Jedenfalls glaubt der Kunde, der Makler stehe völlig unparteiisch zu seinen Diensten, während in Wahrheit der Makler innerlich gebunden ist (vgl. zu alledem Arnold VA 1955 S. 229—230, Gauer a. a. O. S. 30, 96—97, Trinkhaus I S. 137, Waldstein a. a. O. S. 87).

Das OLG Hamburg 11. X. 1939 HansRGZ 1940 A Sp. 57—61 hält vertragliche Abmachungen zwischen einem Vsmakler und einem Vsagenten insoweit gemäß § 138 I BGB für nichtig, als sie das pflichtmäßige Ermessen des Vsmaklers einschränken, bei der Wahl des Vers „ausschließlich die Interessen seiner Kunden wahrzunehmen ohne Rücksicht auf das Interesse irgend eines Vsagenten."

III. Recht der Versicherungsmakler.

Gliederung:

III. Recht der Vsmakler Anm 29—126
Schrifttum Anm 29
1. Begriff des Vsmaklers Anm 30
2. Arten des Vsmaklers Anm 31—33
a) Handelsmakler Anm. 31
b) Zivilmakler Anm. 32
c) Sonderfälle Anm. 33
3. Rechtsquellen des Maklerrechts Anm. 34—36
a) §§ 652—654 BGB Anm. 35
b) §§ 93—104 HGB Anm. 36
4. Rechtsstellung des Handelsmaklers Anm 37—120
a) Doppelrechtsverhältnis Anm. 37—39
aa) Zustandekommen Anm. 37
bb) Rechtsnatur Anm 38
cc) Folgerungen Anm. 39
b) Vertretungsmacht Anm. 40—43
aa) Vertretung beim Vertragsabschluß Anm. 40—41
aaa) Vertretung des Vmers Anm. 40
bbb) Vertretung des Vers Anm. 41
bb) Vertretung während Vertragslaufes Anm. 42—43
aaa) Vertretung des Vmers Anm. 42
bbb) Vertretung des Vers Anm. 43
c) Zurechnungsfragen Anm. 44—51
aa) Erfüllungsgehilfenschaft Anm. 45
bb) Verrichtungsgehilfenschaft Anm. 46
cc) Wissenszurechnung Anm. 47
dd) Wissenserklärungsvertretung Anm. 48
ee) Boteneigenschaft Anm. 49
ff) Repräsentanteneigenschaft Anm. 50
gg) Täuschungshandlungen Anm. 51
d) Pflichten des Handelsmaklers Anm 52—68
aa) Aufzählung der Pflichten Anm. 52—67
aaa) Betätigungspflicht Anm. 53
bbb) Vermittlungspflicht Anm. 54
ccc) Abschlußpflicht Anm. 55
ddd) Deckungspflicht Anm. 56
eee) Weisungsfolgepflicht Anm. 57
fff) Anzeigepflicht Anm. 58
ggg) Überwachungspflicht Anm. 59
hhh) Inkassopflicht Anm. 60
iii) Schadensbearbeitungspflicht Anm. 61
kkk) Rechenschaftspflicht Anm. 62
lll) Herausgabepflicht Anm. 63
mmm) Beweiserleichterungspflicht Anm. 64
nnn) Pflichten bei laufender V Anm. 65—67
α) Deklarationen Anm. 65
β) Maximalkontrolle Anm. 66
γ) Zertifikatausstellung Anm. 67
bb) Folgen der Verletzung Anm. 68
e) Rechte des Handelsmaklers Anm. 69—110
aa) Übersicht über Rechte Anm. 69—70
aaa) Allgemeines Anm. 69
bbb) Kundenschutz Anm. 70

bb) Anspruch auf Courtage Anm. 71—110
aaa) Arten der Courtage Anm. 71
bbb) Anspruch auf Vermittlungscourtage Anm. 72—108
α) Rechtsnatur Anm. 72
β) Schuldner Anm. 73
γ) Voraussetzungen Anm. 74—97
αα) Tätigwerden Anm. 75
ββ) Zustandekommen Anm. 76
γγ) Kausalzusammenhang Anm. 77—81
ααα) Bedingungstheorie Anm. 78
βββ) Inhaltsabweichungen Anm. 79
γγγ) Personenwechsel Anm. 80
δδδ) Vertragsverlängerungen Anm. 81
δδ) Vertragsausführung Anm. 82—97
ααα) Die aufschiebende Bedingung des Entstehens eines Prämienanspruches Anm. 83—89
βββ) Die auflösende Bedingung des Wegfallens eines Prämienanspruches Anm. 90—97
δ) Höhe Anm. 98—106
αα) Festlegung Anm. 98—101
ααα) Vertrag Anm. 99
βββ) Taxe Anm. 100
γγγ) Handelsbrauch Anm. 101
ββ) Berechnung Anm. 102
γγ) Veränderungen Anm. 103—105
ααα) Erhöhung Anm. 104
βββ) Herabsetzung Anm. 105
δδ) Laufende V Anm. 106
ε) Fälligkeit Anm. 107
ζ) Verjährung Anm. 108
ccc) Anspruch auf Prämieninkassocourtage Anm. 109
ddd) Anspruch auf Schadensinkassocourtage Anm. 110
f) Beendigung des Maklerverhältnisses Anm. 111—120
aa) Beendigung vor Zustandekommen eines Vsvertrages Anm. 112—115
aaa) Widerruf des Auftraggebers Anm. 112
bbb) Kündigung des Vsmaklers Anm. 113
ccc) Tod und Geschäftsunfähigkeit Anm. 114
ddd) Aufhebung und Zweckerreichung Anm. 115
bb) Beendigung nach Zustandekommen eines Vsvertrages Anm. 116—120
aaa) Grundsätze Anm. 116
bbb) Kündigung Anm. 117
ccc) Tod Anm. 118
ddd) Aufhebung Anm. 119
eee) Restfälle Anm. 120
5. Rechtsstellung des Zivilmaklers Anm. 121—126
a) Abgrenzung Anm. 121
b) Vertragsverhältnis Anm. 122
c) Vertretungsmacht Anm. 123
d) Pflichten des Zivilmaklers Anm. 124
e) Rechte des Zivilmaklers Anm. 125
f) Beendigung des Maklerverhältnisses Anm. 126

[29] III. Recht der Versicherungsmakler.

Schrifttum: Bruck S. 151—157, Clasen JRPV 1929 S. 133—137, 160—165, Gauer, Der Vsmakler und seine Stellung in der Vswirtschaft, Weißenburg (1951), von Gierke II S. 123—125, Heun JRPV 1928 S. 342—345, Heymann in: Ehrenberg, Handbuch des gesamten Handelsrechts, 5. Band, 1. Abtlg., 1. Hälfte, 1. Lieferung, Leipzig 1926, S. 321 bis 476, Möller in: Beiträge zur Vswissenschaft, Festgabe für Walter Rohrbeck, Berlin (1955), S. 223—234, Otto R. von Laun, Der Vsmakler in den Vereinigten Staaten von Amerika, Hamburg 1939, Pfeiffer, Der Vsmakler, Kölner Diss., Würzburg 1932, Prölss[8] S. 166—168, Ritter, Kommentar zum Handelsgesetzbuch, 2. Aufl., München-Berlin 1932, S. 237, 241—242, Waldstein, Der Vsmakler, Mannheim-Berlin-Leipzig 1928.

[80] 1. Begriff des Versicherungsmaklers.

Der Vsmakler ist ein Vsvermittler (Anm. 10), welcher für andere — ohne auf Grund eines Vertragsverhältnisses ständig damit betraut zu sein —Verträge über Ven anbahnt, vermittelt oder abschließt. Dem Vsmakler, der durchweg Bundesgenosse des Vmers ist, steht der Vsvertreter als ständig betrauter Vsvermittler gegenüber (Anm. 13).

Schon die ersten Transportvsverträge sind durch Vsmakler abgeschlossen (Möller Vsvermittlung S. 5—7). Nachdem in Deutschland ursprünglich die Vsmakler nur in den kaufmännischen Vszweigen und an den Hafenplätzen tätig waren, dringen sie jetzt auch in die übrigen Vszweige und in das Binnenland vor (über Vsmakler in der Großlebensv Arnold VA 1955 S. 229—230). Während früher Vsmakler nur als Einzelpersonen oder in offenen Handelsgesellschaften oder Kommanditgesellschaften vorkamen, gibt es neuerdings auch manche Kapitalgesellschaften, vorwiegend Gesellschaften mit beschränkter Haftung (Waldstein a. a. O. S. 10).

Der Vsmakler unterliegt nicht der Beaufsichtigung. Nur mittelbar — über die Vsunternehmen — kann sich die Vsaufsicht mit den Vsmaklern befassen (Bischoff VersR 1950 S. 158; allzu weitgehend VA 1939 S. 89, dazu Bronisch a. a. O. S. 210—211). Z. B. werden Maklerbedingungen erst dadurch genehmigungspflichtig, daß ein Ver sie als Allgemeine Vsbedingungen mehrfach zugrunde legt (VA 1951 S. 162, Einl. Anm. 23; über eine Beanstandung: VW 1951 S. 404 mit S. 451, 499). Nur wenige aufsichtsrechtliche Sondernormen ermöglichen auch ein Vorgehen gegen Vsmakler, so §§ 81 II 3, 83 II, 140 II, IV VAG. Zu §§ 81 II 3, 140 IV VAG (Verbot von Sondervergütungen): VA 1927 S. 93. Zu § 140 II VAG (geschäftsmäßige inländische Maklertätigkeit für nicht konzessionierten ausländischen Ver): Anm. 21.

Die Konzessionsnormen der Kriegszeit und der Zeit nach der Kapitulation (Näheres Möller in: Härle, Nachkriegsprobleme der Vertragsv, Teil II, Hamburg 1948, S. 65—69, auch Gauer a. a. O. S. 113—116) gelten nicht mehr (vgl. Uber, Freiheit des Berufs, Hamburg 1952). Über frühere Regelungen und Pläne: Gauer a. a. O. S. 107—134, Möller Vsvermittlung S. 60—78, 83—89.

Zum internationalen und interlokalen Maklerrecht Bruck S. 152—153, Pfeiffer a. a. O. S. 28, Ritter HGB a. a. O. S. 241, Waldstein a. a. O. S. 19—20, KG 9. VII. 1919 JRPV 1925 S. 73. Schließt ein inländischer Vmer mit einem ausländischen Ver durch einen deutschen oder ausländischen Vsmakler ab, so gilt internationalprivatrechtlich ausländisches Recht (Einl. Anm. 92).

[81] 2. Arten des Versicherungsmaklers.

a) Handelsmakler.

Die meisten Vsmakler sind Handelsmakler (§§ 93—104 HGB). Das setzt voraus, daß sie gewerbsmäßig handeln, daß ihre Tätigkeit sich nicht auf den bloßen Nachweis der Gelegenheit zum Vertragsabschluß beschränkt, und hat zur Folge, daß ein Rechtsverhältnis nicht nur zum Auftraggeber (meistens Vmer) hin entsteht, sondern auch zum anderen Teil (Ver) hin (Doppelrechtsverhältnis, Anm. 37—39).

Vsmakler sind Kaufleute nach § 1 II Ziff. 7 HGB. Die meisten Vsmakler sind als Handelsmakler Vollkaufleute, nur bei sehr kleinem Betriebsumfang kann Minderkaufmannseigenschaft nach § 4 I HGB gegeben sein (Gauer a. a. O. S. 19—20). Krämermakler i. S. des § 104 HGB kommen nur bei Vermittlung von Warengeschäften im Kleinverkehr vor. Offene Handels-, Kommandit- und Kapitalgesellschaften sind notwendig Vollkaufleute (§§ 4 II, 6 II HGB). In Hamburg ist es üblich, den Begriff Vsmakler nur Vollkaufleuten vorzubehalten.

[32] b) Zivilmakler.

Alle Vsmakler, welche nicht gewerbsmäßig arbeiten oder nur Gelegenheiten nachweisen, sind Zivilmakler i. S. des § 652 I 1 BGB. Auftraggeber eines Zivilmaklers kann nicht nur ein Vmer, sondern auch ein Ver sein; beim Zivilmakler braucht kein Doppelrechtsverhältnis zu entstehen, d. h. den vom Ver beauftragten Zivilmakler treffen dann keine Rechtspflichten gegenüber dem Vmer (vgl. § 654 BGB). Näheres Anm. 121. Nebenberuflichkeit läßt Vsmakler oft Zivilmakler sein, aber auch ein Vsmakler im Nebenberuf kann Handelsmakler sein, z. B. ein Schiffsmakler, der nebenher Ven vermittelt.

Die Rechtsbehandlung der Zivilmakler richtet sich nach den §§ 652—655 BGB, erfährt jedoch viele Modifikationen vom Recht der Vsvertreter und Handelsmakler her.

[33] c) Sonderfälle.

Vsmakler führen die Vsverträge oft nicht einem Ver, sondern Vsvertretern, besonders Generalagenten, zu (Beispiel: OLG Hamburg 11. X. 1939 HansRGZ 1940 A Sp. 57—61). Hier fragt es sich, ob sie für den Ver oder den Generalagenten arbeiten, woraus sich ergeben würde, wer Schuldner der Courtageansprüche ist. Im Zweifel wird man den Ver als Courtageschuldner ansehen müssen (über die umsatzsteuerlichen Folgen Möller Vsvermittlung S. 165 m. w. N., Riepl VersR 1953 S. 271—272).

Für einen Vsmakler können Untermakler tätig werden, deren Vergütungsansprüche sich gegen den Vsmakler richten (vgl. allgemein RG 24. IX. 1935 RGZ Bd 148 S. 354 bis 357). Über das Zusammenwirken mehrerer Makler auch KG 26. VI. 1937 JRPV 1937 S. 327—328. Hat ein Vsmakler einen Mitarbeiter ständig betraut, so fragt es sich, ob er Handelsvertreter sein kann (dazu Anm. 175).

Nicht selten sind Schiffsmakler nebenberuflich als Vsmakler tätig (Gauer a. a. O. S. 22—23). Vgl. zur Nebenberuflichkeit auch Waldstein a. a. O. S. 9.

Wirtschaftliche Besonderheiten gelten für den Rückvsmakler (Cruciger VuGeldwirtschaft 1928 S. 197—198, Gauer a. a. O. S. 61—65, 95—96, KG 21. II. 1925 JRPV 1925 S. 256) und ausländische Vsmakler, z. B. Lloyd's Broker (vgl. VA 1929 S. 130 bis 131).

Unter technischen Maklern versteht man solche, die Vsscheine entwerfen (Anm. 55) oder gar ausfertigen (Anm. 41), Schäden regulieren (Anm. 110) und sonstige Verwaltungsaufgaben für den Ver übernehmen (Gauer a. a. O. S. 54, Möller Vsvermittlung S. 183, Nebelung WallmannsZ 1942 S. 52—53). Sehr kritisch gegenüber technischen Maklern Trinkhaus I S. 134—135.

Über Makleragenten, Firmengruppen, Maklerprovisionsabkommen vgl. Anm. 26—28.

[34] 3. Rechtsquellen des Maklerrechts.

Als gesetzliche Rechtsquellen kommen für das Recht der Vsmakler — außer gewissen Nebenquellen wie der VO PR Nr. 52/50 über Provisionen in der Kraftfahrtv (Wortlaut: Anm. 100) — die §§ 652—654 BGB, 93—104 HGB in Betracht, die folgenden Wortlaut haben:

[35] a) §§ 652—654 BGB.

§ 652

Wer für den Nachweis der Gelegenheit zum Abschluß eines Vertrags oder für die Vermittelung eines Vertrags einen Mäklerlohn verspricht, ist zur Entrichtung des Lohnes nur verpflichtet, wenn der Vertrag infolge des Nachweises oder infolge der Vermittelung des Mäklers zustande kommt. Wird der Vertrag unter einer aufschiebenden Bedingung geschlossen, so kann der Mäklerlohn erst verlangt werden, wenn die Bedingung eintritt.

Aufwendungen sind dem Mäkler nur zu ersetzen, wenn es vereinbart ist. Dies gilt auch dann, wenn ein Vertrag nicht zustande kommt.

§ 653

Ein Mäklerlohn gilt als stillschweigend vereinbart, wenn die dem Mäkler übertragene Leistung den Umständen nach nur gegen eine Vergütung zu erwarten ist.

Ist die Höhe der Vergütung nicht bestimmt, so ist bei dem Bestehen einer Taxe der taxmäßige Lohn, in Ermangelung einer Taxe der übliche Lohn als vereinbart anzusehen.

§ 654

Der Anspruch auf den Mäklerlohn und den Ersatz von Aufwendungen ist ausgeschlossen, wenn der Mäkler dem Inhalte des Vertrags zuwider auch für den anderen Teil tätig gewesen ist.

[36] b) §§ 93—104 HGB.

§ 93

Wer gewerbsmäßig für andere Personen, ohne von ihnen auf Grund eines Vertragsverhältnisses ständig damit betraut zu sein, die Vermittlung von Verträgen über Anschaffung oder Veräußerung von Waren oder Wertpapieren, über Versicherungen, Güterbeförderungen, Bodmerei, Schiffsmiete oder sonstige Gegenstände des Handelsverkehrs übernimmt, hat die Rechte und Pflichten eines Handelsmäklers.

Auf die Vermittlung anderer als der bezeichneten Geschäfte, insbesondere auf die Vermittlung von Geschäften über unbewegliche Sachen, finden, auch wenn die Vermittlung durch einen Handelsmäkler erfolgt, die Vorschriften dieses Abschnitts keine Anwendung.

§ 94

Der Handelsmäkler hat, sofern nicht die Parteien ihm dies erlassen oder der Ortsgebrauch mit Rücksicht auf die Gattung der Ware davon entbindet, unverzüglich nach dem Abschlusse des Geschäfts jeder Partei eine von ihm unterzeichnete Schlußnote zuzustellen, welche die Parteien, den Gegenstand und die Bedingungen des Geschäfts, insbesondere bei Verkäufen von Waren oder Wertpapieren deren Gattung und Menge sowie den Preis und die Zeit der Lieferung, enthält.

Bei Geschäften, die nicht sofort erfüllt werden sollen, ist die Schlußnote den Parteien zu ihrer Unterschrift zuzustellen und jeder Partei die von der anderen unterschriebene Schlußnote zu übersenden.

Verweigert eine Partei die Annahme oder Unterschrift der Schlußnote, so hat der Handelsmäkler davon der anderen Partei unverzüglich Anzeige zu machen.

§ 95

Nimmt eine Partei eine Schlußnote an, in der sich der Handelsmäkler die Bezeichnung der anderen Partei vorbehalten hat, so ist sie an das Geschäft mit der Partei, welche ihr nachträglich bezeichnet wird, gebunden, es sei denn, daß gegen diese begründete Einwendungen zu erheben sind.

Die Bezeichnung der anderen Partei hat innerhalb der ortsüblichen Frist, in Ermangelung einer solchen innerhalb einer den Umständen nach angemessenen Frist zu erfolgen.

Unterbleibt die Bezeichnung oder sind gegen die bezeichnete Person oder Firma begründete Einwendungen zu erheben, so ist die Partei befugt, den Handelsmäkler auf die Erfüllung des Geschäfts in Anspruch zu nehmen. Der Anspruch ist ausgeschlossen, wenn sich die Partei auf die Aufforderung des Handelsmäklers nicht unverzüglich darüber erklärt, ob sie Erfüllung verlange.

§ 96

Der Handelsmäkler hat, sofern nicht die Parteien ihm dies erlassen oder der Ortsgebrauch mit Rücksicht auf die Gattung der Ware davon entbindet, von jeder durch seine Vermittlung nach Probe verkauften Ware die Probe, falls sie ihm übergeben ist, so lange aufzubewahren, bis die Ware ohne Einwendung gegen ihre Beschaffenheit angenommen oder das Geschäft in anderer Weise erledigt wird. Er hat die Probe durch ein Zeichen kenntlich zu machen.

§ 97

Der Handelsmäkler gilt nicht als ermächtigt, eine Zahlung oder eine andere im Vertrage bedungene Leistung in Empfang zu nehmen.

§ 98

Der Handelsmäkler haftet jeder der beiden Parteien für den durch sein Verschulden entstehenden Schaden.

§ 99

Ist unter den Parteien nichts darüber vereinbart, wer den Mäklerlohn bezahlen soll, so ist er in Ermangelung eines abweichenden Ortsgebrauchs von jeder Partei zur Hälfte zu entrichten.

§ 100

Der Handelsmäkler ist verpflichtet, ein Tagebuch zu führen und in dieses alle abgeschlossenen Geschäfte täglich einzutragen. Die Eintragungen sind nach der Zeitfolge zu bewirken; sie haben die im § 94 Abs. 1 bezeichneten Angaben zu enthalten. Das Eingetragene ist von dem Handelsmäkler täglich zu unterzeichnen.

Die Vorschriften der §§ 43, 44 über die Einrichtung und Aufbewahrung der Handelsbücher finden auf das Tagebuch des Handelsmäklers Anwendung.

§ 101

Der Handelsmäkler ist verpflichtet, den Parteien jederzeit auf Verlangen Auszüge aus dem Tagebuche zu geben, die von ihm unterzeichnet sind und alles enthalten, was von ihm in Ansehung des vermittelten Geschäfts eingetragen ist.

§ 102

Im Laufe eines Rechtsstreits kann das Gericht auch ohne Antrag einer Partei die Vorlegung des Tagebuchs anordnen, um es mit der Schlußnote, den Auszügen oder anderen Beweismitteln zu vergleichen.

§ 103

Handelsmäkler, die den Vorschriften über die Führung und Aufbewahrung des Tagebuchs zuwiderhandeln, werden mit Geldstrafe bis zu eintausend Deutsche Mark bestraft.

§ 104

Auf Personen, welche die Vermittelung von Warengeschäften im Kleinverkehre besorgen, finden die Vorschriften über Schlußnoten und Tagebücher keine Anwendung.

[87] 4. Rechtsstellung des Handelsmaklers.

a) Doppelrechtsverhältnis.

aa) Zustandekommen.

Durchweg tritt ein Vsuchender als Auftraggeber an einen Vsmakler heran (über Aufträge des Vers OLG Hamburg 16. IX. 1942 JRPV 1942 S. 147). Die Annahme dieses Angebotes erfolgt ausdrücklich, häufig aber auch stillschweigend, z. B. durch Ausführung des Auftrages oder umgekehrt dadurch, daß das Wirken des Maklers ohne Widerspruch entgegengenommen und ausgenutzt wird (OLG Frankfurt 12. V. 1955 VersR 1955 S. 579). Ausnahmsweise braucht nach § 151¹ BGB die Annahme dem Antragenden gegenüber nicht erklärt zu werden, z. B. bei besonderer Eilbedürftigkeit. Besteht aus früheren Aufträgen eine Geschäftsverbindung, so ist der Vsmakler gehalten, unverzüglich zu antworten; sein Schweigen gilt als Annahme des Antrags (§ 362 I 1 HGB; dazu vgl. Anm. 38). Hat sich ein Vsmakler speziell dem Antragsteller gegenüber zur Vsvermittlung erboten, so gilt gemäß § 362 I 2 HGB das gleiche (es tritt — entgegen Bruck S. 153 — nicht nur eine Schadensersatzpflicht aus culpa in contrahendo gemäß § 663² BGB ein). Über Auftragserteilung durch Schweigen auf ein Bestätigungsschreiben des Vsmaklers OLG Hamburg 2. XI. 1948 VA 1949 S. 38—39. Einen Maklerauftrag haben KG 13. X. 1937 JRPV 1937 S. 357, LG Berlin 1. XII. 1936 JRPV 1937 S. 79 in einem Falle verneint, in welchem statt Auszahlung einer Lebensvssumme vergleichsweise eine „Freipolize" gewährt wurde. Möglicherweise ist ein Vmer verpflichtet, sich bei einem Abschluß eines Vsmaklers zu bedienen (vgl. Anm. 69). Der Maklervertrag ist formfrei.

Tritt der Vsmakler im Rahmen seiner Vermittlungstätigkeit an einen Ver heran, so entsteht ein vertragliches Rechtsverhältnis auch zu diesem, auch wenn die Tätigkeit schließlich erfolglos bleibt (Heymann a. a. O. S. 392; bedenklich OLG Hamburg 14. II. 1907 OLGRspr. Bd 14 S. 348—349, wo nur von einem „vertragsähnlichen Geschäftsverkehr" die Rede ist; auch Trinkhaus I S. 133 spricht von vertragsähnlicher Haftung). Dies kann dann nicht gelten, falls der Ver von vornherein einen Vertragsabschluß ablehnt.

[38] bb) Rechtsnatur.

Der Handelsmakler tritt nach dem in Anm. 37 Gesagten in ein Doppelrechtsverhältnis zu beiden Parteien, er ist „ehrlicher Makler" und gegenüber beiden Parteien verpflichtet und berechtigt (vgl. §§ 94, 98, 99, 101 HGB).

Wird ein Vsmakler ständig für einen Vmer tätig, so handelt es sich doch um immer neue Maklerverträge; die ständige Wiederbeauftragung immer desselben Vsmaklers kann nichts an dessen Maklerstellung ändern (von Gierke II S. 124, Prölss[8] S. 166). Die möglicherweise zustande kommende Rahmenrechtsbeziehung ist von den einzelnen Maklerverträgen zu unterscheiden. Das gilt auch im Verhältnis zu einem Ver, dem der Vsmakler immer wieder Ven zuführt. Insofern ist im Gegensatz zum Handelsvertretervertrag (Anm. 13) der Maklervertrag kein Dauerschuldverhältnis. Andererseits kann sich die Abwicklung einer vermittelten V, z. B. einer laufenden Polize, auf geraume Zeit erstrecken, wobei von Bedeutung ist, daß die Tätigkeit des Vsmaklers sich nicht in der Vermittlung erschöpft, sondern die dauernde Bearbeitung von Deklarationen, Prämieneinziehungen und Schäden mit sich bringt. Unter diesem Gesichtspunkt kann auch der Maklervertrag als Dauerschuldverhältnis zu qualifizieren sein.

Obgleich der Vsmakler sich um die Vermittlung bemühen muß (Anm. 53) und obgleich andererseits eine Courtage zu zahlen ist, ist der Maklervertrag weder als Doppelrechtsverhältnis noch in seinen Teilrechtsverhältnissen ein gegenseitiger Vertrag. Denn die Courtage wird nicht für die bloßen Bemühungen, sondern für den Vermittlungserfolg — als Erfolgsvergütung — geschuldet. Die Herbeiführung des Vermittlungserfolges ist ihrerseits aber nicht in obligatione, sondern lediglich in condicione. Wohl aber ist der Maklervertrag ein unvollkommen zweiseitig verpflichtender und ein entgeltlicher Vertrag.

Infolge der zu zahlenden Erfolgsvergütung steht er dem Werkvertragstypus näher als dem Dienstvertrag. Zu alledem Möller in: Festschrift für Leo Raape, Hamburg (1948), S. 347—348, abweichend Gauer a. a. O. S. 32, Pfeiffer a. a. O. S. 31, Ritter HGB a. a. O. S. 241, Trinkhaus I S. 130. Der Maklervertrag hat eine Geschäftsbesorgung zum Gegenstand (von Gierke II S. 125, Pfeiffer a. a. O. S. 31, Prölss[8] S. 166—167, Ritter HGB a. a. O. S. 241), so daß § 675 BGB analog angewendet werden kann, ebenso § 362 I HGB (Anm. 37).

[39] cc) Folgerungen.

Da es sich um ein Doppelrechtsverhältnis handelt, muß getrennt untersucht werden, ob der Vsmakler einerseits den Vmer, andererseits den Ver zu vertreten vermag (Anm. 40 bis 43). Auch für die Zurechnungsfragen spielt die Mittlerstellung des Vsmaklers eine Rolle (Anm. 44—51). Ferner hat der Handelsmakler Pflichten (Anm. 52—68) und Rechte (Anm. 69—110) sowohl gegenüber dem Vmer als auch gegenüber dem Ver (generell betont z. B. von OLG Hamburg 16. IX. 1942 JRPV 1942 S. 147). Schließlich wirkt sich auch bei der Beendigung des Maklervertrages dessen Rechtsnatur aus (Anm. 111—120).

[40] b) Vertretungsmacht.

aa) Vertretung beim Vertragsabschluß.

aaa) Vertretung des Versicherungsnehmers.

Normalerweise ist ein Handelsmakler nicht Bevollmächtigter einer der Parteien, das ergibt sich aus seiner Mittlerstellung. Der Vsmakler ist wirtschaftlich jedoch weithin Bundesgenosse des Vmers (Anm. 13), auch ergibt sich eine Besonderheit daraus, daß durchweg die Beschaffung des Vsschutzes dringlich ist. Deshalb gelten für den Vsmakler hinsichtlich der Vertretung des Vmers beim Abschluß des Vsvertrages nicht die allgemeinen Grundsätze.

Im hansestädtischen Verkehr kann kraft Gewohnheitsrechtes der Vsmakler den Vmer beim Abschluß von Vsverträgen in kaufmännischen Vszweigen vertreten (Einl. Anm. 36, Möller Vsvermittlung S. 36 m. w. N., ferner vgl. Bruck S. 154, Gauer a. a. O. S. 33, 35, von Gierke II S. 125, Pfeiffer a. a. O. S. 34—37, Prölss[8] S. 167, Ritter HGB a. a. O. S. 241, Waldstein a. a. O. S. 12—13, OLG Hamburg 2. XI. 1948 VA 1949

S. 38—39). Das KG 9. VII. 1919 JRPV 1925 S. 73 meint in einem Hamburger Fall, daß in der Auftragserteilung an einen Vsmakler zugleich Vollmachtserteilungen liegen.

Die gewohnheitsrechtliche Vertretungsmacht ist wie eine rechtsgeschäftliche, also als Vollmacht zu behandeln. Ist sie im Einzelfall vom Vmer eingeschränkt oder entzogen, so ist doch in analoger Anwendung von § 171 II BGB Dritten gegenüber die Vertretungsmacht als bestehend zu behandeln, bis die Rechtslage ihnen gegenüber klargestellt wird (vgl. Ritter HGB a. a. O. S. 241). Infolge des Bestehens der „Bevollmächtigung" sind §§ 2 III, 19 anzuwenden. Die Vollmacht erlischt mit dem Maklervertrag und ist jederzeit widerruflich (§ 168[1, 2] BGB, Waldstein a. a. O. S. 12—13).

Die Vertretungsmacht bezieht sich auch auf Vorgänge, die mit dem Abschluß eng verbunden sind (Entgegennahme des Vsscheins nach § 3 I 1, Erklärung des Widerspruchs nach § 5 I: von Gierke II S. 125, Prölss[8] S. 167, der betont, daß die Frist des § 5 I mit der Aushändigung des Vsscheins an den Vsmakler beginnt). Über die Vertretungsmacht des Vsmaklers bei „Abdeckungen" (Auswechslung eines Vers): Waldstein a. a. O. S. 54—56, über die Bedeutung von unrichtigen Belehrungen des Vsmaklers für den Vmer bei der Erfüllung der vorvertraglichen Anzeigepflicht: OLG Hamburg 10. X. 1916 HGZ 1916 Hptbl. S. 294 Nr. 150 (keine Entschuldigung).

Kann der Vsmakler den Vmer nicht beim Abschluß des Vsvertrages vertreten, so muß er doch als bevollmächtigt angesehen werden, Offerten des Vers namens des Vmers entgegenzunehmen (Ritter HGB a. a. O. S. 241—242). An der Vertretungsmacht des Vsmaklers fehlt es regelmäßig in den nicht kaufmännischen Vszweigen (z. B. in der Lebens- und Krankenv: Pfeiffer a. a. O. S. 35), ferner in der Rückv (Ritter HGB a. a. O. S. 241). Nicht zutreffend ist es, wenn Ritter HGB a. a. O. S. 241, auch Waldstein a. a. O. S. 13 auf Vszweige abstellen, „in denen die Vmer formularmäßige Anträge zu stellen haben."

[41] bbb) Vertretung des Versicherers.

Vertreter des Vers beim Vertragsabschluß ist der Vsmakler als solcher nicht (Prölss[8] S. 167). Über eine weitgehende Klausel in Maklerbedingungen vgl. Anm. 43. Das Zonenamt (VW 1948 S. 148, 1949 S. 365, 1951 S. 404) hat es beanstandet, wenn Vsmakler Vspolizen in Vertretung des Vers zeichnen (vgl. aber § 1 IIIa VO PR Nr. 52/50 [Anm. 100]). Ein Makleragent (Anm. 26) kann insoweit, als er Abschlußagent ist, auch den Ver vertreten (man wird Gestattung des Selbstkontrahierens annehmen müssen: § 181 BGB). Über einen Fall, in dem ein Vsmakler auf Grund Rechtsscheins zur Erteilung einer Deckungszusage vom Ver ermächtigt war: KG 11. I. 1933 JRPV 1933 S. 138—139, über einen Fall der Unterbevollmächtigung durch einen Agenten des Vers: KG 8. IV. 1933 JRPV 1933 S. 209—211.

Der Vertretung ohne Vertretungsmacht steht es nahe, falls der Vsmakler sich die Bezeichnung des Vers, der Mitver oder einzelner Mitver vorbehält. Das geschieht auch dann, wenn auf einer Deckungsnote der Vsmakler als Ver sich selbst oder Mehrfachagenten bezeichnet (vgl. OLG Hamburg 27. VI. 1924 HansRZ 1924 Sp. 779—780). Denn nie ist beabsichtigt, daß der Vsmakler selbst als Ver fungiere (vgl. KG 9. VII. 1919 JRPV 1925 S. 73). Unterbleibt die Bezeichnung des Vers innerhalb einer ortsüblichen oder angemessenen Frist, so kann allerdings der Vmer den Vsmakler auf die Erfüllung in Anspruch nehmen (§ 95 HGB), d.h. der Vsmakler müßte wie ein Ver haften. Da jedoch ein Vsmakler — schon mangels Gefahrengemeinschaft — eine echte Gefahrtragungsleistung nicht zu erbringen vermag, schuldet er Schadensersatz im Umfang des Erfüllungsinteresses.

[42] bb) Vertretung während Vertragslaufes.

aaa) Vertretung des Versicherungsnehmers.

Grundsätzlich ist der Vsmakler nicht bevollmächtigt, den Vmer auch während des Vertragslaufes aktiv oder passiv zu vertreten (Prölss[8] S. 167). Der Vsmakler kann also grundsätzlich keine Willens- (und Wissens-)erklärungen an Stelle des Vmers abgeben oder entgegennehmen (KG 24. IV. 1932 VA 1932 S. 269 Nr. 2460: Rücktritt; Zonenamt VW 1951 S. 404; Gauer a. a. O. S. 57, Pfeiffer a. a. O. S. 45, Waldstein a. a. O. S. 59). Der Vsmakler kann auch keine Mahnungen entgegennehmen und keine Schäden kassieren (§ 97 HGB; RG 22. XI. 1924 VA 1925 S. 151 Nr. 1500; Gauer a. a. O. S. 61, Möller Vsvermittlung S. 111, Pfeiffer a. a. O. S. 44, Ritter HGB a. a. O. S. 242, Waldstein a. a. O. S. 72—73). Ritter HGB a. a. O. S. 242 betont: „Die Vollmacht des Assekuranzmaklers umfaßt nicht die Befugnis, den Vertrag zu ändern oder aufzuheben, zurückzutreten, zu kündigen, anzufechten oder entsprechende Erklärungen des Vers entgegenzunehmen."

Im Einzelfall kann dem Vsmakler eine Vollmacht vom Vmer erteilt werden, z. B. zum Inkasso der Entschädigung (von Gierke II S. 125 behauptet hierfür zu Unrecht einen Hamburger Handelsbrauch), möglicherweise auch zu Verhandlungen über deren Höhe. Nach Ziff. 2c Richtlinien der Hamburger Vsbörse für den Abschluß von Transportven (abgedruckt bei Zinkeisen, Hamburgisches Börsen-Handbuch, 11. Aufl., Hamburg 1950, S. 466—469) hat der Ver Schäden an den Makler zu zahlen, falls dies die Polize bestimmt oder eine schriftliche Anweisung des Empfangsberechtigten vorliegt (die bei Zahlung der Prämie durch den Makler fingiert wird). Insoweit liegt eine Inkassovollmacht des Vsmaklers vor. Nach Ziff. 2 A 3 Richtlinien wird die erste Prämienmahnung „über den Makler geleitet". Hierin kann aber eine Maklervollmacht nicht erblickt werden, die Mahnung ist also erst zugegangen, wenn sie dem Vmer weitergeleitet ist. In Maklerbedingungen wird die Vertretungsmacht oft erweitert, z. B. dadurch, daß „alle Erklärungen der Ver an den Makler zu richten sind" (Ritter a. a. O. S. 242).

[43] bbb) Vertretung des Versicherers.

Auch den Ver vertritt der Vsmakler während des Vertragslaufes regelmäßig nicht, weder aktiv noch passiv (Zonenamt VW 1951 S. 404). Der Vsmakler kann also grundsätzlich keine Prämien kassieren (§ 97 HGB; Nachweise Anm. 28 zu § 35, dazu Pfeiffer a. a. O. S. 43, Ritter HGB a. a. O. S. 242, Waldstein a. a. O. S. 70, OLG Hamburg 20. X. 1927 HansRGZ 1928 B Sp. 295, LG Berlin 15. II. 1926 JRPV 1926 S. 320). Ziff. 2 A 2, C Richtlinien der Hamburger Vsbörse für den Abschluß von Transportven besagt: „ Die Makler erteilen den Vmern unverzüglich Rechnung. Dem Vmer bleibt es unbenommen, die Prämie auch an den Makler als seinen Beauftragten zu zahlen. Der Prämienschuldner wird in diesem Falle im Verhältnis zum Ver von seiner Verbindlichkeit erst befreit, wenn die Zahlung beim Ver eingegangen ist" (der Vsmakler ist solchenfalls „nur die Stelle, bei der die Vsprämie zwecks Übermittlung an die Beklagte einzuzahlen war": RG 20. II. 1926 VA 1926 S. 300 Nr. 1651; vgl. auch LG Hamburg 22. XII. 1927 HansRGZ 1928 A Sp. 291—292, 9. V. 1935 HansRGZ 1936 B Sp. 513). Es wird in Ziff. 2 C Richtlinien klargestellt, daß ein Zahlungsausgleich über den Vsmakler keinen Kontokorrentverkehr (§ 355 HGB) zwischen Vsmakler und Ver begründe; für die Zahlung des Saldos übernimmt der Vsmakler unter gewissen Voraussetzungen die selbstschuldnerische Bürgschaft. Der Vsmakler kann auch keine Schäden namens des Vers anerkennen (LG Hamburg 23. X. 1952 VersR 1953 S. 26), überhaupt keine Willens- oder Wissenserklärungen für den Ver abgeben oder auch entgegennehmen (Gauer a. a. O. S. 57, Pfeiffer a. a. O S. 45). Bei der laufenden V sind Deklarationen dem Ver nicht schon zugegangen, wenn sie dem Vsmakler zugegangen sind (Ritter Anm. 43 zu § 97, S. 1165, OLG Hamburg 2. XI. 1934 JRPV 1935 S. 270—271).

Ausnahmsweise kann — etwa durch Maklerbedingungen — der Vsmakler zum Bevollmächtigten des Vers werden, z. B. durch die Klausel: „Alle Anzeigen, Erklärungen und dergleichen gelten den Vern als zugegangen, sobald sie gegenüber der Firma .... (Vsmakler) erfüllt sind" (diese Klausel umfaßt auch vorvertragliche Anzeigen). Das Zonenamt hat solche Bevollmächtigung in Maklerbedingungen beanstandet (VW 1951 S. 404, 499, dagegen VW 1951 S. 451).

In der Einräumung einer Inkassoprovision liegt die Einräumung des Rechts, die Prämien für den Ver einzuziehen (KG 7. III. 1931 JRPV 1931 S. 211). Auch der Gesichtspunkt des Rechtsscheins kommt in Frage: „Wenn ein Ver entgegen den getroffenen Regeln duldet, daß der Makler Prämienrechnungen erteilt, ohne zur Zahlung an den Ver aufzufordern und ohne eine richtig erteilte Rechnung zu avisieren, dann muß er so angesehen werden, als habe er den Makler ermächtigt, für ihn die Prämien einzuziehen" (LG Hamburg 22. XII. 1927 HansRGZ 1928 A Sp. 291—292, zustimmend Pfeiffer a. a. O. S. 44; vgl. auch VA 1919 S. 95—96). Besteht ein Kontokorrentverkehr zwischen Vsmakler und

Ver (dazu Gauer a. a. O. S. 59—60), so muß die Zahlung durch den Vmer als erfolgt angesehen werden, sobald der Vsmakler den ihm überwiesenen Betrag dem Ver gutgebracht hat (ähnlich Waldstein a. a. O. S. 71). Moschel JRPV 1928 S. 274 nimmt zu weitgehend an, daß die Einrichtung eines Kontokorrentverhältnisses zwischen Ver und Vsmakler schlechthin den letzteren zum Prämieninkasso bevollmächtige (ungenau auch Prölss[8] S. 167, Ritter HGB a. a. O. S. 242, LG Hamburg 9. V. 1935 HansRGZ 1936 B Sp. 513).

Ist der Vsmakler zum Prämieninkasso bevollmächtigt, so kann er auch mit Wirkung für den Ver die Frist des § 39 I setzen (KG 28. XI. 1934 JRPV 1935 S. 124, Prölss[8] S. 167), jedoch nicht in eigenem, sondern nur in fremdem Namen des Vers (bedenklich KG 21. IX. 1929 JRPV 1929 S. 370—371, dazu Anm. 9 zu § 39). Auch der inkassobevollmächtigte Vsmakler kann nicht die Prämie stunden (Prölss[8] S. 167, KG 28. XI. 1934 JRPV 1935 S. 124—125). Ist der Vsmakler außer zum Prämieninkasso allerdings auch bevollmächtigt, namens des Vers vorläufige Deckungszusagen zu erteilen, so liegt in der vorbehaltlosen Annahme einer verspäteten Prämienzahlung durch den Vsmakler ein Verzicht auf die Geltendmachung etwaiger sich aus der Verspätung ergebender Rechte, den der Ver gegen sich gelten lassen muß (KG 11. I. 1933 HansRGZ 1942 A Sp. 35). Auch der inkassobevollmächtigte Vsmakler kann regelmäßig keine Prämien einklagen (Anm. 97).

Auch hinsichtlich der Entgegennahme von Deklarationen bei der laufenden V kann der Vsmakler vom Ver bevollmächtigt werden (Bruck S. 156—157, Ritter Anm. 43 zu § 97, S. 1165). Ein Handelsbrauch, daß er es stets sei, besteht in Hamburg nicht (OLG Hamburg 2. XI. 1934 JRPV 1935 S. 270).

Über Vollmachten zur Schadensregulierung vgl. Anm. 110.

Der Widerruf der Inkasso- oder sonstigen Vollmacht ist nach § 168² BGB jederzeit möglich (insoweit unrichtig KG 7. III. 1931 JRPV 1931 S. 212).

[44] c) Zurechnungsfragen.

Auch abgesehen von der Vertretungsmacht fragt es sich, ob sich der Vmer oder Ver beim Vertragsschluß oder später das Verhalten, die Kenntnis oder das Kennenmüssen und das Verschulden des Vsmaklers zurechnen lassen muß. Man darf jedoch nicht generell sagen, der Vmer müsse „das gesamte Verhalten des Maklers gegen sich gelten lassen" (Gauer a. a. O. S. 53, richtiger Waldstein a. a. O. S. 36), muß vielmehr unterscheiden:

[45] aa) Erfüllungsgehilfenschaft.

Prölss[8] S. 167 meint, der Vsmakler sei Erfüllungsgehilfe des Vmers bei den Obliegenheiten; aber bei diesen gibt es keine Erfüllungsgehilfen: Anm. 73—76 zu § 6. Bei echten Rechtspflichten könnte sich der Vmer oder Ver als Schuldner eines Erfüllungsgehilfen bedienen, und das könnte der Vsmakler sein. Man denke daran, daß der Vmer die Prämie, der Ver eine Entschädigung über den Vsmakler zahlt, ohne daß letzterer als Vertreter tätig wird (für die Prämienzahlung Heymann a. a. O. S. 366, Pfeiffer a. a. O. S. 43, für die Schadenszahlung Heymann a. a. O. S. 366, Pfeiffer a. a. O. S. 44). Bei Erfüllung der Deklarationspflicht ist der Vsmakler oft Erfüllungsgehilfe des Vmers (Ritter HGB a. a. O. S. 242). Solchenfalls muß der Geschäftsherr ein Verschulden des Vsmaklers wie eigenes vertreten (§ 278¹ BGB). Der Ver kommt z. B. in Verzug, falls der Vsmakler als sein Erfüllungsgehilfe eine Entschädigung nicht an den Vmer weiterleitet (§ 285 BGB). Auch bereits beim Vertragsabschluß — im Rahmen der culpa in contrahendo — hat man für seine Erfüllungsgehilfen einzustehen (Anm. 90 zu § 1).

[46] bb) Verrichtungsgehilfenschaft.

Der Vsmakler könnte vom Vmer oder Ver zu einer Verrichtung bestellt sein und in Ausführung der Verrichtung dem anderen Teil oder einem Dritten widerrechtlich Schaden zufügen (bei Obliegenheiten kommt Verrichtungsgehilfenschaft nicht in Frage: Anm. 77 zu § 6). Allerdings setzt die „Bestellung" zum Verrichtungsgehilfen eine gewisse Abhängigkeit von dem Willen des Geschäftsherrn voraus, die beim Vsmakler fehlen könnte, soweit er nur nach eigener Sachkunde handelt. Der Geschäftsherr hat bei eigenem Verschulden, insbesondere Auswahlverschulden, deliktisch dem Geschädigten

Ersatz zu leisten, wobei ihn die Exkulpationslast trifft (§ 831 I BGB). Da durchweg der Geschäftsherr sich zu exkulpieren vermag und im übrigen der Verrichtungsgehilfe den objektiven Tatbestand einer unerlaubten Handlung verwirklicht haben muß (es reicht nicht jede Vermögensschädigung aus), wird praktisch nur selten die Verrichtungsgehilfenhaftung für den Vsmakler Platz greifen.

[47] **cc) Wissenszurechnung.**

Bei Anzeige- und Auskunftspflichten und -obliegenheiten fragt es sich, ob die Kenntnis oder das Kennenmüssen des Vsmaklers der Kenntnis oder dem Kennenmüssen des Vmers oder Vers gleichzustellen ist. Da praktisch nur Wissenserklärungen des Vmers (oder Vten) eine Rolle spielen und da der Vsmakler in der Sphäre des Vmers steht, braucht nur die Frage erörtert zu werden, ob dem Vmer ein Wissen oder Wissenmüssen des Vsmaklers zuzurechnen ist, z. B. die Kenntnis von einer Gefahrerhöhung, von einem eingetretenen Vsfall. Maßgebend sind die in Anm. 81 zu § 6 entwickelten reichsgerichtlichen Grundsätze. Danach wird regelmäßig der Vsmakler kein Wissensvertreter der Vmers sein (vgl. Waldstein a. a. O. S. 42—44, dagegen Ritter HGB a. a. O. S. 242).

Für die vorvertragliche Anzeigepflicht gilt außerdem (Anm. 13 zu § 19) die Sondernorm des § 19: Soweit der Vsmakler Bevollmächtigter des Vmers ist, hat er neben dem Vmer selbst die vorvertragliche Anzeigepflicht zu erfüllen, es kommt also auch auf seine Kenntnis an (Anm. 83 zu § 6, Anm. 5 zu § 19, von Gierke II S. 125, Ritter HGB a. a. O. S. 241, 242, Waldstein a. a. O. S. 29). — Vgl. auch § 2 III für die Rückwärtsv und dazu Anm. 39 zu § 2, von Gierke II S. 125, Waldstein a. a. O. S. 29. Bei der Rückwärtsv steht die Kenntnis des Vsmaklers jener des Vers nicht gleich (RG 20. II. 1926 VA 1926 S. 300 Nr. 1651). Das gilt auch sonst (KG 6. XI. 1935 JRPV 1936 S. 128).

[48] **dd) Wissenserklärungsvertretung.**

Soweit die Vertretungsmacht des Vsmaklers, speziell für den Vmer, reicht, wird bei zu erstattenden Anzeigen und Auskünften der Vsmakler zum Wissenserklärungsvertreter. Hier muß der Vmer seine eigene Kenntnis vollständig dem Vsmakler übermitteln, und der Vmer hat für vom Vsmakler verschuldete Nicht- und Falschanzeigen einzustehen (vgl. Anm. 84—87 zu § 6). Zu alledem vgl. Waldstein a. a. O. S. 42—44, viel weitergehend Ritter HGB a. a. O. S. 242.

Wird vom Vsmakler ohne Vertretungsmacht eine Anzeige gemacht oder Auskunft gegeben, so wirkt dies zugunsten des Vmers, sofern dem Ver das erforderliche Wissen verschafft wird (Anm. 24 zu § 6).

[49] **ee) Boteneigenschaft.**

Von einem Wissenserklärungsvertreter ist ein bloßer Bote zu unterscheiden (Anm. 88—89 zu § 6). Der Vsmakler kann bloßer Bote sein.

[50] **ff) Repräsentanteneigenschaft.**

Bei Obliegenheiten des Vmers, welche keine Wissenserklärungen zum Gegenstand haben, sowie im Falle der Herbeiführung des Vsfalles hat der Vmer für Repräsentanten einzustehen. Nur selten wird der Vsmakler als Repräsentant angesehen werden können. Immerhin ist an Fälle zu denken, in denen ein Vsmakler für den Vmer z. B. eine Minderungsmaßnahme, etwa die Verfolgung eines Regresses, übernimmt. Vgl. auch OLG Hamburg 19. XI. 1923 HGZ 1924 Hptbl. S. 25—26 (nicht gehörige Feststellung eines Schadens durch Verschulden eines Vsmaklers, den das Gericht allerdings als Erfüllungsgehilfen ansieht).

[51] **gg) Täuschungshandlungen.**

Infolge seiner Mittlerstellung ist der Vsmakler als Dritter i. S. des § 123 II BGB anzusehen, falls er den Vmer arglistig täuscht (vgl. RG 14. XII. 1920 RGZ Bd 101 S. 98 für einen Warenmakler). Täuscht der Vsmakler den Ver, und ist er Bevollmächtigter des Vmers, so kann der Ver den Vsvertrag anfechten (von Gierke II S. 125, zu weitgehend Bruck S. 156 Anm. 25).

[52] d) Pflichten des Handelsmaklers.

aa) Aufzählung der Pflichten.

Den Vsmakler trifft eine Mehrzahl von Rechtspflichten, die nur teilweise dem Gesetz unmittelbar zu entnehmen sind, die sich im übrigen aus Handelsgewohnheitsrecht und als ergänzende Leistungspflichten aus Treu und Glauben (analog §§ 157, 242 BGB) ergeben. Die Pflichten bestehen kraft des Doppelrechtsverhältnisses (Anm. 37—39) teils gegenüber dem Vmer, teils gegenüber dem Ver, teils gegenüber beiden.

Negativ ist bedeutsam, daß die Pflicht, eine Schlußnote zuzustellen (§ 94 HGB), im Vswesen besonders infolge der Verwendung des Slip ortsgebräuchlich vielfach entfällt (Anm. 58). Nicht in Frage kommt auch die Pflicht zur Aufbewahrung von Proben (§ 96 HGB), da die V keine Ware ist.

Im Einzelnen kommen folgende Rechtspflichten in Betracht:

[53] aaa) Betätigungspflicht.

Anders als bei sonstigen Handelsmaklern entsteht für den Vsmakler gegenüber dem Vmer gewohnheitsrechtlich eine Betätigungspflicht, so daß er gehalten ist, sich um einen Abschluß zu bemühen (Bruck S. 154, Gauer a. a. O. S. 33, 35—36, Pfeiffer a. a. O. S. 30, Trinkhaus I S. 131, Waldstein a. a. O. S. 13—14, 21—22). Die Betätigungspflicht ergibt sich aus dem Maklervertrag (unrichtig Waldstein a. a. O. S. 14). Der Vsmakler muß angesichts des Sicherungsbedürfnisses des Vmers ohne schuldhaftes Zögern einen Ver suchen, der sich für die meisten Risiken auch ohne weiteres wird finden lassen. Soll die V materiell erst zu einem späteren Zeitpunkt beginnen, so steht auch dem Vsmakler mehr Zeit zur Verfügung. Gelingt es bei großen Risiken dem Vsmakler nicht, alle Anteile zu decken, so ist doch hinsichtlich der gedeckten Anteile die V gültig, der Maklerauftrag erfüllt (vgl. KG 9. VII. 1919 JRPV 1925 S. 74).

[54] bbb) Vermittlungspflicht.

Unter dieser zusammenfassenden Bezeichnung soll zum Ausdruck kommen, daß bei der Vermittlung den Vsmakler eine Interessenwahrnehmungspflicht ebenso trifft wie eine Beratungs-, Erkundigungs und Geheimhaltungspflicht, und zwar beiden Teilen gegenüber.

Bei der Vermittlung des Vsvertrages hat der Vsmakler die Belange des Versicherungsnehmers wahrzunehmen: Er darf keinen insolventen Ver auswählen (OLG Colmar 15. VI. 1901 DJZ 1903 S. 60, Gauer a. a. O. S. 38—39, 49, Pauly HansRZ 1924 Sp. 955—958, Pfeiffer a. a. O. S. 39, Trinkhaus I S. 131, Waldstein a. a. O. S. 24), er muß bei größeren Risiken verkehrsgebräuchlich Mitver mit Anteilen beteiligen, welche ihre Leistungskraft nicht übersteigen (dazu KG 9. VII. 1919 JRPV 1925 S. 72 bis 74, Bruck S. 154—155, Gauer a. a. O. S. 48, Pfeiffer a. a. O. S. 37, Waldstein a. a. O. S. 25). Die Auswahl des führenden Vers ist besonders wichtig. In beaufsichtigten Vszweigen muß der Ver konzessioniert sein (RG 17. III. 1919 RGZ Bd 95 S. 156—160, OLG Hamburg 17. II. 1917 JRPV 1925 S. 76—77, 29. VI. 1918 JRPV 1925 S. 77—78, Pfeiffer a. a. O. S. 37, Waldstein a. a. O. S. 25). Bei ausländischen Vern ist besondere Sorgfalt, auch wegen der Klagmöglichkeiten, geboten. Der Vsmakler hat auf klare Vertragsgestaltung zu dringen, die möglichst keine Zweifel aufkommen läßt (RG 26. II. 1943 SeuffArch. Bd 97 S. 76—80 Nr. 29, OLG Hamburg 16. IX. 1942 JRPV 1942 S. 148). Der Vertragsinhalt hat die Eigentümlichkeiten des zu versichernden Risikos zu berücksichtigen, hinsichtlich der vten Gegenstände und des übrigen Deckungsumfanges dürfen keine Lücken bestehen. Es reicht nicht aus, wenn die üblichen AVB verwendet werden, auch die zur Verfügung stehenden Klauseln sind zu beachten, speziell zwecks Einschlusses versicherbarer Sondergefahren (z. B. Kriegs- und Beschlagnahmegefahr). Häufig machen Vsmakler im Interesse der Vmer ihre Maklerbedingungen (Anm. 55) zum Vertragsinhalt. Über einen Fall, bei dem Ver mit verschiedenen, aber im Ergebnis gleichwertigen AVB in Frage kamen: OLG Hamburg 13. I. 1922 HansRZ 1922 Sp. 348—350. Auf ausreichende Vssummen, wenn möglich auch die Vereinbarung von Taxen, ist zu achten. Auch bei der Aushandlung der Prämienhöhe sind die Interessen des Vmers wahrzunehmen (dazu Gauer a. a. O. S. 53, Waldstein a. a. O. S. 25). Die Interessenwahrnehmungspflicht entspricht jener des § 384 I HGB (beim Kommissionär).

Mit der Interessenwahrnehmung hängt eng die Beratungspflicht des Vsmaklers zusammen. Er ist verpflichtet, den Vmer aufzuklären (z. B. über neu eingeführte Vs-möglichkeiten) und ihm geeignete Vorschläge zu unterbreiten (vgl. Gauer a. a. O. S. 37 bis 38, 46, Pfeiffer a. a. O. S. 38). Die Beratung muß sachkundig und umfassend sein, sie ist von den Vserfahrungen des Auftragsgebers in ihrem Inhalte abhängig (OLG Hamburg 16. IX. 1942 JRPV 1942 S. 147—148, dazu RG 26. II. 1943 SeuffArch. Bd 97 S. 76 bis 80 Nr. 29).

Die Interessenwahrnehmung und Beratung kann Erkundigungen des Vsmaklers erforderlich machen. Ist dem Vsmakler der Wert eines Gegenstandes zweifelhaft, so hat er beim Vmer nachzufragen; wird ihm dagegen ein bestimmter Wert angegeben, so braucht er diesen grundsätzlich nicht nachzuprüfen (OLG Hamburg 16. IX. 1942 JRPV 1942 S. 148).

Zu beachten ist noch, daß der Makler über alle vertraulichen Mitteilungen des Vmers Stillschweigen zu bewahren hat (Bruck S. 154).

Gleichzeitig muß der Handelsmakler bei der Vermittlung aber auch die Belange des Versicherers wahrnehmen. Er muß — über die Erfüllung der vorvertraglichen Anzeigepflicht des Vmers hinaus — besonders ungünstige Tatsachen zur Kenntnis des Vers bringen, z. B. Insolvenz des Vmers, frühere vorsätzliche Herbeiführung des Vsfalls durch diesen (vgl. Gauer a. a. O. S. 43, 53, Trinkhaus I S. 133). Eine Beratung des sachkundigen Vers wird seltener in Frage kommen. Wohl aber können Erkundigungen auch im Interesse des Vers geboten sein und eine Geheimhaltung, speziell Außenstehenden gegenüber, kann auch der Ver vom Vsmakler fordern.

[55] ccc) Abschlußpflicht.

Soweit der Vsmakler Bevollmächtigter des Vmers ist, ist er diesem gegenüber nach Auffindung geeigneter Ver auch verpflichtet, von seiner Vollmacht Gebrauch zu machen, also einen Vsvertrag abzuschließen (Trinkhaus I S. 131).

Dabei wird an der Hamburger Börse ein vom Makler vorbereiteter Slip mit den wesentlichen Angaben über den Inhalt des Vsvertrages verwendet, der von Vern oder deren Agenten unter Angabe des übernommenen Anteils abgezeichnet wird, womit die V abgeschlossen ist (dazu Gauer a. a. O. S. 48, 51, Pfeiffer a. a. O. S. 35). Bei der Vorbereitung des Slips muß der Vsmakler besonders sorgsam verfahren. Der Slip verbleibt bei ihm. Bei Abzeichnung durch Mehrfachagenten steht möglicherweise noch nicht fest, wie diese das Risiko unter den von ihnen vertretenen Vern aufteilen werden: Hier haften vor erfolgter Aufteilung die vertretenen Ver nicht etwa als Gesamtschuldner, auch nicht nach der üblicherweise bislang vorgenommenen und deshalb zu erwartenden Quotierung, sondern an Stelle der Ver haftet der Mehrfachagent persönlich (OLG Hamburg 19. X. 1920 HansRZ 1920 Sp. 704—706, RG 2. XI. 1921 HansRZ 1922 Sp. 10—14, der Fall ist von jenem der vorbehaltenen Aufgabe seitens des Vsmaklers Anm. 41 begrifflich zu scheiden). Ist der Vsvertrag fernmündlich zustande gekommen, so wird der Slip u. U. erst nachträglich, z. B. an der Börse abgezeichnet (Gauer a. a. O. S. 52, Pfeiffer a. a. O. S. 35).

Zur Abschlußpflicht läßt sich die Verpflichtung zur Aushändigung des — oft vom Vsmakler entworfenen (Gauer a. a. O. S. 54, Pfeiffer a. a. O. S. 41—42) — Vsscheins rechnen (vgl. aber auch Anm. 41). Der Inhalt des Vsscheins ist genau zu prüfen (Gauer a. a. O. S. 55, Pfeiffer a. a. O. S. 42, Waldstein a. a. O. S. 58—59). Der Vsmakler sorgt oft dafür, daß seine Maklerbedingungen zum Vertragsinhalt werden (Gauer a. a. O. S. 46, Möller Vsvermittlung S. 101). Über die aufsichtsbehördliche Genehmigung als Allgemeine Vsbedingungen vgl. Anm. 30. Bei Unklarheiten von Maklerbedingungen gilt nicht die Unklarheitenregel, vgl. Einl. Anm. 74, unrichtig Bruck S. 154 Anm. 11, Waldstein a. a. O. S. 58, welche den Vsmakler als Gehilfen des Vers bei der Ausstellung der Polize ansehen (gerade umgekehrt: Ritter a.a.O. S. 242).

Über die Aushändigung von Deckungsnoten: Anm. 58.

[56] ddd) Deckungspflicht.

Kraft des Einlösungsprinzips ist in der Binnenv der Beginn der Gefahrtragung von der Zahlung der Erstprämie abhängig (§ 38 II). Jedoch läßt sich eine deckende Stundung vereinbaren, wodurch die Erstprämie zur Folgeprämie wird (Anm. 38 zu § 35). Ist der Vsmakler verpflichtet, durch solche Vereinbarung stets die sofortige Gewährung von Vsschutz, also den materiellen Vsbeginn, herbeizuführen? Die Frage ist nur in Fällen besonderer Eilbedürftigkeit, speziell bei kurzfristigen Risiken — wie in der Transportv — zu bejahen, sofern es üblich und deshalb für den Vsmakler leicht möglich ist, eine deckende Stundung zu erreichen. Solchenfalls trifft den Vsmakler eine Deckungspflicht im Verhältnis zum Vmer. Das gilt besonders auch dann, wenn eine neue V an eine stornierte anschließen soll (vgl. RG 19. II. 1930 JRPV 1930 S. 114).

Der Vsmakler genügt der Deckungspflicht auch durch die Beschaffung einer vorläufigen Deckungszusage eines Vers (OLG Hamburg 13. I. 1922 HansRZ 1922 Sp. 348—349 = SeuffArch Bd 78 S. 34 Nr. 22, ebenso von Gierke II S. 125, Prölss S. 167). Jedoch muß er dann dem Vmer mitteilen, daß ein endgültiger Vertrag noch nicht geschlossen ist (Bruck S. 175). Es hängt von den Umständen des Einzelfalles ab, ob der Vsmakler sich weiter um den endgültigen Abschluß bemühen muß (Waldstein a. a. O. S. 52—53). Regelmäßig ist das anzunehmen.

Erteilt der Vsmakler eine Deckungszusage in eigenem Namen oder als Vertreter ohne Vertretungsmacht, so genügt er damit seiner Deckungspflicht nicht. Er ist weiterhin verpflichtet, auf den Abschluß eines Vsvertrages hinzuarbeiten (Waldstein a. a. O. S. 53—54). Nicht etwa wird er durch die Deckungszusage selbst zum echten Ver; daher kann, falls er einen Vertrag mit einem Ver nicht zustande bringt, von ihm nicht die Aushändigung eines Vsscheines verlangt werden (OLG Hamburg 27. VI. 1924 HansRZ 1924 Sp. 779—780).

[57] eee) Weisungsfolgepflicht.

Der Vsmakler ist verpflichtet, den ihm vom Vmer erteilten Weisungen hinsichtlich Auswahl des Vers und der Art der zu nehmenden V nachzukommen (Bruck S. 153, Gauer a. a. O. S. 53, Ritter HGB a. a. O. S. 241); er muß spezielle Wünsche des Vmers berücksichtigen, z. B. hinsichtlich etwa einzuschaltender Agenten oder des Deckungsumfanges (französisches Urteil: JRPV 1926 S. 304). Die gesetzlichen Vorschriften ergeben hierüber allerdings unmittelbar nichts; man wird aber insoweit die §§ 675, 665 BGB und § 384 I HGB entsprechend heranziehen können.

Jedoch braucht der Vsmakler nicht jeder Weisung, z. B. einer gänzlich sachwidrigen, zu folgen; in solchem Falle ist er im Gegenteil verpflichtet, den Vmer zu beraten und ihm geeignetere Vorschläge zu unterbreiten (Anm. 54). Vgl. auch §§ 675, 665 BGB, Pfeiffer a. a. O. S. 36.

Die Erteilung von Weisungen seitens des Vmers hat nur Bedeutung für das interne Verhältnis zwischen Vsmakler und Vmer. Zwischen Vmer und Ver sind sie grundsätzlich ohne Wirkung (Pfeiffer a. a. O. S. 36). Handelt der Vsmakler also einer Weisung zuwider, schließt er beispielsweise mit einem Ver ab, mit welchem zu kontrahieren ihm intern vom Vmer untersagt worden ist, so muß der Vmer diesen Vertrag gleichwohl gegen sich gelten lassen. Unlogisch RG 19. III. 1926 VA 1926 S. 224—225 Nr. 1593, wo die Möglichkeit einer Anfechtung wegen Irrtums über die Person des Vertragsgegners — § 119 II BGB — sogar in einem Falle ins Auge gefaßt wird, in welchem dem Vsmakler keine Weisungen hinsichtlich der Person des Vers gegeben waren. § 385 I HGB ist hier nicht analog anwendbar. Eine Ausnahme gilt nur dann, wenn dem Ver die Beschränkung der Vertretungsmacht bekannt gewesen ist oder er sie hätte kennen müssen (vgl. § 173 BGB). In den Regelfällen macht die Nichtbeachtung von Weisungen den Vsmakler nur intern schadensersatzpflichtig.

[58] fff) Anzeigepflicht.

Der Vsmakler hat die Pflicht, dem Vmer von dem Ausgange seiner Vermittlungsbemühungen Nachricht zu geben, insbesondere ihm anzuzeigen, daß er einen Vertrag abgeschlossen hat oder daß ihm umgekehrt die Unterbringung des Risikos nicht gelungen ist (Gauer a. a. O. S. 36, 54, Pfeiffer a. a. O. S. 30), vgl. §§ 675, 666 BGB, auch § 384 II HGB. Oft wird er der Pflicht durch Übermittlung des Vsscheines oder einer Deckungsnote (Deckungsbestätigung) nachkommen. Zur Deckungsnote Gauer a. a. O. S. 54, OLG Hamburg 27. VI. 1924 HansRZ 1924 Sp. 779—780.

Wegen des Slips (Anm. 55) und der soeben erwähnten Urkunden erübrigt sich beim Vsmakler die Schlußnote des § 94 HGB (Anm. 52, Bruck S. 155 Anm. 16).

[59] ggg) Überwachungspflicht.

Aus der allgemeinen Interessenwahrnehmungspflicht (Anm. 54) ergibt sich für den Vsmakler weiterhin die Verpflichtung, während des Laufes des Vsvertrages die Belange des Vmers zu wahren (Bruck S. 156, Gauer a. a. O. S. 39—40, 55, Pfeiffer a. a. O. S. 40—41).

So hat er über die Zahlungsfähigkeit des Vers zu wachen und in Fällen, in denen dieser unsicher wird, geeignete Schritte zu unternehmen (etwa Kündigung oder Umdeckung mit Schadensersatzverlangen: Anm. 38—40 zu § 13): OLG Hamburg 29. IV. 1924 HGZ 1924 Hptbl. S. 158 Nr. 91, Gauer a. a. O. S. 39—40, 56—57, Pfeiffer a. a. O. S. 39, Waldstein a. a. O. S. 63.

Ferner muß der Vsmakler, wenn die vten Gegenstände sich vermehrt haben oder im Werte gestiegen sind, so daß die Vssumme unzulänglich geworden ist, den Vmer hierauf aufmerksam machen und auf die Erweiterung der V dringen (Gauer a. a. O. S. 55—56). Umgekehrtenfalls, d. h. wenn infolge Veränderungen der tatsächlichen Verhältnisse ein geringerer Vsschutz mit niedrigeren Prämien angemessen wird, hat der Vsmakler die Pflicht, auf die Herabsetzung der Prämienhöhe hinzuarbeiten (LG Hamburg 4. V. 1934 JRPV 1934 S. 239, Gauer a. a. O. S. 56).

Auch sonst hat der Vsmakler über alles, was für das Schicksal des Vsvertrages wesentlich ist, dem Vmer Nachricht zu geben (§§ 675, 666 BGB). Sogar noch nach Beendigung der V kann sich z. B. die Rechtspflicht ergeben, einen Kunden darauf hinzuweisen, daß er nach § 5 I 1 VO vom 13. VII. 1955 (BGBl. I S. 445) eine Forderung gegen die Deutsche Kriegsvsgemeinschaft bei Meidung des Ausschlusses anzumelden habe.

Auch gegenüber dem Ver können auch nach Vertragsschluß Pflichten des Vsmaklers bestehen. Vom Vermögensverfall des Vmers ist Anzeige z. B. an den Ver jedenfalls dann zu erstatten, wenn der Vmer noch Prämien schuldet.

[60] hhh) Inkassopflicht.

Eine gegenüber dem Ver zu erfüllende Pflicht des Vsmaklers, vom Vmer die Prämie einzuziehen, besteht grundsätzlich nicht. Jedoch kann der Ver den Vsmakler mit dem Inkasso beauftragen; dafür bedürfte es aber einer besonderen Abrede zwischen Ver und Vsmakler (Beispiel: KG 7. III. 1931 JRPV 1931 S. 211—212, wo ein gesonderter Dienstvertrag konstruiert wird). Die Erteilung einer Inkassovollmacht (Anm. 43) läßt gerade beim Vsmakler nicht in jedem Falle ohne weiteres auf eine Inkassopflicht schließen. Über eine Pflicht zur Ausstellung der Prämienrechnungen Pfeiffer a. a. O. S. 42—43.

Ob eine Pflicht des Vsmaklers besteht, den Vmer auf die Fälligkeit von Prämien hinzuweisen, kann nicht allgemein entschieden werden. Aus Treu und Glauben kann sich eine solche Hinweispflicht besonders bei Erstprämien ergeben.

Stets folgt aus dem Vertrauensverhältnis, welches zwischen Vsmakler und Vmer besteht, die Pflicht des Vsmaklers, an ihn geleitete Prämienzahlungen dem Ver weiterzuleiten. Dies gilt allerdings nur dann, wenn der Vsmakler nicht Empfangsvertreter des Vers ist, eine Befreiung des Vmers von seiner Zahlungspflicht also mit Leistung an den Vsmakler noch nicht eintritt (Anm. 43).

[61] iii) Schadensbearbeitungspflicht.

Nach Eintritt des Vsfalles hat der Vsmakler dem Vmer unterstützend zur Seite zu stehen und ihm bei der Erlangung der Entschädigung behilflich zu sein (Bruck S. 165, Gauer a. a. O. S. 40, 60—61, Ritter HGB a. a. O. S. 241, Waldstein a. a. O. S. 57—58). Hier liegt sogar ein wirtschaftlicher Schwerpunkt der Maklertätigkeit im Vswesen (vgl. LG Hamburg 17. IV. 1942 HansRGZ 1942 A Sp. 163). Im einzelnen bedeutet dies:

Erfährt der Vsmakler von dem Vsfall — etwa durch Anzeige seitens des Vmers —, so hat er die erforderlichen Ermittlungen anzustellen und dem Ver Anzeige zu machen (vgl. Gauer a. a. O. S. 60).

Ferner hat er dem Vmer bei der Auslegung der Vsbedingungen und überhaupt bei der Durschsetzung der Vsforderung, besonders bei etwaigen Verhandlungen behilflich zu sein (vgl. Waldstein a. a. O. S. 58).

Über die Inkassovollmacht des Vsmaklers vgl. Anm. 42.

Der Vsmakler ist nicht verpflichtet, die angebliche Vsforderung des Vmers zu erwerben (§ 398 BGB) und in eigenem Namen (womöglich für eigene Rechnung) einzuklagen, um dadurch dem Vmer die Prozeßbelastung zu ersparen. Dies würde im Gegenteil sogar zuweilen eine Pflichtverletzung des Vsmaklers gegenüber dem Ver bedeuten (Waldstein a. a. O. S. 63—64). Hat ein Vsmakler einen Schadensbetrag verauslagt, so kann er vom Ver unter den Gesichtspunkten der Geschäftsführung ohne Auftrag oder der ungerechtfertigten Bereicherung Ersatz verlangen (KG 5. XI. 1932 JRPV 1933 S. 77—78).

[62] kkk) Rechenschaftspflicht.

Gemäß §§ 675, 666 BGB hat der Vsmakler auf Verlangen Auskunft zu erteilen und nach der Ausführung des Auftrages Rechenschaft abzulegen. Allerdings sind diese Pflichten davon abhängig, daß der Vmer oder Ver ihre Erfüllung verlangen; es liegt ein verhaltener Anspruch vor.

Haben die Parteien des Vsvertrages Zahlungen über den Vsmakler geleitet, so war dessen Tätigkeit mit Einnahmen und Ausgaben verbunden. Gemäß § 259 I BGB ist sodann Inhalt der Rechenschaftspflicht im wesentlichen die Mitteilung einer Rechnung, die eine geordnete Zusammenstellung der Einnahmen und Ausgaben enthält, sowie die Vorlegung von Belegen. Besteht Grund zu der Annahme, daß bei Erstellung der Rechnung die erforderliche Sorgfalt nicht beachtet worden ist, so hat der Vsmakler unter Umständen den (materiellrechtlichen) Offenbarungseid gemäß § 259 II BGB zu leisten. Über Kontokorrentbeziehungen vgl. Anm. 43.

Auch außerhalb des Zahlungsverkehrs kann die Rechenschaftspflicht von Bedeutung werden. So wird der Vmer vom Makler verlangen können, daß er ihm über sein Vorgehen in einer bestimmten Schadensabwicklung, mit der ihn der Vmer betraut hatte, genau Bericht erstatte.

[63] lll) Herausgabepflicht.

Nach den §§ 675, 667 BGB trifft den Vsmakler die Verpflichtung, alles aus der Geschäftsbesorgung Erlangte an den Vmer herauszugeben.

Dies bedeutet, daß der Vsmakler die vom Ver regelmäßig ihm ausgehändigte Polize dem Vmer weiterleiten muß (Gauer a. a. O. S. 55). Allerdings wird in der Praxis oft vereinbart, daß der Vsmakler sie verwahren soll; dies ist möglich und erleichtert dem Vsmakler seine Pflicht, über das Schicksal des Vsvertrages zu wachen (Anm. 59) und Schäden zu bearbeiten (Anm. 61). Vgl. Gauer a. a. O. S. 57, Möller Vsvermittlung S. 109, Pfeiffer a. a. O. S. 42.

Weiter folgt aus der Herausgabepflicht, daß der Vmer, wenn der Ver die Entschädigungssumme an den Vsmakler gezahlt hat (vgl. Anm. 42), vom Vsmakler die Zahlung der empfangenen Entschädigungssumme verlangen kann.

Aber auch gegenüber dem Ver besteht eine Herausgabepflicht nach den §§ 675, 667 BGB. Danach kann also der Ver verlangen, daß vom Vmer an den Vsmakler gezahlte Prämien (vgl. Anm. 43) von diesem an den Ver herausgegeben werden. Bei Vorhandensein mehrerer Mitver ist die Prämie richtig unter die Mitver zu verteilen (Waldstein a. a. O. S. 57).

Der Herausgabepflicht steht es nahe, daß der Vsmakler ihm übermittelte Willens- und Wissenserklärungen dem Ver oder Vmer weiterzuleiten hat (Pfeiffer a. a. O. S. 45).

[64] mmm) Beweiserleichterungspflicht.

Dem Vsmakler obliegt — als einem Handelsmakler — die Pflicht, ein Tagebuch zu führen (§ 100 HGB). Diese Pflicht ist nicht nur eine privat-, sondern auch eine öffentlichrechtliche, wie die Strafdrohung des § 103 HGB zeigt; sie kann deshalb nicht etwa von den Parteien dem Makler erlassen werden (Würdinger in: RGRKomm. HGB Bd 1 S. 794).

In das Tagebuch hat der Vsmakler täglich alle abgeschlossenen Geschäfte in richtiger Reihenfolge einzutragen; die täglichen Eintragungen sind von ihm zu unterschreiben. Sie haben die Parteien, den Gegenstand und die Bedingungen des jeweiligen Geschäfts erkennen zu lassen; jedoch wird man vom Vsmakler nicht verlangen können, daß er die gesamten Vsbedingungen in sein Tagebuch aufnimmt, vielmehr dürfen unter „Bedingungen" hier nur die wesentlichen Bestimmungen eines Vertrages verstanden werden; es kommt darauf an, daß das zwischen Vmer und Ver abgeschlossene Geschäft eindeutig festgelegt wird.

Die äußere Anlage des Tagebuchs hat der von Handelsbüchern zu entsprechen, § 100 II HGB: So ist es in einer lebenden Sprache zu führen und soll gebunden und mit fortlaufenden Seitenzahlen versehen sein; es dürfen keine leeren Zwischenräume gelassen werden; außerdem darf das einmal Eingetragene nicht verändert oder radiert werden §§ 100 II, 43 HGB.

Der Vsmakler hat das Tagebuch zehn Jahre lang, gerechnet von dem Tage der letzten in ihm enthaltenen Eintragung an, aufzubewahren (§§ 100 II, 44 HGB).

Die Pflicht, ein Tagebuch zu führen, steht selbständig neben der dem Vsmakler, falls er Vollkaufmann ist, auferlegten Pflicht, Handelsbücher zu führen (§§ 38—47 HGB); denn in diese werden die eigenen Geschäfte eingetragen, während das Tagebuch Aufzeichnungen über fremde Geschäfte enthält (Würdinger in: RGRKomm HGB Bd 1 S. 793).

Den Vsmakler trifft aber noch eine weitere Pflicht hinsichtlich der Beweiserleichterung für die Parteien. Er ist jeder Partei auf Verlangen verhaftet, ihr Auszüge aus dem Tagebuch zu geben, welche alles enthalten, was von ihm im Zusammenhang mit dem vermittelten Geschäft eingetragen worden ist, und die er zu unterschreiben hat (§ 101 HGB). Jede Partei kann allerdings nur einmal einen solchen Auszug verlangen.

[65] nnn) Pflichten bei laufender Versicherung.

α) Deklarationen.

Die in der laufenden V vom Vmer dem Ver zu übermittelnden Deklarationen nehmen in der Praxis fast stets ihren Weg über den Vsmakler (Waldstein a. a. O. S. 60); dies gilt nicht nur für die Fälle, in denen der Vsmakler die laufende Polize verwahrt — hier erweist es sich freilich als besonders praktisch (Waldstein a. a. O. S. 61) — sondern auch dort, wo sie der Vmer selbst verwahrt.

Es erhebt sich hier die Frage, ob der Vsmakler verpflichtet ist, diese Deklarationen an den Ver weiterzuleiten. Diese Pflicht wird man zu bejahen haben. Sie besteht regelmäßig gegenüber dem Vmer, nämlich immer dann, wenn es für die Wirksamkeit und Rechtzeitigkeit der Deklaration auf den Zugang beim Ver ankommt; hier muß der Vsmakler die Übermittlung so schnell wie möglich vornehmen. In den Fällen, wo zur Wahrung der Rechte des Vmers die rechtzeitige Absendung der Deklaration genügt (wie nach § 97 VI 2 ADS), ist auch die Absendung an den Vsmakler ausreichend, da durch diese Absendung eine beweisbar klare Lage geschaffen wird (Gauer a. a. O. S. 57, Waldstein a. a. O. S. 60; a. A. Ritter HGB a. a. O. S. 242). Jedoch obliegt dann dem Vsmakler die Pflicht zur Weiterleitung der Deklaration gegenüber dem Ver; dieses gilt ferner dort, wo im Vsvertrage vereinbart ist, daß alle Anzeigen, also auch Deklarationen, an den Vsmakler zu richten sind, so daß der Vsmakler Empfangsbevollmächtigter des Vers ist (Anm. 43; Ritter HGB a. a. O. S. 242). — Diese Verpflichtung, Deklarationen weiterzuübermitteln und dabei keine Verzögerung eintreten zu lassen, kann nur aus dem allgemeinen Charakter des Maklervertrages, der eine Interessenwahrnehmung — hier auch zugunsten des Vers — mit sich bringt, hergeleitet werden.

[66] β) Maximalkontrolle.

Nicht selten findet sich in Verträgen über laufende Ven die Abmachung, daß die Summe der Abladungen auf ein einzelnes Schiff usw. ein bestimmtes Maximum nicht überschreiten darf. Hat der Vsmakler die durch seine Hand laufenden Deklarationen daraufhin zu prüfen, ob sie sich innerhalb der Maxima halten? Muß er bei Überschreitungen den Vmer benachrichtigen oder selbst Schritte zur V auch des zusätzlichen, nicht gedeckten Teiles unternehmen? (Ähnliche Fragen entstehen in Fällen, in denen der Vmer irrtümlich Gegenstände deklariert, die überhaupt nicht unter die betreffende laufende Polize fallen.) Waldstein a. a. O. S. 61—63 verneint grundsätzlich eine Prüfungspflicht des Vsmaklers auf die genannten Punkte hin; sie soll nur dort bestehen, wo der Vsmakler die Polize verwahrt und der Vmer aus diesem Grunde von ihrem Inhalt keine Kenntnis erlangen kann, ferner dort, wo der Vmer es dem Vsmakler ausdrücklich überläßt, ob er das aufgegebene Risiko auf der laufenden Polize unterbringen will oder aber ob er einen Neuabschluß für ratsam hält. Gauer a. a. O. S. 57—58 bejaht mit Recht eine Prüfungspflicht des Vsmaklers in allen Fällen: Wenn man schon von einem Vsmakler verlange, daß er — bei einfacher V — das Vsverhältnis ständig überwache, um wieviel mehr müsse man dann von ihm erwarten, daß er bei laufender V, wo mit jeder Deklaration seine Courtage sich erhöhe, die Richtigkeit dieser Deklaration nachprüfe; er weist weiter darauf hin, daß eine Ersatzpflicht infolge Verletzung der Prüfungspflicht oftmals wegen mitwirkenden Verschuldens des Vmers oder wegen mangelnden Kausalzusammenhangs zwischen dieser Verletzung und dem eingetretenen Schaden entfalle.

[67] γ) Zertifikatausstellung.

Bei der laufenden V werden Einzelpolizen (Zertifikate) (Anm. 3 zu § 3) als Urkunden über die einzelnen Deckungen ausgestellt und ausgehändigt, der Vmer benötigt sie besonders beim Cifgeschäft als Verkäufer zur Weitergabe an den Käufer. Reine Maklerzertifikate sind nicht ausreichend (Möller Cifgeschäft S. 103, 108). Dagegen sind vom Ver in blanko unterzeichnete Zertifikate sehr gebräuchlich, welche zu ihrer Wirksamkeit der Gegenzeichnung des Vsmaklers bedürfen. Hierdurch übernimmt der Gegenzeichner dem Ver gegenüber die Verpflichtung zu sorgsamer Aufbewahrung, Behandlung und Aushändigung der Blankozertifikate, der Vsmakler „hat unverzüglich nach der Gegenzeichnung von dieser dem Anfänger der Polize Mitteilung zu machen und ihm eine Abschrift der Einzelpolize zu übersenden" (Formular bei Ewald HansRGZ 1929 A Sp. 562—563). Im Rahmen des Cifgeschäfts reicht die Lieferung solcher gegengezeichneten Verzertifikate aus. „Die dem Makler .... gegebenen Blankozertifikate sind auf Verlangen den Vern zurückzugeben, wenn der Vmer nicht innerhalb 6 Wochen nach Quartalsschluß die fällige Prämie bezahlt hat, unbeschadet des Rechts, die Zertifikate sofort zurückzufordern, wenn dafür ein wichtiger Grund vorliegt" (Ziff. 8 I 2 Richtlinien der Hamburger Vsbörse für den Abschluß von Transportven, vgl. Anm. 42).

[68] bb) Folgen der Verletzung.

Die zahlreichen Pflichten des Handelsmaklers (Anm. 52—67) bestehen vorwiegend gegenüber dem Vmer, jedoch ergeben sich aus dem Doppelrechtsverhältnis (Anm. 37 bis 39) auch wichtige Pflichten gegenüber dem Ver (Interessenwahrnehmung usw.: Anm. 54; Überwachung während Vertragslaufes: Anm. 59; Prämieninkasso und -weiterleitung: Anm. 60; Rechenschaft: Anm. 62; Herausgabe: Anm. 63; Tagebuchführung usw.: Anm. 64; Deklarationsweiterleitung, Maximalkontrolle, Verwaltung von Einzelpolizen: Anm. 65—67).

Hinsichtlich aller Rechtspflichten hat der Vsmakler eigenen Vorsatz und eigene Fahrlässigkeit zu vertreten (§ 276 I 1 BGB), ferner ein Verschulden seiner Erfüllungsgehilfen (§ 278[1] BGB). Bei juristischen Personen reicht — auch bei Gesamtvertretung — das Verschulden eines verfassungsmäßig berufenen Vertreters, z. B. eines Geschäftsführers einer Gesellschaft mit beschränkter Haftung, aus, desgleichen bei einer offenen Handelsgesellschaft das Verschulden eines Gesellschafters. Als Erfüllungsgehilfen kommen nicht nur Angestellte des Vsmaklers in Betracht (dazu RG 18. I. 1926 Praxis 1926 S. 39—40), sondern auch selbständige Untermakler, deren er sich möglicherweise z. B. bei der Erfüllung der Vermittlungspflicht bedient. Ein mitwirkendes Verschulden des Vmers bzw. des Vers kann die Ersatzpflicht des Vsmaklers nach § 254 I BGB aufheben oder ermäßigen. Bei einem erfahrenen Vmer mit sachkundigem Bearbeiter der Vsangelegenheiten kann entweder schon objektiv die Beratungspflicht des Vsmaklers eingeschränkt sein (Anm. 54), oder aber es kann sich ein mitwirkendes Verschulden ergeben. Ein Verschulden des Vsmaklers ist verneint in OLG Hamburg 29. VI. 1918 JRPV 1925 S. 77—78 (Vermittlung mit ausländischen unkonzessionierten Lloyd's Vern).

Sind die Pflichten des Vsmaklers schuldhaft verletzt, so hat er dem anderen Teil den durch die Nichterfüllung entstandenen und nicht mehr behebbaren Schaden zu ersetzen (§ 280 I BGB), auch ein Ersatz von Verzugsschaden kommt in Betracht

(§ 286 I BGB). Die Schadensersatzpflicht kann den Vsmakler wirtschaftlich sehr hart treffen, haftet er doch z. B. bei Verletzung der Betätigungs-, Vermittlungs-, Abschluß- und Deckungspflicht wie ein Ver. Das gilt auch dann, wenn der Vsmakler sich die Aufgabe des Vers vorbehält oder sich selbst oder Mehrfachagenten als Ver bezeichnet, ohne rechtzeitig einen Ver aufzugeben (Anm. 41, 55). Vermittelt der Vsmakler schuldhaft einen Vertrag mit einem in Deutschland nicht konzessionierten Ver, so kommt gleichfalls voller Schadensersatz dergestalt in Betracht, daß der Vsmakler an Stelle des Vers haftet. Mit dem vertraglichen Schadensersatzanspruch kann hier ein deliktischer aus §§ 823 II 1 BGB, 140 II VAG konkurrieren (OLG Hamburg 17. II. 1917 JRPV 1925 S. 77).

Nur der durch das schuldhafte Verhalten des Vsmaklers verursachte Schaden muß von ihm ersetzt werden. Hat der Vsmakler z. B. seine Betätigungs-, Abschluß- oder Deckungspflicht schuldhaft verletzt, so daß im Zeitpunkte eines Schadensfalls keine V besteht, so kommt es doch darauf an, ob im Falle des Bestehens des Vsschutzes der fragliche Schaden gedeckt gewesen wäre (OLG Hamburg 11. X. 1929 JRPV 1930 S. 84—85, RG 19. II. 1930 JRPV 1930 S. 114).

Verletzt der Vsmakler dem Ver gegenüber seine Rechtspflichten, so kommt nach Ritter HGB a. a. O. S. 242 eine entsprechende Anwendung des § 654 BGB beim Handelsmakler in Frage: Der Vsmakler verliert seinen Anspruch auf Courtage.

In Einzelfällen kann sich der Vsmakler strafbar machen, so bei Verletzung der Tagebuchführungspflicht (§ 103 HGB), bei geschäftsmäßiger Vermittlung für unkonzessionierte Ver (§ 140 II VAG; Anm. 21). Strafbar ist auch die Gewährung verbotener Sondervergütungen sowie der Abschluß untersagter Begünstigungsverträge (§§ 140 IV, 81 II 3 VAG, dazu Anm. 86 zu § 1).

[69] e) Rechte des Handelsmaklers.

aa) Übersicht über Rechte.

aaa) Allgemeines.

Unter den Rechten des Handelsmaklers steht der Courtageanspruch im Vordergrund (Anm. 71—110).

Daneben sind einzelne Rechte denkbar, die diesen Anspruch sichern: So kann z. B. der Vsmakler bei einer laufenden V verlangen, daß ihm der Vmer die „auf die geschlossene Police gehörenden Declarationen" aufgibt, auch dann, wenn der Vmer überhaupt zu deklarieren unterlassen hat, oder wenn er die Deklaration auf einer anderen Polize vorgezogen hat (OLG Hamburg 22. XII. 1887 HGZ 1888 Hptbl. S. 39—40 Nr. 14). — Vom Ver kann der Vsmakler fordern, daß er ihm Auskunft über den Inhalt eines Vsvertrages gebe, wenn er diesen zwar vermittelt und abschlußreif gemacht hat, bei dem eigentlichen Vertragsabschluß aber nicht zugegen war und daher den vollen für die Berechnung des Courtageanspruchs wesentlichen Inhalt nicht kennt (KG 15. V. 1929 JRPV 1929 S. 244).

Negativ ist zu betonen, daß auch der Handelsmakler einen Anspruch auf Aufwendungsersatz nur hat, wenn dieser vereinbart ist; dies gilt auch bei erfolglosen Bemühungen (§ 652 II BGB). Festbezüge kommen bei Vsmaklern praktisch nicht vor.

[70] bbb) Kundenschutz.

Der Vsmakler hat im Verhältnis zum Ver auch kein „Recht am Kunden", er hat kein „Recht am Vsbestand". Zwar gibt es — wie bei allen Unternehmen — auch für den Vsmakler ein Recht am eingerichteten und ausgeübten Gewerbebetrieb. Dieses wird aber nicht schon dann beeinträchtigt, wenn jemand seinerseits um einen oder mehrere Kunden des Vsmaklers wirbt. Speziell für den Ver, mit welchem durch den Vsmakler ein Vsvertrag vermittelt ist, besteht keine Unterlassungspflicht, in unmittelbaren Verkehr mit dem Vmer zu treten (KG 7. III. 1931 JRPV 1931 S. 212, auch KG 2. V. 1934 JRPV 1934 S. 281, Pfeiffer a. a. O. S. 46). Das gilt auch für Hamburg, obgleich nach der Ortsübung der geschäftliche Verkehr zwischen Vmer und Ver über den Vsmakler läuft. Es braucht nicht einmal eine Pflicht für den Ver, der mit dem Vmer in direkte Beziehung tritt, zu bestehen, hiervon dem Vsmakler Anzeige zu machen (KG 5. V. 1937 JRPV 1937 S. 219). Das Gesagte hindert nicht, daß im Einzelfall abweichende Vereinbarungen getroffen werden (KG 30. XI. 1929 JRPV 1930 S. 93) oder daß dem Vsmakler „die ausschließliche Inkassobefugnis" seitens des Vers für die gesamte Dauer des Vsvertrages eingeräumt ist (dazu KG 7. III. 1931 JRPV 1931 S. 211—213, 18. IV. 1931 JRPV 1931 S. 213). Im übrigen ist aber jeder vermittelte Vsvertrag ein solcher des Vers geworden, und es fragt sich nur, ob der Vertrag abläuft oder sich kündigen läßt, so daß der Vsmakler im Wege einer neuen Vermittlungstätigkeit „den Vertrag auf einen anderen Ver" umdecken kann. In Maklerbedingungen wird zuweilen solche Umdeckung erleichtert, also dem Vmer ein besonderes, u. U. fristloses Kündigungsrecht eingeräumt, z. B. durch die Klausel: „Der Vmer bzw. Vte ist berechtigt, jederzeit eine Änderung der Beteiligung sowie ein Ausscheiden von Vern zu verlangen."

Hinsichtlich des Vmers kommt es nach dem Zustandekommen des Maklervertrages darauf an, ob er diesen noch aufzulösen, insbesondere zu widerrufen vermag (Anm. 112). Trifft das nicht zu, so fragt es sich, ob der Vsmakler tätig geworden ist und ob sein Tätigwerden als kausal für den Vertragsabschluß angesehen werden muß, evtl. auch bei Veränderungen, Verlängerungen (Anm. 77—81). Möglicherweise besteht — mit der Sanktion der Schadensersatzpflicht — eine Verpflichtung des Vmers, eine V durch einen Vsmakler vermitteln zu lassen und nicht direkt mit einem Ver abzuschließen. So z. B. nach Treu und Glauben, falls ein Vsmakler einen Verein unentgeltlich gutachtlich berät bei der Prüfung von Angeboten für eine Gruppensterbegeldv (LG Berlin 20. II. 1937 JRPV 1937 S. 379—380). Gegen einen Ver kann bei Direktabschluß der Vsmakler regelmäßig keine Schadenersatzansprüche geltend machen, auch dann nicht, wenn frühere Verträge vermittelt waren (vgl. KG 2. V. 1934 JRPV 1934 S. 280—281).

[71] bb) Anspruch auf Courtage.

aaa) Arten der Courtage.

Man nennt die vom Makler bezogene Geldleistung Courtage (französisch: le courtier = der Makler), ein Ausdruck, der in den Hansestädten bevorzugt wird. § 99 HGB spricht vom Mäklerlohn, die binnenländische Praxis oft auch von Provision.

Courtage ist Erfolgsvergütung. Da nicht nur der Vsvertreter, sondern auch der Vsmakler verschiedene Arten von Erfolgen herbeiführen kann, gibt es auch verschiedene Formen von Courtage. Durchaus im Vordergrund steht die Vermittlungsarbeit, wofür die Vermittlungs-(Abschluß-)courtage geschuldet wird. Durch sie werden gewisse weitere Tätigkeiten des Vsmaklers mit abgegolten. Zieht der Vsmakler Vsentschädigungen — besonders in der Transportv — für den Vmer ein, so kommt auch die Zahlung einer Schadensinkassocourtage in Betracht (Anm. 110). In seltenen Fällen kassiert der Vsmakler als Bevollmächtigter des Vers die Prämie, so daß er eine Prämieninkassocourtage erhält (Anm. 109). Über Gewinnbeteiligungen von Vsmaklern Möller Vsvermittlung S. 157.

[72] bbb) Anspruch auf Vermittlungscourtage.

α) Rechtsnatur.

Da der Vsmaklervertrag kein gegenseitiger Vertrag ist, ist die Vermittlungscourtage keine Gegenleistung i. S. der §§ 320—327 BGB. Wohl aber ist sie Entgelt, für welches die Herbeiführung des Vermittlungserfolges in condicione steht (Anm. 38). Da der Vermittlungserfolg das Zustandekommen des Vsvertrages ist, wird die Vermittlungscourtage oft auch Abschlußcourtage genannt. Grundlegendes allgemeines Werk zur Vermittlungscourtage: Reichel, Die Mäklerprovision, München 1913.

Vermittlungsarbeit ist Geschäftsbesorgung. Zur Vermittlungstätigkeit zählt eine größere Anzahl von weiteren Tätigkeiten, welche durch die Vermittlungscourtage mit abgegolten werden, für welche also ein besonderes Entgelt nicht an den Vsmakler zu entrichten ist. Genannt seien die Vertretung des Vmers beim Vertragsabschluß (Anm. 40), ferner alles Tun und Unterlassen, zu welchem der Vsmakler beim Vertragsabschluß verpflichtet ist (einschließlich Entwurf und Aushändigung des Vsscheins) (Anm. 53—58), schließlich aber auch ein Teil jenes Verhaltens, zu welchem der Vsmakler während des Vertragslaufes verpflichtet ist (speziell Überwachungspflicht, Pflicht zur Weiterleitung von Zahlungen, Rechenschaftspflicht, Herausgabepflicht, Beweiserleichterungspflicht, Pflichten bei laufender V: Anm. 59—67).

Die gemeinsame Abgeltung der Vermittlungstätigkeit und der genannten weiteren Tätigkeiten durch die einheitliche Vermittlungscourtage kann Rechtsprobleme aufwerfen, sofern der Vsmakler seine Tätigkeit einstellt, z. B. im Todesfalle, ferner wenn der Vmer oder Ver aus wichtigem Grunde das insoweit bestehende Dauerschuldverhältnis (Anm. 38) z. B. bei einer laufenden V kündigt oder — intern — wenn die Inhaber einer Vsmaklerfirma wechseln, so daß der frühere Inhaber die Vermittlungstätigkeit vollbracht hat, während der neue Inhaber die fortlaufenden weiteren Tätigkeiten verrichtet. In solchen Fällen kann eine angemessene Aufspaltung der an und für sich einheitlichen Vermittlungscourtage erforderlich werden (Anm. 116—119).

[73] β) Schuldner.

Obgleich das Maklerverhältnis ein Doppelrechtsverhältnis (Anm. 37—39) ist, gilt beim Vsmakler nicht § 99 HGB, wonach im Zweifel die Courtage „von jeder Partei zur Hälfte zu entrichten" ist. Obgleich die Maklertätigkeit vorwiegend dem Interesse des Vmers dient, den der Vsmakler beim Vertragsabschluß oft vertritt, ist auch nicht etwa der Vmer alleiniger Schuldner der Courtage. Vielmehr besteht ein internationaler Gewohnheitsrechtssatz, wonach allein der Ver die Courtage zu entrichten hat (Trinkhaus I S. 133; LG Hamburg 31. V. 1951 VersR 1951 S. 261 mit Anm. Bronisch VersR 1951 S. 263).

Es handelt sich nicht nur um einen Ortsgebrauch (vgl. § 99 HGB), auch nicht nur um einen deutschen oder internationalen Handelsbrauch (so noch KG 2. V. 1934 JRPV 1934 S. 281, OLG Frankfurt 21. VI. 1935 HansRGZ 1936 B Sp. 199, LG Hamburg 9. V. 1935 HansRGZ 1936 B Sp. 513, Gauer a. a. O. S. 66, von Gierke II S. 125, Pfeiffer a. a. O. S. 46), sondern zu der tatsächlichen dauernden gleichförmigen Übung ist der Wille aller Beteiligten hinzugetreten, eine bindende Regel zu verwirklichen (sog. opinio iuris), so daß man von Gewohnheitsrecht (Einl. Anm. 36) sprechen muß. Über die historische Entwicklung der Regel Möller Vsvermittlung S. 162—164, auch LG Hamburg 31. V. 1951 VersR 1951 S. 262, Gauer a. a. O. S. 66—68, Pfeiffer a. a. O. S. 47—48, Trinkhaus I S. 133—134: Es ist unter dem Druck der Vmer und jenem der starken Konkurrenz der Ver untereinander allmählich dazu gekommen, daß nicht nur in der Transportv, sondern auch in allen anderen Vszweigen der Ver die Courtage allein trägt; auf dem Vsmarkt herrscht der „Käufer". Der Gewohnheitsrechtssatz gilt in Deutschland nicht nur in Hamburg, sondern überall. Er gilt auch für die Rückv: Der Rückver hat die Courtage zu zahlen (Gauer a. a. O. S. 69 Anm. 102). Falsch für Österreich OGH Wien 11. X. 1950 Vsrundschau 1951 S. 33—37 mit kritischer Anm. Wahle.

Bringt der Vsmakler das Geschäft einem Ver über dessen Vsvertreter, so ist Courtageschuldner dennoch juristisch der Ver. Wird die Auszahlung der Courtage über den Vsvertreter durchgeführt, so handelt es sich umsatzsteuerrechtlich um einen beim Vsvertreter nur durchlaufenden Posten. Wenn jedoch nach den internen Vereinbarungen zwischen Ver und Vsvertreter letzterer den Vsmakler aus seiner Vermittlungsprovision zu befriedigen hat, so kann dies zwar an der Schuldnerschaft des Vers im Verhältnis zum Vsmakler nichts ändern, aber es kann intern eine Erfüllungsübernahme (§ 329 BGB) vorliegen, und die Courtage ist beim Vsvertreter kein durchlaufender Posten mehr (Nachweise bei Möller Vsvermittlung S. 165, dazu Riepl VersR 1953 S. 271—272).

Ein Untermakler ist für einen Handelsmakler tätig, also nicht unmittelbar für einen Ver. Deshalb ist für den Untermakler auch nicht der Ver Courtageschuldner, sondern der Untermakler muß sich an den Handelsmakler halten.

[74] γ) Voraussetzungen.

Der Courtageanspruch ist von gewissen Rechtsbedingungen, also Voraussetzungen, abhängig. Es gelten Rechtsgrundsätze, welche von jenen des Handelsvertreterrechtes abweichen.

Trotz des oben erwähnten Gewohnheitsrechtssatzes beruht der Courtageanspruch auf dem Handelsmaklervertrag, wobei man beide Teile des Doppelrechtsverhältnisses heranziehen muß. Der Auftrag eines Vmers allein läßt den Courtageanspruch noch nicht entstehen, es muß hinzukommen, daß auch der Ver mit dem Vsmakler in Vertragsbeziehungen tritt, also die Vermittlung i. e. S. mindestens stillschweigend geschehen läßt (Anm. 37).

Die Tatsache, daß ein Handelsmakler unter gewissen weiteren Voraussetzungen überhaupt ein Entgelt beanspruchen kann, ergibt sich aus der Gewerbsmäßigkeit seiner Tätigkeit (§ 93 I HGB) in Verbindung mit dem Rechtssatz des § 354 I HGB, wonach auch ohne Verabredung derjenige eine Provision fordern kann, der in Ausübung seines Handelsgewerbes einem anderen Geschäfte besorgt. Vgl. auch § 653 I BGB.

Die §§ 93—103 HGB sagen über die weiteren Voraussetzungen des vertraglichen Anspruchs auf Vermittlungscourtage nichts, so daß ergänzend § 652 I BGB herangezogen werden muß (vgl. BGH 27. X. 1951 BetrBer. 1952 S. 44): Der Ver „ist zur Entrichtung des Lohnes nur verpflichtet, wenn der Vertrag ... infolge der Vermittlung des Mäklers zustande kommt. Wird der Vertrag unter einer aufschiebenden Bedingung geschlossen, so kann der Mäklerlohn erst verlangt werden, wenn die Bedingung eintritt."

Bedingt abgeschlossene Vsverträge sind höchst selten (Anm. 84 zu § 1). Die Zahlung der Erstprämie (vgl. § 38 II) ist keine Bedingung des Vsvertrages, formell ist der Vertrag vielmehr unbedingt zustande gekommen; durch das Einlösungsprinzip ist lediglich eine Voraussetzung für die Gefahrtragung, also für den materiellen Vsbeginn geschaffen (Anm. 17 zu § 38).

Bei einem unbedingten Vsvertrag, wie er die Regel bildet, sind aus § 652 I 1 BGB drei Voraussetzungen zu entnehmen: Tätigwerden des Vsmaklers (Anm. 75), Zustandekommen des Vsvertrages (Anm. 76), Kausalzusammenhang zwischen beidem (Anm. 77—81). Daneben spielt aber die Vertragsausführung eine Rolle (Anm. 82—97).

[75] αα) Tätigwerden.

Tätigwerden des Vsmaklers ist die erste Voraussetzung. Beim Handelsmakler muß sich das Tätigwerden zum Vermitteln i. e. S. (Anm. 11, 16) verdichten (§ 93 I HGB). Bloßer Nachweis einer Gelegenheit genügt nicht. Infolge der Vertretungsmacht des Vsmaklers schließt dieser den Vsvertrag sogar in aller Regel in Vollmacht des Vmers ab (Anm. 40).

Ohne Vermittlungs- oder Abschlußtätigkeit besteht kein Courtageanspruch, z. B. nicht bei nachträglicher V eines anderen selbständigen Risikos (VA 1936 S. 59). Beweispflichtig für sein Tätigwerden ist der Vsmakler, der aber überdies den ihm von den Parteien erteilten Auftrag zu beweisen hat.

[76] ββ) Zustandekommen.

Zweite Voraussetzung ist das Zustandekommen eines Vertrages. Für bloße Bemühungen erhält der Vsmakler keine Courtage. Kommt der Vsvertrag nur teilweise zustande, z. B. hinsichtlich einer Quote des Gesamtrisikos mit einem oder mehreren Mitvern, so beschränkt sich der Courtageanspruch auf die Quote, besteht aber auch dann, wenn der Vsmakler beauftragt war, das ganze Risiko zu vern.

Für das Zustandekommen ist der formelle Vsbeginn (Anm. 3 zu § 2) entscheidend, bei einer laufenden V oder einer Gruppenv demnach der Abschluß des einheitlichen Gesamtvertrages (Anm. 85, 87 zu § 1; vgl. für die laufende V: OLG Hamburg 22. XII. 1887 HGZ 1888 Hptbl. S. 39 Nr. 14, OLG Frankfurt 21. VI. 1935 HansRGZ 1936 B Sp. 199). Bei vorläufiger Deckungszusage sind nach der Trennungstheorie das Zustandekommen der vorläufigen Deckung und der endgültigen V zu unterscheiden, während nach der Einheitstheorie gegebenenfalls ein einheitliches Vsverhältnis anzunehmen ist (dazu Anm. 94—97 zu § 1). Kommt es nicht zu endgültiger V, so kann der Vsmakler für die Vermittlung der vorläufigen Deckung Courtage beanspruchen.

Nichtige und (zu Recht) angefochtene Verträge sind grundsätzlich im Sinne von § 652 I 1 BGB nicht zustande gekommen (Heymann a. a. O. S. 147). Doch ist zu beachten, daß auch durch sie möglicherweise Courtageansprüche des Vsmaklers begründet werden können (Anm. 85—86).

[77] γγ) Kausalzusammenhang.

Dritte Voraussetzung für das Entstehen eines Courtageanspruchs ist, daß die Vermittlungstätigkeit des Vsmaklers für den Vertragsabschluß kausal gewesen ist, d. h. der Vsvertrag darf nicht unabhängig von der Maklertätigkeit zustande gekommen sein.

[78] ααα) Bedingungstheorie.

An den Kausalzusammenhang sind keine übermäßig hohen Anforderungen zu stellen. Es reicht aus, wenn ohne das Tätigwerden des Vsmaklers der betreffende konkrete Vsvertrag nicht zustande gekommen wäre, die Tätigkeit muß also conditio sine qua non des Abschlusses sein (Bedingungstheorie) (Möller Vsvermittlung S. 168). Adäquate Verursachung braucht nicht gegeben zu sein (a. A. Heymann a. a. O. S. 422).

Nicht erforderlich ist es, daß die Maklertätigkeit die einzige conditio des Vertragsschlusses gewesen ist, es genügt, daß der Vsmakler überhaupt mitgewirkt hat (RG 19. II 1937 JRPV 1937 S. 233, 16. X. 1936 JW 1937 S. 222, KG 9. VI. 1937 JRPV 1937 S. 294, OLG Hamburg 23. V. 1936 HansRGZ 1936 B Sp. 469; ferner für den Nichtvsmakler RG 22. X. 1921 JW 1922 S. 164 mit zustimmender Anm. von Titze, neuerdings LG Aachen 19. I. 1951 NJW 1951 S. 657 mit zustimmender Anm. von Glaser). Im einzelnen bedeutet dieses, daß der Vsmakler nicht notwendig auch die allerletzten zum Vertragsschluß erforderlichen Handlungen ausführen muß, etwa in jedem Falle den Vertrag selbst zu schließen oder doch bei seinem Abschluß zugegen zu sein hat (OLG Hamburg 23. V. 1936 HansRGZ 1936 B Sp. 469), sondern daß es ausreicht, wenn er den Abschluß so weit vorbereitet hat, „daß er in jedem Fall erfolgen konnte" (KG 15. V. 1929 JRPV 1929 S. 244 = HansRGZ 1929 A Sp. 611). Allerdings muß die Tätigkeit des Handelsmaklers stets mehr sein als bloßer Gelegenheitsnachweis, § 93 HGB (Anm. 75).

Zum Beweis des Kausalzusammenhanges allgemein RG 24. IX. 1935 RGZ Bd. 148 S. 356—357, 19. II. 1937 JRPV 1937 S. 233.

[79] βββ) Inhaltsabweichungen.

Vereinbaren Vmer und Ver, nachdem der Vsmakler sie zum Zwecke eines bestimmten Vertragsschlusses zusammengebracht hatte, schließlich einen Vertrag, der von dem ursprünglich geplanten und vom Vsmakler eingeleiteten inhaltlich abweicht, so braucht die Kausalität zwischen Vermittlung und Abschluß keineswegs immer zu fehlen; vielmehr ist sie nicht nur dann, wenn die Abweichungen ganz unerheblich sind, sondern auch bei größeren Unterschieden zu bejahen, sofern auch der abweichende Vertrag ohne die vorherige Mitwirkung des Vsmaklers nicht geschlossen worden wäre (Einzelverträge statt eines Kollektivvertrages: LG Berlin 1. II. 1938 JRPV 1939 S. 46). — Allerdings ist hier Vorsicht am Platze: Hat der abweichende Vertrag, obwohl er ohne Vermittlung des Vsmaklers nicht zustande gekommen wäre und also dessen Tätigkeit für seinen Abschluß — allgemein gesehen — kausal gewesen ist, schließlich einen Inhalt erlangt, der für den Vmer so ungünstig ist, daß der Vmer diesen ungünstigen Inhalt durch die Einschaltung des Vsmaklers gerade hat vermeiden wollen, so besteht kein Anspruch auf Courtage für den Vsmakler, weil der abgeschlossene konkrete Vertrag nicht auf das Tätigwerden des Vsmaklers zurückzuführen ist (vgl. für den Nicht-Vsmakler RG 24. VIII 1937 JW 1937 S. 2916). — Über Anschlußverträge mit Inhaltsabweichungen vgl. Anm. 81.

[80] γγγ) Personenwechsel.

Beim Handelsmakler, der in einem Doppelrechtsverhältnis steht, sind die Probleme des Personenwechsels — auf Seiten des Vmers und Vers — besonders schwierig, sofern es sich nicht um Fälle der Rechtsnachfolge handelt. Tritt an die Stelle des primär auftraggebenden Vmers ein anderer, der nicht sein Rechtsnachfolger ist, so kann der neue Vmer in keiner Weise verpflichtet sein. Angesichts der alleinigen Courtageschuldnerschaft des Vers fragt es sich aber, ob der Ver möglicherweise dem Vsmakler die Courtage weiterzuzahlen hat. Bejahend KG 9. VI. 1937 JRPV 1937 S. 294 in einem Fall, in dem es sich um einen Zivilmakler, allein beauftragt vom Ver, also ohne Doppelrechtsverhältnis, gehandelt haben dürfte. Wenn der neue Vertrag „auf derselben tatsächlichen und wirtschaftlichen Grundlage wie der erste und insbesondere mit demselben Personenkreise geschlossen wird", so sei die Kausalität zwischen Vermittlung und Neuabschluß zu bejahen. Bei einem Handelsmakler, der vom Vmer beauftragt war, kann Entsprechendes nicht gelten; denn beim Handelsmakler hat die Courtagezahlungspflicht des Vers ihren Rechtsgrund auch in der Beauftragung des Vsmaklers durch den Vmer. Die Kausalität ist in Personenwechselfällen verneint von KG 5. V. 1937 JRPV 1937 S. 219—220, LG Berlin 23. IX. 1930 JRPV 1930 S. 423 (alle Fälle dürften übrigens gleichfalls Zivilmakler, vom Ver beauftragt, betreffen).

[81] δδδ) Verlängerungen.

Wird ein Vsvertrag kraft einer in ihm enthaltenen Verlängerungsklausel stillschweigend um eine gewisse Dauer verlängert (vgl. § 8 I), so bildet solche Verlängerung mit dem ursprünglichen Vertrag rechtlich eine Einheit, der Vsmakler hat also auch die „Verlängerung" vermittelt, und demzufolge steht ihm, wenn die Courtage sich — wie regelmäßig — nach der Dauer des Vsvertrages richtet, auch für die Verlängerungszeit Courtage zu (Nachweise bei Möller Vsvermittlung S. 170 Anm. 92, S. 187 Anm. 205 für Vsvertreter, anscheinend a. A. Prölss[8] S. 167). Das gilt auch bei einer stillschweigenden Verlängerung ohne Verlängerungsklausel (dazu Anm. 10 zu § 8) sowie bei einer gesetzlichen Verlängerung (Anm. 13 zu § 8).

Schwieriger ist die Beurteilung der Kausalitätsfrage bei ausdrücklicher Verlängerung (Anm. 11 zu § 8) und beim Anschlußvertrag (Anm. 12 zu § 8). Ist der Vsmakler auch mit den neuen Verhandlungen vom Vmer betraut, so ist die Rechtslage eindeutig. — Ist der Vsmakler aber nicht betraut, so fehlt es an der Kausalität jedenfalls dann, wenn der Vertragsinhalt grundlegend verändert wird. Werden keine grundlegenden Änderungen vorgenommen, so wird man im allgemeinen sagen müssen, daß die erste Vermittlungstätigkeit des Vsmaklers auch noch für den neuen Vertrag eine conditio sine qua non war, besonders falls der Vsmakler für den Vmer besondere Vorteile durchgesetzt, z. B. günstige Vsbedingungen formuliert hatte (bedenklich Gauer a. a. O. S. 76—77, Waldstein a. a. O. S. 86).

Aber es kann auch an der Kausalität fehlen, wofür folgende Umstände (auch einzeln) sprechen: Zustandekommen des Anschlußvertrags erst nach Beendigung des ursprünglichen Vertrages, intensive Werbearbeit des Vers oder eines neuen Vsvermittlers, bewußte „Ausschaltung" des bisherigen Vsmaklers in Fällen, in denen die Verdienstlichkeit der früheren Vermittlungsarbeit nicht besonders groß war, z. B. weil der Vmer selbst sachkundig ist oder weil bei größeren Risiken sowieso mehrere Mitver berücksichtigt werden müssen. Deshalb wird in der Industriefeuer- oder Transportv der Courtageanspruch des Vsmaklers leichter fortfallen als bei anderen Vszweigen.

Die „Ausschaltung" des Vsmaklers durch den Vmer darf keine schikanöse, treu- oder sittenwidrige sein, wobei jedoch zu berücksichtigen ist, daß der Vsmakler nur für sein Tätigwerden entlohnt wird, daß der Vmer ihm nicht auf Dauer verpflichtet ist und daß Courtageansprüche keine Pfründe verschaffen. Zum Fall arglistigen Zusammenwirkens des Auftraggebers mit einem neuen Makler vgl. RG 24. IX. 1935 RGZ Bd. 148 S. 354—357 (kein Vsrecht).

Andererseits kann man nicht einfach darauf abstellen, ob der Vsmakler erneut mit der Vermittlung betraut war und erneut vermittelnd tätig geworden ist (deshalb bedenklich Gauer a. a. O. S. 76—77, Waldstein a. a. O. S. 86; KG 2. V. 1934 JRPV 1934 S. 281 [Maschinenv]). § 652 I 1 BGB verlangt nicht, „daß die Tätigkeit des Maklers gerade den abgeschlossenen Vertrag betroffen hat" (unrichtig LG Berlin 23. IX. 1930 JRPV 1930 S. 423), Kausalität zwischen früherer Tätigkeit und Neuabschluß reicht aus.

[82] δδ) Vertragsausführung.

Während der Anspruch eines anderen Handelsmaklers mit dem Vertragsabschluß bereits endgültig entstanden ist, und es bei ihm auf irgendwelche Ausführungshandlungen nicht ankommt, hat sich im Vswesen der Satz herausgebildet, daß der Courtageanspruch des Vsmaklers das Schicksal der Prämie im Guten wie im Bösen teile (Bruck S. 155, Gauer a. a. O. S. 73, Möller Vsvermitllung S. 175, Pfeiffer a. a. O. S. 49, Waldstein a. a. O. S. 81—82; RG 2. III. 1935 VA 1935 S. 254 Nr. 2822 = JRPV 1935 S. 137, LG Hamburg 4. V. 1934 JRPV 1934 S. 239, 9. V. 1935 HansRGZ 1936 B Sp. 513). Der wirtschaftliche Grund dafür, daß man den Courtageanspruch von der Prämie abhängig macht, liegt darin, daß — abweichend von der Regelung des BGB und HGB — im Laufe der Zeit allein der Ver Courtageschuldner geworden ist (Anm. 73). Diesem ist die Courtagebelastung nur zumutbar, wenn und soweit er Prämien erhält. Dabei ist zu bedenken, daß zwar juristisch der Ver die Courtage schuldet, daß sie aber wirtschaftlich der Vmer aufbringt, und zwar mit der Prämie, aus der sie bezahlt wird (Ritter HGB a. a. O. S. 241). Denn der Ver berücksichtigt „seine" Kosten bei der Kalkulation der Prämie. Auch hieraus folgt, daß der Ver die Courtage grundsätzlich nicht zu zahlen braucht, wenn und soweit er eine Prämie nicht erhält. (Die mögliche Konsequenz, für diese Fälle die Schuldnerschaft des Vmers als des Auftraggebers des Vsmaklers wieder aufleben zu lassen, um dem Vsmakler seinen Lohn nicht zu nehmen, wird nicht gezogen.)

Juristisch-konstruktiv bedeutet der Grundsatz der Schicksalsteilung zwischen Prämie und Courtage, daß der Anspruch auf Vermittlungscourtage aufschiebend bedingt ist durch das Entstehen eines Prämienanspruchs für den Ver und auflösend bedingt ist durch das (juristische oder wirtschaftliche) Wegfallen dieses Prämienanspruchs. Der Grundsatz der Schicksalsteilung ändert also nichts daran, daß der Anspruch auf Courtage entsprechend § 652 I 1 BGB bereits mit dem Abschluß des Vsvertrages entsteht (vgl. LG Hamburg 4. V. 1934 JRPV 1934 S. 239, 17. IV. 1942 HansRGZ 1942 A Sp. 163). Jedoch entsteht er nur aufschiebend und auflösend bedingt (Gauer a. a. O. S. 74).

[83] **ααα) Die aufschiebende Bedingung des Entstehens eines Prämienanspruchs.**

Trotz (formellen) Zustandekommens des Vsvertrages infolge der Vermittlungstätigkeit des Vsmaklers besteht kein Courtageanspruch in den Fällen, in denen ein Prämienanspruch nicht entsteht. Denn hier fällt die aufschiebende Bedingung aus. Folgende Fälle lassen sich denken:

[84] Ein Prämienanspruch entsteht nicht bei einer **laufenden Versicherung,** wenn sich keine unter diese V fallenden Risiken ergeben; hier bekommt der Vsmakler trotz ordnungsgemäßen und wirksamen Vertragsschlusses keinen Maklerlohn (vgl. OLG Frankfurt 21. VI. 1935 HansRGZ 1936 B Sp. 199, Gauer a. a. O. S. 74, Pfeiffer a. a. O. S. 49).

[85] Ist der Vsvertrag **nichtig** (dazu Anm. 31—54 zu § 22) und hat der Ver deshalb keinen Anspruch auf Prämie (dazu Anm. 17 zu § 40), so erhält der Vsmakler keine Courtage (KG 10. X. 1934 JRPV 1935 S. 92; Pfeiffer a. a. O. S. 48; Beispiele: Fehlende Einwilligung nach §§ 159 II 1, 179 III 1). Jedoch ist zu bedenken, daß nach §§ 51 III, 59 III bei betrügerischer Über- oder Doppelv der Ver trotz der Nichtigkeit des Vsvertrages möglicherweise Prämie fordern kann; dies kommt dann auch dem Vsmakler — sofern er nicht von der betrügerischen Über- oder Doppelv wußte — zugute, er erhält, obwohl nur ein nichtiger Vertrag „zustandegekommen" ist, seine Courtage (Gauer a. a. O. S. 75, Pfeiffer a. a. O. S. 50, Waldstein a. a. O. S. 85), allerdings nur hinsichtlich des Zeitraumes, in dem für den Ver ein Prämienanspruch besteht.

[86] Ferner ist regelmäßig kein Anspruch auf Prämie entstanden, wenn der Vsvertrag von einer der Parteien wirksam **angefochten** worden ist (dazu Anm. 3—30 zu § 22), so daß auch hier der Vsmakler grundsätzlich keine Courtage erhält (KG 10. X. 1934 JRPV 1935 S. 92). Hatte der Ver (oder ein Vsvertreter) arglistig getäuscht und demgemäß der Vmer nach § 123 I BGB den Vertrag angefochten, so entsteht kein Prämienanspruch des Vers (Anm. 4 zu § 22, Anm. 18 zu § 40). Hier fragt es sich, ob der Ver sich dem Vsmakler gegenüber auf seine (oder seines Vsvertreters) Arglist und die daraus resultierende Anfechtung des Vmers berufen kann. RG 10. V. 1911 RGZ Bd. 76 S. 354—356 meint, der Vsmakler (!) verstoße gegen Treu und Glauben, wenn er die Courtage von dem Täuschenden verlange, da er damit versuche, die Täuschungshandlung und den dadurch (anfechtbar) zustande gekommenen Vertrag für sich auszunutzen. — In nicht seltenen Fällen hat der Ver trotz Anfechtung des Vsvertrages einen Prämienanspruch, so bei arglistiger Täuschung seitens des Vmers (§ 40 I 1; Anm. 28 zu § 22), aber auch bei Irrtumsanfechtung seitens des Vmers (Anm. 4 zu § 22, Anm. 18 zu § 40) oder seitens des Vers (§ 40 I 1, Anm. 6 zu § 22, Anm. 10 zu § 40). In diesen Fällen wird man dem Vsmakler die Courtage aus der zu zahlenden Prämie zubilligen müssen, obgleich nur ein anfechtbarer und angefochtener Vertrag „zustandegekommen" ist. Nur wenn der Vsmakler bei der arglistigen Täuschung des Vers mitgewirkt hat, kann er den Courtageanspruch nach Treu und Glauben nicht geltend machen.

[87] Erhält der Ver statt einer Prämie nur eine **Geschäftsgebühr,** wie z. B. in den Fällen des § 40 II 2, 3 (wirklicher oder fingierter Rücktritt wegen Nichtzahlung der Erstprämie)

und des § 68 I (Nichtbestehen oder Nichtentstehung des vten Interesses), so fragt es sich, ob der Vsmakler dennoch die Courtage für die erste Vsperiode erhält, dient doch die Geschäftsgebühr zur Deckung der dem Ver erwachsenden Kosten, zu denen auch die Maklerprovision zählen könnte (Anm. 12 zu § 40). Man wird in der Tat — in beschränkter Abweichung von dem Grundsatz der Schicksalsteilung — dem Vsmakler die Courtage insoweit zusprechen müssen, als sie in die Geschäftsgebühr einkalkuliert ist oder vom Ver einkalkuliert werden konnte (unrichtig Pfeiffer a. a. O. S. 49—50, Waldstein a. a. O. S. 82, welche die Courtage nur prozentual aus der Geschäftsgebühr berechnen wollen, vgl. auch Anm. 94 zur Ristornogebühr).

[88] Schuldet der Vmer **weder Prämie noch Geschäftsgebühr,** z. B. weil der Ver von der Nichtigkeit nach §§ 51 III, 59 III Kenntnis hatte oder weil er bei einer Rückwärtsv weiß, daß die Möglichkeit des Eintritts des Vsfalls schon ausgeschlossen ist (§ 2 II 1), so entfällt an und für sich nach dem Grundsatz der Schicksalsteilung der Courtageanspruch für den Vsmakler. Jedoch befürwortet Waldstein a. a. O. S. 82—83 im Falle des § 2 II 1 die Zubilligung eines Courtageanspruchs gegen den Ver, der sich unter Verletzung von Treu und Glauben „auf sein eigenes betrügerisches Verhalten beruft" (a. A. Ritter Anm. 17 zu § 2, S. 191).

[89] In praxi sind die Fälle des Nichtentstehens und des Wegfallens eines Prämienanspruches (dazu Anm. 90—97) zuweilen schwer **abzugrenzen,** wird doch Nichtigkeit oft erst nach einer schon erfolgten Prämienzahlung festgestellt, oft wird vor einer Anfechtung eine Prämie beglichen sein. Hier stellt sich gegebenenfalls ex post heraus, daß der Courtageanspruch des Vsmaklers mangels Eintrittes der aufschiebenden Bedingung (Entstehung eines wirklichen Prämienanspruches) nicht endgültig entstanden ist. Eine bereits erhaltene Courtage muß der Vsmakler nach Bereicherungsgrundsätzen (§ 812 I BGB) zurückgewähren.

[90] **βββ) Die auflösende Bedingung des Wegfallens eines Prämienanspruchs.**

Der Grundsatz der Schicksalsteilung bezieht sich nicht nur auf Fälle des Nichtentstehens eines Prämienanspruches, sondern auch auf Fälle des juristischen oder wirtschaftlichen Wegfallens eines Prämienanspruches, der rechtlich zur Entstehung gelangt ist. Insoweit handelt es sich um eine auflösende Bedingung des Courtageanspruches.

[91] **Erstens:** Bei **juristischem Wegfallen** des Prämienanspruches gilt es, die verschiedenen Erlöschensgründe zu unterscheiden:

[92] Der Prämienanspruch kann wegfallen durch **Rücktritt** oder **Kündigung** seitens einer der Parteien; insoweit entfällt dann auch der Courtageanspruch (RG 2. III. 1935 VA 1935 S. 254 Nr. 2822 = JRPV 1935 S. 137, auch OLG Frankfurt 21. VI. 1935 HansRGZ 1936 B Sp. 201, 204, Pfeiffer a. a. O. S. 49—50). Beide Rechtsgeschäfte schmälern also die Rechte des Vsmaklers, wobei es z. B. auch nicht darauf ankommt, aus welchem Grunde vom Ver oder Vmer gekündigt ist. Der Vsmakler kann nicht vom Ver verlangen, daß dieser mit Rücksicht auf seine — des Vsmaklers — Belange von der Ausübung eines ihm gesetzlich oder vertraglich zustehenden Rücktritts- oder Kündigungsrechtes absehe. Allerdings ist auch hier wieder § 40 I zu beachten; in dem Umfang, wie trotz Rücktritt oder Kündigung ein Prämienanspruch des Vers bestehen bleibt, bleibt auch ein Courtageanspruch erhalten. Über den fingierten Rücktritt des § 38 I 2 vgl. Anm. 87, 96. Bei Kündigung nach § 14 verbleibt dem Vsmakler die zu den Kosten zählende Courtage wegen § 40 III.

[93] Nicht einheitlich ist die Rechtslage zu beurteilen, falls Ver und Vmer durch **Aufhebungsvertrag** (dazu Anm. 40 zu § 8) das Vsverhältnis vorzeitig beenden. Grundsätzlich hat hier der künftige Wegfall des Prämienanspruches keinen Einfluß auf den Courtageanspruch des Vsmaklers (BGH 27. X. 1951 BetrBer. 1952 S. 44 allgemein, RG 2. III. 1935 VA 1935 S. 354 Nr. 2822 = JRPV 1935 S. 137 mit OLG Frankfurt 21. VI. 1935 HansRGZ 1936 B Sp. 200 für eine Abschreibev mit Höchstmenge, KG 10. X. 1934 JRPV 1935 S. 92 für eine Gruppenlebensv, OLG Hamburg 22. XII. 1887 HGZ 1888 Hptbl. S. 39 Nr. 14 für eine laufende V, a. A. ohne Begründung LG Berlin 23. IX. 1930

JRPV 1930 S. 423—424 für eine Abonnentenhaftpflichtv). Der Courtageanspruch bleibt bestehen, auch wenn Vmer und Ver nicht „arglistig zum Schaden des Maklers zusammengewirkt und gegen Treu und Glauben die Entstehung eines Prämienanspruchs verhindert haben" (RG 2. III. 1935 VA 1935 S. 254 Nr. 2822 = JRPV 1935 S. 137). Der Rechtsgedanke des § 162 II BGB ist hier also in einer erweiterten Gestalt anwendbar. Der Vsmakler hat einen Vertrag vermittelt, der — sieht man von der vertraglichen Aufhebung ab — den Parteien auch fernerhin nützlich sein könnte. Hier können durch contrarius consensus Vmer und Ver den Courtageanspruch des Vsmaklers ohne dessen Zustimmung nicht zu Fall bringen. Der BGH 13. VI. 1951 Entscheidungen und Gutachten S. 32 Nr. 46 behandelt den Fall eines Nichtvsmaklers, bei dem kraft Vereinbarung die Courtage erst nach der Vertragsausführung verdient sein sollte. Hier soll der Makler die Courtage auch dann erhalten, „wenn der Auftraggeber die Durchführung des Geschäftes in einer gegen Treu und Glauben verstoßenden Weise vereitelt hat" (dabei wird auf RG 12. III. 1919 RGZ Bd 95 S. 134—137 Bezug genommen, wo gleichfalls auf § 162 BGB verwiesen wird).

Etwas anderes gilt nur, wenn der Vsmakler der Vertragsaufhebung zustimmt (RG 2. III. 1935 S. 254 Nr. 2822 = JRPV 1935 S. 137), was er besonders dann tun wird, wenn er einen Ersatzvertrag vermittelt hat, also aus ihm Courtage weiterbezieht. Außerdem soll sich ein Vsmakler einen Entzug seiner Courtage durch Vereinbarungen zwischen Ver und Vmer dann gefallen lassen müssen, wenn der Ver in Konkurs gefallen ist und der Konkursverwalter die Verträge mit den Vmern in gegenseitigem Einverständnis aufhebt; habe für diesen Fall der Vsmakler bereits Zahlungen über den Zeitpunkt der Aufhebung hinaus empfangen, so habe er sie (hier: zur Konkursmasse) zurückzugewähren (LG Hamburg 9. V. 1935 HansRGZ 1936 B Sp. 514). Aus dem allgemeinen Maklerrecht vgl. zur Vertragsaufhebung: OLG Hamburg 24. VIII. 1950 MDR 1951 S. 35—36, OLG München 20. IX. 1952 Entscheidungen und Gutachten S. 34 Nr. 48, BGH 27. X. 1951 BetrBer 1952 S. 44.

[94] Andere Tatbestände des Wegfallens eines Prämienanspruchs ergeben sich im **Konkursfalle.** Da aber bei Konkurs des Schadensvers der Vmer die Prorataprämie zuzüglich Kosten zu zahlen hat (§§ 13[1], 40 III) und da zu den Kosten auch die Courtage zählen könnte (Anm. 11 zu § 13), erhält der Vsmakler nicht nur eine Proratacourtage, sondern die volle Courtage. Das **einseitige Aufhebungsverlangen oder Herabsetzungsverlangen** des Vmers nach § 60 I, II 1, III läßt mit dem Prämienanspruch auch den Courtageanspruch enden oder geringer werden. Bei den Fällen der Zweckunmöglichkeit, insonderheit des **Interessewegfalls** (§ 68 II, III, IV), und in den Fällen der **auflösenden Bedingtheit** eines Vsvertrages (Anm. 84 zu § 1) erhält der Vsmakler nur insoweit Courtage, als der Ver Prämie verlangen kann. Generell gilt: Erhält der Ver nur eine Prorataprämie ohne Kosten (Fälle: Anm. 14 zu § 40), so erhält grundsätzlich der Vsmakler auch nur eine Proratacourtage. Während in einer Geschäftsgebühr die volle Courtage stecken kann (Anm. 87), braucht das bei einer Ristornogebühr in der Transportv nicht zuzutreffen, so daß das RG 2. III. 1935 VA 1935 S. 254 Nr. 2822 = JRPV 1935 S. 137 sagen kann, daß die Courtage „im Falle des Ristornos nach der Ristornogebühr berechnet wird" (ebenso Waldstein a. a. O. S. 82, der aber zu Unrecht auch Fälle der Geschäftsgebühr einbezieht).

[95] **Zweitens:** Bei **wirtschaftlichem Wegfallen** des Prämienanspruches, also bei Nichtzahlung der Prämie, gilt gleichfalls der Grundsatz der Schicksalsteilung. Es ist nicht nur Kulanz (so irrig Waldstein a. a. O. S. 81), beruht nicht auf einem Erlaßvertrag (so irrig Pfeiffer a. a. O. S. 49), sondern entspricht der Rechtslage, wenn die Vsmakler in Fällen, in denen die Vmer ihre Prämien nicht entrichten, keine Courtage von den Vern verlangen (Gauer a. a. O. S. 75, a. A. Lagemann JRPV 1931 S. 315—316, 1934 S. 99—100).

Unrichtig ist es, wenn man diesen Rechtssatz dahin formuliert, daß die Zahlung eine aufschiebende Bedingung des Courtageanspruchs sei (so wohl Gauer a. a. O. S. 74, Ritter HGB a. a. O. S. 241) oder etwa dahin, daß Courtage nur auf eingegangene Prämien zu zahlen sei (so LG Berlin 23. IX. 1930 JRPV 1930 S. 423). Bei dieser Anschauung wird das im Handelsvertreterrecht ausgebildete Ausführungserfordernis (vgl. § 87 a I—III HGB) — zu Unrecht — unbesehen in das Maklerrecht übernommen. Eingedenk des Grundsatzes, daß der Maklerlohn gemäß § 652 I 1 BGB bereits mit dem Abschluß des Vsvertrages verdient sein sollte, kann der Ausführung seitens des Vmers, also der Prämienzahlung nicht die Bedeutung einer positiven Voraussetzung für das endgültige Entstehen des Courtageanspruchs zuerkannt werden, sondern es kann lediglich das Ausbleiben der Zahlung negativ gewertet werden. Die Nichtzahlung ist also auflösende Bedingung des Courtageanspruchs; man könnte beim Vsmakler von einer abgeschwächten Form des Ausführungserfordernisses sprechen.

Ob man die Zahlung als aufschiebende oder die Nichtzahlung als auflösende Bedingung auffaßt, ist nicht nur eine Frage der Formulierung. Der Unterschied gewinnt z. B. Bedeutung im Prozeß: Wäre die Zahlung aufschiebende Bedingung, so müßte der Vsmakler, der seine Courtage einklagt, behaupten und beweisen, daß die Prämie eingegangen ist. Weil aber die Nichtzahlung auflösende Bedingung ist, braucht der Vsmakler hinsichtlich des Eingangs der Prämie überhaupt nichts darzutun; vielmehr ist es Sache des Vers, zu behaupten und im Bestreitungsfalle zu beweisen, daß die Zahlung nicht erfolgt ist. Das ist von besonderer Bedeutung, wenn zwischen Vmer und Ver streitig ist, ob eine Prämie bezahlt ist, etwa wenn der Vmer seine Prämienschuld durch Aufrechnung mit einer vom Ver nicht anerkannten Gegenforderung getilgt zu haben behauptet. Hier wäre es für den Vsmakler praktisch unmöglich zu beweisen, daß die Aufrechnung zu Recht geschehen und damit Zahlung seitens des Vmers geleistet worden ist. — Ist dem Vsmakler die Courtage ausgezahlt, bevor die Prämie vom Vmer gezahlt war, so würde es sich bei Konstruktion einer aufschiebenden Bedingung (der Zahlung) von vornherein bis zur Zahlung um eine ungerechtfertigte Bereicherung des Vsmaklers handeln, während die Annahme einer auflösenden Bedingung (der Nichtzahlung) zu dem befriedigenden Ergebnis führt, daß nur dann, wenn nach angemessener Frist feststeht, es sei mit einer Zahlung nicht mehr zu rechnen, nachträglich der rechtliche Grund für die Courtagezahlung wieder wegfällt (§ 812 I 2 BGB; den Vsmakler trifft dann die verschärfte Bereicherungshaftung aus § 820 I 2 BGB).

[96] Der Begriff der **Nichtzahlung,** und damit der Zeitpunkt des Eintrittes der auflösenden Bedingung bedarf noch der genaueren Umreißung. Unter Nichtzahlung ist hier zu verstehen, daß nach der Lebenserfahrung mit einem Eingang der Zahlung hinsichtlich der fälligen Prämie nicht mehr zu rechnen ist und daß auch eine zwangsweise Beitreibung der geschuldeten Summe entweder aussichtslos erscheint oder dem Ver nach Treu und Glauben nicht zuzumuten ist, z. B. wegen des Mißverhältnisses von Arbeits- und Kostenaufwand einerseits und zu erwartendem Erfolg andererseits, man denke an kleinere Beträge oder Rechtsverfolgung im Ausland oder Unklarheit der Rechtslage. Sind es nur geschäftliche Rücksichten, z. B. das Bestreben, einen Großkunden nicht zu verärgern, die den Ver von der Prämieneinziehung zurückhalten, so kann sich der Ver auf die Nichtzahlung dem Vsmakler gegenüber nicht berufen.

Bei einer Erstprämie wird die Rechtslage durch § 38 I 2 vereinfacht: Der fingierte Rücktritt des Vers läßt den Anspruch des Vers auf Geschäftsgebühr (§ 40 II 2, 3) entstehen, dazu Anm. 87. Entschließt sich der Ver zur gerichtlichen Geltendmachung der Erstprämie, so tritt die auflösende Bedingung regelmäßig erst dann ein, wenn die Zwangsvollstreckung aus dem Urteil vergeblich versucht ist oder „anzunehmen ist, daß die Zwangsvollstreckung ... nicht zur Befriedigung des Gläubigers führen wird" (vgl. § 773 I Ziff. 4 BGB).

Bei Folgeprämien tritt die auflösende Bedingung noch nicht ohne weiteres mit dem fruchtlosen Ablauf der Zahlungsfrist des § 39 I 1 ein, sondern es kommt auf die Zumutbarkeit einer Prämienklage und Zwangsvollstreckung an. Kündigt der Ver nach § 39 III 1, 2, so bleibt hinsichtlich der nach § 40 II 1 geschuldeten Prämie die Frage der Zumutbarkeit akut.

Man kann das hier gewonnene Ergebnis auch aus § 162 II BGB herleiten: Der Ver darf den Eintritt der auflösenden Bedingung, die den Courtageanspruch aufhebt, nicht wider Treu und Glauben herbeiführen. Sonst gilt der Eintritt als nicht erfolgt, d. h. die Courtage bleibt verdient.

[97] Der Vsmakler kann selbstverständlich die Vsprämie nicht im eigenen Namen einklagen, da Prämiengläubiger nur der Ver ist. Der Vsmakler erlangt auch niemals einen

Courtageanspruch gegen den Vmer. Vom Ver kann der Vsmakler nicht fordern, daß eine Prämienforderung — möge sie noch so „gut" sein — eingeklagt und beigetrieben werde; denn der Vsmakler ist durch § 162 II BGB, welcher nur eine Obliegenheit, keine Rechtspflicht des Vers entstehen läßt, ausreichend geschützt. Ist der Vsmakler regelwidrig Inkassobevollmächtigter des Vers (Anm. 43), so kann nur ausnahmsweise diese Vollmacht den Vsmakler auch in die Lage versetzen, die Prämienforderung namens des Vers einzuklagen und beizutreiben. Klagt der Ver, so kann der Vsmakler dem Rechtsstreit als Nebenintervenient beitreten, da er ein rechtliches Interesse daran hat, daß im Prämienprozeß der Ver obsiege (§ 66 I ZPO; Ritter HGB a. a. O. S. 241, falsch Heun JRPV 1928 S. 343). Nicht zu rechtfertigen ist es, wenn Heun JRPV 1928 S. 343 meint: „Der Ver kann vom Makler verlangen, daß er den auf ihn entfallenden Teil des Klagerisikos in Gestalt eines entsprechenden Kostenvorschusses übernimmt."

[98] δ) Höhe.

αα) Festlegung.

Auch für den Handelsmakler ist § 653 II BGB heranzuziehen. Danach gilt primär die vertragliche Bestimmung, sekundär eine etwaige Taxe, in dritter Linie „der übliche Lohn", wobei sich eine Verkehrssitte oder — unter Kaufleuten — ein Handelsbrauch gebildet haben kann.

[99] ααα) Vertrag.

Vertragliche Bestimmungen sind selten. Angesichts des vorliegenden Doppelrechtsverhältnisses (Anm. 37—39) müßte trotz der alleinigen Courtagezahlungspflicht des Vers (Anm. 73) die Vertragsabrede sowohl mit dem Ver als auch mit dem Vmer getroffen werden. Besteht nur ein Maklerprovisionsabkommen zwischen Makler und Ver, so begegnet das Bedenken (Anm. 28). Allerdings vermag im Regelfall der Makler hierauf seine Courtageansprüche zu stützen.

[100] βββ) Taxe.

In Hamburg und Bremen sind für die Transportv Grundsätze für die Höhe der Courtage aufgestellt. — In Hamburg haben sich die Ver, auch für ihre hamburgischen Vertretungen, schon in einem Abkommen vom 7. XI. 1891 untereinander verpflichtet, „an Courtage, Rabatt, Diskont, Kommission ... oder gleichviel unter welcher sonstigen Bezeichnung, in welcher Form immer, ... im ganzen" keine höhere Vergütung zu zahlen als die in einer Tabelle aufgeführte. „Die Courtagen sind stets nur von der Nettoprämie nach Kürzung aller Abzüge und Rückgaben zu berechnen. Vereinbarungen, nach welchen im Falle von Prämienrückgaben keine Courtage an den Ver zurückerstattet wird, sind unzulässig" (jedoch belasten in solchen Fällen die Vsmakler den Vmern zuweilen — ohne klare Rechtsgrundlage — eine Verwaltungs- oder Arbeitsprovision, welche bewirkt, daß im Endergebnis der Vsmakler die volle Courtage behält). „Die Courtage im ... Kasko-Geschäft ist in gleichen Raten wie die einzelnen Prämienraten zu zahlen." Gauer a. a. O. S. 72 spricht von kartellmäßig wirkenden Absprachen. — In Bremen wird ein „Obligatorisches Courtage-Abkommen" zwischen dem Verein Bremer Seever und Vsmaklern seit dem 1. IV. 1936 angewendet, das gleichfalls auf die Nettoprämie abstellt. „Als Fälligkeit für die Courtage gelten die für die Prämienzahlung vereinbarten Termine." „Die Courtagesätze sind auf jeder Schlußnote zu vermerken. Mit Zahlung der Courtage sind alle Ansprüche an die Ver, auch für Schadens-Intervention, -Berechnung, -Verteilung und Spesen abgegolten."

Für den Bereich der Lebensv hat der Verband der Lebensvsunternehmen e. V. einen Entwurf für „Richtlinien für Vergütungen an den Außendienst" (abgedruckt bei Finke A 76) geschaffen, wo es unter III 1 für den Vsmakler heißt: „Dem Makler soll für den Abschluß von Großlebensven nach Normaltarifen keine höhere Abschlußprovision als 25‰ der Vssumme, höchstens 70% der ersten Jahresprämie vergütet werden."

Einer Taxe ist es gleichzuachten, sofern gesetzliche Vorschriften über die Höhe der Maklercourtage bestehen. Das trifft nur noch zu in der **VO PR Nr. 52/50 über Provisionen in der Kraftfahrtversicherung** vom 9. VIII. 1950: Bundesanzeiger Nr. 160 vom 22. VIII. 1950 S. 1, welche in ihrem vollen Wortlaut — also auch in den Teilen, die nicht den Vsmakler angehen — lautet:

Verordnung PR Nr. 52/50 über Provisionen in der Kraftfahrtversicherung. Vom 9. August 1950.

Auf Grund des § 2 des Preisgesetzes vom 10. April 1948 (WiGBl. S. 27)/3. Februar 1949 (WiGBl. S. 14)/21. Januar 1950 (Bundesgesetzbl. S. 7)/8. Juli 1950 (Bundesgesetzbl. S. 274) wird verordnet:

§ 1

(1) Für die hauptberufliche Tätigkeit bei der Vermittlung von Kraftfahrtversicherungen dürfen als Abschluß- und Folgeprovision höchstens je 12% des Versicherungsbeitrages vereinbart, angenommen oder gewährt werden.
(2) Für die hauptberufliche Tätigkeit von Versicherungsvermittlern (natürlichen und juristischen Personen und sonstigen Personenvereinigungen), die in der Hauptsache mit Kraftfahrzeughändlern, -herstellern, -reparaturwerkstätten oder -finanzierungsinstituten arbeiten, dürfen als Abschluß- und Folgeprovision höchstens je $9^1/_2$% des Versicherungsbeitrages vereinbart, angenommen oder gewährt werden.
(3) Eine zusätzliche Provision von höchstens je $2^1/_2$% des Versicherungsbeitrages darf vereinbart, angenommen oder gewährt werden, wenn die in Absatz 1 und 2 genannten Versicherungsvermittler

a) regelmäßig Versicherungsscheine und Nachträge ausfertigen,
b) regelmäßig Schäden bearbeiten und erledigen. Die Provision von höchstens $2^1/_2$% darf nur für die Kraftfahrtversicherungssparten vereinbart, angenommen oder gewährt werden, für die der Versicherungsvermittler eine schriftliche Regulierungsvollmacht mindestens bis 500.— DM je Schadensfall hat.

§ 2

(1) Für die nebenberufliche Tätigkeit bei der Vermittlung von Kraftfahrtversicherungen dürfen als Abschluß- und Folgeprovision höchstens je 5% des Versicherungsbeitrages vereinbart, angenommen oder gewährt werden.
(2) Für die nebenberufliche Tätigkeit bei der Vermittlung von Kraftfahrtversicherungen durch natürliche und juristische Personen und sonstige Personenvereinigungen, die Kraftfahrzeugbedarf und Kraftfahrzeuge herstellen, vertreiben, ausbessern oder deren Absatz finanzieren, darf nur einmal eine Abschlußprovision von höchstens $2^1/_2$% des Versicherungsbeitrages vereinbart, angenommen oder gewährt werden. Das gleiche gilt für Personen, die in solchen Unternehmungen tätig oder von den Leitern oder Inhabern solcher Unternehmungen wirtschaftlich abhängig sind oder mit diesen in ehelicher oder häuslicher Gemeinschaft leben.
(3) Für den Nachweis von Anschriften derjenigen, die ein Interesse am Abschluß von Kraftfahrtversicherungen haben, dürfen bei Vorliegen der jeweiligen Voraussetzungen höchstens die in Abs. 1 oder 2 genannten Abschlußprovisionen vereinbart, angenommen oder gewährt werden, falls auf Grund dieses Nachweises ein Versicherungsvertrag zustande kommt.

§ 3

Organisations- und sonstige Zuschüsse dürfen den in den §§ 1 und 2 genannten Versicherungsvermittlern nicht gewährt werden.

§ 4

Die in den §§ 1 und 2 genannten Versicherungsvermittler dürfen mit den Versicherungsnehmern Vergünstigungen oder Zuwendungen nicht vereinbaren. Das Gewähren oder Annehmen solcher Vergünstigungen oder Zuwendungen ist unzulässig.

§ 5

(1) DieseVerordnung tritt am Tage nach ihrer Verkündung in Kraft. Gleichzeitig tritt die Anordnung PR Nr. 117/48 über Provisionen in der Kraftfahrzeugversicherung vom 31. Oktober 1948 (VfWMBl. II S. 181) außer Kraft.
(2) Nach Verkündung dieser Verordnung begangene Zuwiderhandlungen gegen die Vorschriften dieser Verordnung werden nach den Bestimmungen des Gesetzes zur Vereinfachung des Wirtschaftsstrafrechtes (Wirtschaftsstrafgesetz) vom 26. Juli 1949 (WiGBl. S. 193)/29. März 1950 (Bundesgesetzbl. S. 78) geahndet.

Für den Vsmakler (und bei Zusammenwirken mit Vsvertretern für den Vsmakler und den Vsvertreter zusammen) darf hiernach nur eine Höchstvermittlungsprovision gezahlt werden, die sich bei Hauptberuflichen (Anm. 15) auf laufend 12% der Prämie beläuft (§ 1 I VO). Sog. technische Makler (Anm. 33), welche Vsscheine ausfertigen und Schäden regulieren (dazu Anm. 41, 110), können hierfür insgesamt weitere 5% Provision beziehen. Fehlt es an einer Vereinbarung, so wird man die Höchstcourtage zugleich als maßgebliche Taxe im Sinne des § 653 II BGB anzusehen haben. Ist eine höhere Vermittlungscourtage vereinbart, so ist die Vereinbarung insoweit nichtig, als die Höchstcourtage überschritten werden soll (§§ 134, 139 BGB). Zuwiderhandlungen werden überdies gemäß § 5 II VO geahndet, und zwar bei den Vereinbarenden (Ver und Makler, wohl nie beim Vmer), beim Annehmenden (Makler) und beim Gewährenden (Ver). Zur Rechtsgültigkeit der VO vgl. Gertner ZfV 1952 S. 5—6. Die Sonderregelung für Hamburg (Vsvermittlung 1938 S. 178, 291) gilt nicht mehr (VA 1949 S. 26).

Nicht mehr anzuwenden ist die Anordnung über Begrenzung der Maklerprovision in der **Industriefeuerversicherung** vom 22. XII. 1938 (VA 1939 S. 171—173, Finke A 98, 99, weitere Nachweise Möller Vsvermittlung S. 180 Anm. 163, 183—184). Das ergibt sich trotz VA 1948 S. 55 aus der Preisfreigabe (Bronisch a. a. O. S. 239—240, Starke in: 50 Jahre materielle Vsaufsicht, 3. Band, Berlin 1955, S. 53, a. A. Prölss VAG S. 100).

[101] γγγ) Handelsbrauch.

In aller Regel richtet sich die Höhe der Maklercourtage nach der Üblichkeit (§ 653 II BGB). Da der Courtageanspruch gegen den Ver besteht, der — ebenso wie der Vsmakler (Anm. 31) — Kaufmann zu sein pflegt, entscheidet der Handelsbrauch (§ 346 HGB) über die Höhe der Courtage. Maßgebend ist bei örtlichen Unterschieden des Handelsbrauchs der Ort des Tätigwerdens des Maklers, z. B. in Bremen oder Hamburg. Überall sind bei Industriefeuerven 15% üblich.

[102] ββ) Berechnung.

Meistens wird die Courtage in bestimmten Prozentsätzen von der Prämie berechnet. Hierbei hat sich gezeigt, daß der Prozentsatz bei guten Risiken und demgemäß geringen Prämien oft höher ist als bei gefährlichen Risiken und demgemäß höheren Prämien (Waldstein a. a. O. S. 87). Unter Umständen, z. B. in der Lebensv, wird die Courtage aber auch in Promillesätzen von der Vssumme berechnet (vgl. für die Transportv in Bremen Waldstein a. a. O. S. 87). Es kann auch eine feste Summe als Vermittlungscourtage gewährt werden, z. B. in der Krankenv.

Sind an einem Geschäft zwei Vsmakler gleichberechtigt nebeneinander stehend oder auch in der Form beteiligt, daß der eine als Untermakler anzusehen ist, so ist es üblich, daß die Courtage zwischen beiden hälftig aufgeteilt wird (KG 26. VI. 1937 JRPV 1937 S. 328). Für den Fall des Zusammenwirkens von Vsmaklern und Vsvertretern läßt sich diese Regel nicht nachweisen (vgl. aber z. B. VA 1953 S. 134).

[103] γγ) Veränderungen.

Gemäß dem Grundsatz, daß die Courtage das Schicksal der Prämie im Guten wie im Bösen teilt (Anm. 82), ergibt sich eine Abhängigkeit zwischen beiden Ansprüchen nicht nur hinsichtlich des Bestehens (Anm. 82—97), sondern auch hinsichtlich der Höhe (vgl. schon Anm. 94). Dies bedeutet folgendes:

[104] ααα) Erhöhung.

Erhöht sich die Prämie, so erhöht sich grundsätzlich auch die Courtage (Gauer a. a. O. S. 75). Allerdings ist zu beachten, daß dann, wenn die Erhöhung der Prämie auf nachträglichen Vereinbarungen zwischen Vmer und Ver beruht (dazu Anm. 24 zu § 41), die Courtage sich nur erhöht, wenn die Vereinbarung durch den Vsmakler vermittelt worden ist, wobei es nicht darauf ankommt, ob das vte Risiko unverändert bleibt oder erweitert wird. Es gilt hier entsprechend das, was bereits für Vertragsverlängerungen gesagt worden ist (Anm. 81). Die Prämienerhöhung kommt dagegen dem Vsmakler ohne weiteres zugute, wenn sie beruht auf Gesetz (auch in Verbindung mit einem Verlangen des Vers wie nach § 41 I: Waldstein a. a. O. S. 86), auf Verordnung (z. B. Änderung des

Einheitstarifes in der Kraftfahrtv: Anm. 34 zu § 41), auf aufsichtsrechtlichem Verwaltungsakt (vgl. aber Anm. 29—33 zu § 41), auf vorweggenommener Vereinbarung (z. B. Prämienangleichungsklausel: Anm. 23 zu § 41) oder auf Maßnahmen eines Gegenseitigkeitsvereins (z. B. Nachschußerhebung, Satzungsänderung: Anm. 25—28 zu § 41).

[105] βββ) Herabsetzung.

Entsprechendes gilt für die Herabsetzung der Prämie, z. B. nach §§ 41 a, 51 I, II, 60, 95^{2}, 96 III 2, 119^{2} oder im Vergleichsverfahren des Vmers oder kraft einer Rückgewährklausel in der Betriebsunterbrechungsv (vgl. Anm. 20 zu § 41 a).

Durch eine Vereinbarung zwischen Vmer und Ver, kraft welcher ohne Zustimmung des Vsmaklers die Prämie ermäßigt wird, kann die Courtage nicht herabgesetzt werden (vgl. Anm. 93). Jedoch kann es Fälle geben, in denen der Vsmakler sich gleichwohl eine solche Herabsetzung durch nachträgliche Vereinbarung zwischen Vmer und Ver gefallen lassen muß, insbesondere dort, wo der Vsmakler auf Grund des Maklervertrages dem Vmer gegenüber verpflichtet gewesen wäre, selbst auf eine Herabsetzung der Prämie hinzuarbeiten, z. B. weil sich die tatsächlichen Verhältnisse erheblich gewandelt haben (Anm. 59; LG Hamburg 4. V. 1934 JRPV 1934 S. 239, das aber zu weit geht, wenn es meint, nur willkürliche Änderungen des Vsvertrages seien ohne Einfluß auf die Courtage).

„Beitragsermäßigungen" auf Grund der PreisVOen des Bundesministers für Wirtschaft im Bereiche der Kraftfahrtv, z. B. Bonusgewährungen bedeuten in Wahrheit zusätzliche Leistungen des Vers, berühren also nicht den Courtageanspruch. Etwas anderes gilt, falls Beiträge des Einheitstarifes bei bestehenden Vsverträgen gesenkt werden. Über Behandlung von Courtagen in der Währungsumstellung vgl. § 2 II VVO.

[106] δδ) Laufende Versicherung.

Bei einer laufenden V läßt sich infolge der Koppelung von Prämie und Courtage die Höhe der verdienten Courtage abschließend erst ermitteln, wenn die Vszeit abgelaufen ist, da erst dann feststeht, in welcher Höhe dem Ver endgültige Prämienansprüche erwachsen sind (OLG Hamburg 22. XII. 1887 HGZ 1888 Hptbl. S. 39 Nr. 14).

[107] ε) Fälligkeit.

Der Grundsatz, daß die Courtage das Schicksal der Prämie teilt, wirkt sich auf die Fälligkeit der Courtage aus. Auch wenn der Vsvertrag durch Tätigwerden des Vsmaklers zustandegekommen ist, der Prämienanspruch für den Ver entstanden ist und ein Wegfallen des Prämienanspruchs, also eine Nichtzahlung des Vmers ganz außer Betracht liegt, kann der Vsmakler — trotz der Entstehung seines Anspruches — die Vermittlungscourtage nicht fordern, solange nicht der Prämienanspruch fällig ist (Gauer a. a. O. S. 74, Pfeiffer a. a. O. S. 50—51, LG Hamburg 4. V. 1934 JRPV 1934 S. 239, generell zur Fälligkeit der Prämie Anm. 29—32 zu § 35).

Ist die Fälligkeit durch einen zwischen Vmer und Ver verabredeten nachträglichen Stundungsvertrag (dazu Anm. 33—35 zu § 35) hinausgeschoben worden, dem der Vsmakler nicht zugestimmt hat, so bewendet es für ihn bei der ursprünglichen Fälligkeit (Pfeiffer a. a. O. S. 50, Waldstein a. a. O. S. 85). Entsprechendes gilt bei einem Einforderungsverzicht (dazu Anm. 34 zu § 35).

Wird die Prämie — wie regelmäßig — in Raten entrichtet, so wird die Courtage ebenfalls nur in Raten, den Prämien entsprechend, fällig (vgl. Anm. 100, Gauer a. a.O. S. 74, Waldstein a. a. O. S. 84). Es ergibt sich dann eine laufende Vermittlungscourtage, wobei man — entsprechend der Erst- und Folgeprämie — Erst- und Folgecourtagen unterscheiden könnte. Selbstverständlich ist auch eine Folgecourtage noch Vermittlungscourtage. —Auch in der Kaskov wird bei Zahlung der Jahresprämie in vierteljährlichen Raten nicht bereits die Gesamtcourtage mit der ersten Rate fällig (a. A. Waldstein a. a. O. S. 85); nur eine spezielle Vereinbarung könnte dies vorsehen. In der Lebensv wird die einmalige, sich nicht nach den Prämien berechnende Abschlußcourtage zuweilen unabhängig von der Fälligkeit der Prämien fällig (Pfeiffer a. a. O. S. 51, Waldstein a. a. O. S. 85), meistens aber mit Fälligkeit der ersten Jahresprämie (Gauer a. a. O. S. 74).

Das Vorhandensein eines Kontokurrentverhältnisses zwischen Vsmakler und Ver kann die Fälligkeit beeinflussen.

[108] ζ) Verjährung.

Die Courtageforderung eines Vsmaklers verjährt stets gemäß § 196 I Ziff. 7 BGB in zwei Jahren; denn der Handelsmakler besorgt fremde Geschäfte gewerbsmäßig (Heymann a. a. O. S. 470). Die vierjährige Verjährungsfrist des § 197 BGB kommt demnach auch für laufende Vermittlungscourtagen (Anm. 107) bei Handelsmaklern nicht in Betracht (vgl. RG 19. II. 1937 RGZ Bd. 153 S. 379 für einen Makler, der nicht — wie ein Handelsmakler — gewerbsmäßig tätig war). Die Verjährung beginnt mit dem Schlusse des Jahres, in welchem der Anspruch entstanden ist und die Courtage verlangt werden kann (§§ 198[1], 201 BGB). Es kommt demnach darauf an, wann die aufschiebende Bedingung (des Entstehens eines Prämienanspruches: Anm. 83—89) eingetreten und die Courtage oder Courtagenrate fällig geworden ist (Anm. 107). Entscheidend ist also für den Verjährungsbeginn das Ende des Fälligkeitsjahres.

[109] ccc) Anspruch auf Prämieninkassocourtage.

Wenn der Vsmakler die Prämie beim Vmer einzieht, so geschieht dies regelmäßig im Interesse des Vmers: Der Vsmakler übernimmt es, die Prämie an den Ver weiterzuleiten und gegebenenfalls zuvor die richtige Verteilung unter mehrere Mitver vorzunehmen. Für diese Tätigkeit kann der Vsmakler eine besondere Vergütung nicht beanspruchen (Gauer a. a. O. S. 76, Pfeiffer a. a. O. S. 52, Waldstein a. a. O. S. 88). Gleichwohl ist diese Tätigkeit nicht eine unentgeltliche, denn dieses Inkasso gehört insoweit zu der allgemeinen technischen Bearbeitung der V, zu welcher der Vsmakler verpflichtet ist (Anm. 60, 63), und ist daher bereits durch die Vermittlungscourtage entlohnt (vgl. Anm. 72).

Zum andern ist es aber auch möglich, daß der Vsmakler vom Ver mit dem Inkasso beauftragt worden ist (Anm. 60). In diesem Falle wird man regelmäßig einen Anspruch auf besondere Vergütung bejahen können, vgl. § 354 I HGB. Sicherlich ist es auch denkbar, daß der Ver sich mit dem Vsmakler dahin einigt, auch das Prämieninkasso solle durch die Vermittlungscourtage abgegolten sein; eine solche Abrede dürfte aber sehr selten sein (anders offenbar Gauer a. a. O. S. 76).

Ist der Vsmakler dem Ver zum Prämieninkasso verpflichtet, der Ver zur Zahlung einer Prämieninkassocourtage, so fragt es sich, ob ein gesonderter Geschäftsbesorgungsvertrag vorliegt oder ob es sich um Sonderabreden zum Maklervertrag handelt, welche allerdings nur einen Teil des Doppelrechtsverhältnisses, nämlich die Rechtsbeziehung Vsmakler/Ver betreffen. Einen gesonderten (Dienst-)Vertrag nimmt KG 7. III. 1931 JRPV 1931 S. 211—212 an, endigend durch Zeitablauf (natürlicher Ablauf der hereingebrachten Ven) oder durch Kündigung aus wichtigem Grunde (§§ 620 I, 626 BGB). Nur eine Kündigung aus wichtigem Grunde erkennt KG 18. VI. 1931 JRPV 1931 S. 213 an. Geht ein Ver zum System des Zentral- (oder Eigen-)inkassos über, so ist bei fortbestehendem Geschäftsbesorgungsvertrag die Prämieninkassocourtage weiterzuzahlen, sie wird nicht etwa zur Vermittlungsfolgeprovision (so KG 24. XI. 1937 JRPV 1938 S. 8—9, wo aber zu Unrecht angenommen wird, das Vertragsverhältnis zum Vsmakler ende, wenn der Vsmakler dem Ver keine Ven mehr zuführe und demzufolge der Ver kündige).

[110] ddd) Anspruch auf Schadensinkassocourtage.

Für die Schadensbearbeitung (Anm. 61) als solche erhält der Vsmakler keine besondere Courtage (KG 13. X. 1937 JRPV 1937 S. 357, LG Berlin 1. XII. 1936 JRPV 1937 S. 79; Waldstein a. a. O. S. 88; für Bremen vgl. Anm. 100). Häufig wird ihm jedoch für das Schadensinkasso, also die Einziehung und Übermittlung der Vsleistung (zur Vollmacht: Anm. 42), eine besondere Courtage vom Vmer bezahlt; es fragt sich, ob der Vsmakler hierauf einen Anspruch hat. Dies wird ganz allgemein bejaht von Prölss[8] S. 167, Ritter HGB a. a. O. S. 241 und OLG Dresden 2. I. 1929 HansRGZ 1929 A Sp. 212 bis 213, das den Anspruch auf § 354 I HGB stützt und ausdrücklich bemerkt, daß die Vermittlungscourtage die Tätigkeit des Schadensinkassos nicht mit umfasse. Gauer a. a. O. S. 77, Pfeiffer a. a. O. S. 53 bejahen den Anspruch in der Seev, lehnen ihn aber sonst ab. Waldstein a. a. O. S. 88 behauptet generell, daß ein solcher Anspruch nicht bestehe, insonderheit sich auch in Hamburg ein entsprechender Handelsbrauch nicht gebildet habe.

In der Tat besteht bei Fehlen einer Vereinbarung ein Anspruch auf Schadensinkassocourtage nicht. Allerdings vermag die von Gauer a. a. O. S. 77 herangezogene These, der Vsmakler laufe Gefahr, durch Zubilligung eines solchen Anspruchs allzu sehr zum Interessenvertreter des Vmers zu werden, nicht zu überzeugen, denn einer vertraglichen Vereinbarung solcher Vergütung, welche dieselbe Wirkung zeitigen muß, steht anerkanntermaßen nichts im Wege (Waldstein a. a. O. S. 88, Gauer a. a. O. S. 77). Entscheidend ist vielmehr die Überlegung, daß der Vsmakler — wie allgemein gebilligt wird — für die gesamte Tätigkeit, die bei der Schadensregulierung dem eigentlichen Inkasso vorausgeht und die in aller Regel erheblich umfangreicher ist als das bloße Inkasso, bereits durch die Vermittlungscourtage entlohnt ist; es leuchtet nicht ein, wieso er dann für die geringe zusätzliche Tätigkeit des eigentlichen Inkassos eine besondere Vergütung soll verdient haben können.

In der Kraftfahrtv spielt auch beim Vsmakler der Fall eine Rolle, daß er auf Grund einer schriftlichen Regulierungsvollmacht für den Ver Schäden (mindestens bis 500.— DM) regelmäßig bearbeitet und erledigt. Hierfür darf solchem technischem Makler (Anm. 33) gemäß § 1 IIIb VO PR Nr. 52/50 (wiedergegeben: Anm. 100) eine „zusätzliche Provision von höchstens . . . $2\frac{1}{2}$% des Vsbeitrages" gezahlt werden.

[111] f) Beendigung des Maklerverhältnisses.

Man muß die Fälle der Beendigung des Maklerverhältnisses vor und nach dem Zustandekommen eines Vsvertrages unterscheiden.

[112] aa) Beendigung vor Zustandekommen eines Versicherungsvertrages.

aaa) Widerruf des Auftraggebers.

Hat ein Vsuchender einem Vsmakler einen Auftrag erteilt, so fragt es sich, ob er vor dem Zustandekommen eines Vsvertrages den Auftrag widerrufen kann. Das Gesetz schweigt. § 671 I BGB gilt nur für einen echten unentgeltlichen Auftragsvertrag. § 675 BGB verweist nicht auf § 671 I BGB. § 649 BGB paßt nicht, auch wenn man den Maklervertrag dogmatisch dem Werkvertragstypus zurechnet (Anm. 38); denn der Maklervertrag ist kein gegenseitiger Vertrag (§ 649 BGB würde dazu führen, daß der Vmer kündigen könnte, aber die Vermittlungscourtage zu zahlen hätte).

Die herrschende Meinung hält einen Widerruf mit Recht für grundsätzlich zulässig (LG Aachen 19. I. 1951 NJW 1951 S. 657, Heymann a. a. O. S. 462—463, der abwechselnd von Rücktritt, Kündigung und Widerruf spricht). Daran können auch die Besonderheiten des Vsmaklervertrages (Vertretungsmacht, Betätigungs-, Vermittlungs-, Abschluß- und Deckungspflicht: Anm. 40, 53—56) nichts ändern. Dem Vsmakler erwächst aus seiner Betrauung keine feste Anwartschaft auf einen Courtageverdienst (Waldstein a. a. O. S. 25—26; schwankend Pfeiffer a. a. O. S. 31—34, der einerseits ausführt, der Vmer dürfe nicht selbst oder über einen anderen Makler abschließen, andererseits im Normalfall Widerruflichkeit annimmt). Erfolgt der Widerruf, so erhält der Vsmakler auch keinen Ersatz für seine bisherigen Auslagen, geschweige denn Schadensersatz.

Widerruft der Vmer zunächst den Maklerauftrag, schließt er aber später auf Grund der Vermittlungstätigkeit des Vsmaklers doch mit dem herangezogenen Ver ab, so widerstreitet der Widerruf Treu und Glauben und der Vsmakler ist so zu stellen, wie wenn der Maklervertrag fortbestünde, d. h. der Vmer, möglicherweise auch der Ver schuldet einen Betrag in Höhe der Vermittlungscourtage. Der Auftraggeber darf sein Widerrufsrecht nicht zu dem Zweck ausüben, den Makler um die Erfolgsvergütung zu bringen (LG Aachen 19. I. 1951 NJW 1951 S. 657—658 mit Sanktion der Schadensersatzpflicht).

Ein Widerruf ist — jedenfalls bei Fehlen eines wichtigen Grundes — ausgeschlossen, falls dem Vsmakler das Geschäft „fest an die Hand gegeben" ist, auch ein Auftrag, der „unwiderruflich", „unentziehbar" gegeben ist, schützt den Vsmakler, nicht nur vor Abschluß durch einen anderen Makler, sondern auch vor Direktabschluß des Vmers. Allerdings kann der Vsuchende die Vollmacht des Maklers widerrufen (§ 168^2 BGB), so daß der Vsuchende den Vertragsschluß vereiteln, die Prämie einsparen kann. Aber dem

Makler wird Schadensersatz geschuldet, meistens in Höhe der entgangenen Vermittlungscourtage. Näheres Heymann a. a. O. S. 463—467. Einen Fall der Beratung und daraus nach Treu und Glauben gefolgerten Unentziehbarkeit behandelt LG Berlin 20. II. 1937 JRPV 1937 S. 379—380.

[113] bbb) Kündigung des Versicherungsmaklers.

Entsprechend der Terminologie des § 671 I BGB spricht man am besten von einem Widerruf des Auftraggebers, einer Kündigung des Vsmaklers. Handelsmakler, welche nicht zur Betätigung verpflichtet sind, können jederzeit fristlos kündigen. Der Vsmakler, den eine Betätigungs-, Vermittlungs-, Abschluß- und Deckungspflicht trifft (Anm. 53 bis 56), ist gleichfalls nicht unlösbar gebunden. Heymann a. a. O. S. 462—463 wendet § 627 BGB analog an. Dasselbe Ergebnis ist über §§ 675, 671 II BGB zu erreichen: Der Vsmakler darf nur in der Art kündigen, daß der Vsuchende für die Besorgung des Geschäfts anderweit Fürsorge treffen kann, es sei denn, daß ein wichtiger Grund für die unzeitige Kündigung vorliegt, z. B. Kreditunwürdigkeit des Vsuchenden. Kündigt der Vsmakler ohne solchen Grund zur Unzeit, z. B. bei eilbedürftigem Vsbedürfnis, so hat er den daraus entstehenden Schaden zu ersetzen, haftet also u. U. wie ein Ver, wenn er bei fortbestehendem Vertragsverhältnis kraft seiner Betätigungs-, Abschluß- und Deckungspflicht das Risiko hätte vern müssen und können. Wie hier Ritter HGB a. a. O. S. 241, Waldstein a. a. O. S. 26.

[114] ccc) Tod und Geschäftsunfähigkeit.

Hier gelten hinsichtlich des Auftraggebers §§ 675, 672 BGB: Der Auftrag erlischt im Zweifel nicht, anders natürlich z. B. bei einer zu vermittelnden Todesfallv. §§ 675, 674 BGB helfen dem Vsmakler, solange er vom Tode des Auftraggebers und Erlöschen des Maklervertrages nichts weiß.

Stirbt der Vsmakler, so erlischt nach §§ 675, 673 BGB im Zweifel der Maklervertrag. Das gilt nicht beim Tod eines Gesellschafters einer offenen Handelsgesellschaft. Die Erben müssen bei Erlöschen des Auftrags den Tod unverzüglich anzeigen, bei eilbedürftigen Angelegenheiten die Vermittlungsarbeit fortsetzen; der Maklervertrag gilt insoweit als fortbestehend.

Über Geschäftsunfähigkeit des Maklers Heymann a. a. O. S. 467.

[115] ddd) Aufhebung und Zweckerreichung.

Selbstverständlich kann der Maklervertrag durch Aufhebungsvereinbarung beendet werden.

Entfällt das zu versichernde Risiko, geht z. B. das Schiff vor der Vermittlung einer Kaskov unter, stirbt der Arbeitnehmer, auf dessen Tod eine Lebensfremdv vermittelt werden soll, so wird der Maklervertrag gegenstandslos.

[116] bb) Beendigung nach Zustandekommen eines Versicherungsvertrages.

aaa) Grundsätze.

Ist der Vsmakler nicht nur bereits tätig geworden, sondern hat er einen Vsvertrag mit einem Ver bereits zustande gebracht, so ist seine Hauptaufgabe erfüllt, die Vermittlungscourtage verdient. Dabei ist es (jedenfalls bei einem nicht vertretungsberechtigten Vsmakler) sogar unerheblich, ob etwa (auf Grund seiner Vermittlungstätigkeit) der Vsvertrag erst nach seinem Tode zustande kommt, es erhalten sodann die Erben die Vermittlungscourtage.

Unerheblich ist es auch bei einem Vsmakler mit Vertretungsmacht, ob er im Zeitpunkte des Eintritts der aufschiebenden Bedingung des Entstehens eines Prämienanspruches (Anm. 83—89) oder gar der Fälligkeit der Vermittlungscourtage (Anm. 107) noch lebt: Die Vermittlungscourtage fällt den Erben zu, auch noch für kausale Vertragsverlängerungen (Anm. 81). Insofern gibt es beim Vsmakler Nachprovisionen; Vereinbarungen mit dem Ver, welche den Anspruch hierauf ausschließen, sind selten. Solche Vereinbarungen könnten sittenwidrig sein (§ 138 I BGB), zumal das Handelsmaklerrecht den Ausgleichsanspruch des § 89 b HGB nicht kennt.

[117] bbb) Kündigung.

Für eine Kündigung jenes Doppelrechtsverhältnisses, das die Maklertätigkeit zustande kommen läßt, ist an und für sich kein Raum. Denn jede Vermittlung läßt ein neues Maklerverhältnis entstehen, das seiner Rechtsnatur nach prinzipiell kein Dauerschuldverhältnis ist (Anm. 38).

Andererseits erstreckt sich die Abwicklung einer vermittelten V oft auf längere Zeit, während derer der Vsmakler Rechtspflichten zu erfüllen hat. Hierfür erhält der Vsmakler grundsätzlich kein besonderes Entgelt, sondern seine Leistungen sind durch die Vermittlungscourtage mit abgegolten (Anm. 72).

Immerhin stellt sich infolge dieser Abwicklungszeit das Maklerverhältnis als Dauerschuldverhältnis dar, und es fragt sich, ob Vmer, Ver und Vsmakler es durch Kündigung beenden können, so daß den Vsmakler keine Rechtspflichten mehr treffen und so daß es sich fragt, ob die volle Vermittlungscourtage dennoch weiterzuzahlen ist.

Man wird davon ausgehen müssen, daß grundsätzlich das Maklerverhältnis für die ganze Zeit des Ablaufes des Vsvertrages vorgesehen ist. Aber aus wichtigem Grunde (der kein Verschulden eines Teiles voraussetzt) kann jedes Dauerschuldverhältnis gekündigt werden, man denke an ein Zerwürfnis zwischen Vsmakler und Vmer, aber auch zwischen Vsmakler und Ver. Solche Kündigung läßt aber den vollen Anspruch des Vsmaklers auf die Vermittlungscourtage unberührt. Dies gilt nur dann nicht, wenn der Vsmakler die Kündigung durch sein oder seiner Erfüllungsgehilfen Verhalten verschuldet hat, oder wenn er selbst kündigt und kein Verschulden des Vmers oder Vers hierzu Anlaß gegeben hat. In diesen Fällen muß der Vsmakler sich einen Abzug von der Vermittlungscourtage gefallen lassen, welcher den ersparten Aufwendungen und Arbeiten entspricht (vgl. auch Gauer a. a. O. S. 76). Das dürfte nie mehr als ein Drittel der Vermittlungscourtage sein.

Auch ohne Vorliegen eines wichtigen Grundes kann der Vmer auf die Tätigkeit des Vsmaklers verzichten, also kündigen (Gauer a. a. O. S. 40, Waldstein a. a. O. S. 58), aber der Anspruch auf die volle Vermittlungscourtage bleibt dann unberührt (vgl. Waldstein a. a. O. S. 85, OLG Frankfurt 21. VI. 1935 HansRGZ 136 B Sp. 204). Entsprechendes gilt, wenn der Ver die weitere Zusammenarbeit mit dem Vsmakler ablehnt. Der Vsmakler dagegen wird kontraktbrüchig, wenn er ohne wichtigen Grund seine weitere Tätigkeit einstellt (Gauer a. a. O. S. 40, Waldstein a. a. O. S. 57—58).

Über die Beendigung eines entgeltlichen Inkassovertrages durch Kündigung vgl. schon Anm. 109.

[118] ccc) Tod.

Stirbt der Vsmakler, so verbleibt den Erben zwar die Inkassocourtage (Anm. 116), aber sie müssen sich einen Abzug wegen der ersparten Aufwendungen und Arbeiten für die künftig nicht mehr erfüllbaren Aufgaben gefallen lassen. Entsprechendes gilt bei Geschäftsaufgabe. Führen die Erben des Vsmaklers oder andere Rechtsnachfolger das Maklergeschäft fort, so erlischt dennoch gemäß §§ 675, 673 BGB im Zweifel der Maklervertrag (die in § 673² BGB vorgesehene Anzeige ist dem Vmer und dem Ver zu erstatten). Der Vmer, der sich eines jüdischen Maklers bedient hatte, brauchte also nicht mit jenem Rechtsnachfolger zusammenzuarbeiten, der 1941 mit Genehmigung des Reichsstatthalters das Maklergeschäft übernommen hatte (LG Hamburg 17. IV. 1942 HansRGZ 1942 A Sp. 163, wo offen bleibt, ob der Ver dem Rechtsnachfolger als Gläubiger der Nachprovision einen Abzug machen durfte). Der Zweifel i. S. der §§ 675, 673 BGB ist durchweg ausgeräumt — das Maklerverhältnis besteht also fort — bei Tod eines Gesellschafters einer offenen Handelsgesellschaft, jedoch kann hier der Vmer oder Ver möglicherweise aus wichtigem Grunde kündigen.

[119] ddd) Aufhebung.

Wird durch contrarius consensus das Maklerverhältnis nach Zustandekommen eines Vsvertrages aufgehoben, so wird es dem Aufhebungsvertrag im Wege der Auslegung entnommen werden müssen, ob oder inwieweit der Vsmakler den Anspruch auf die Vermittlungscourtage verlieren soll.

[120] eee) Restfälle.

Über Konkurs der Beteiligten Heymann a. a. O. S. 468—470. Über Geschäftsaufgabe vgl. Anm. 118.

[121] 5. Rechtsstellung des Zivilmaklers.

a) Abgrenzung.

Wie der Handelsmakler wird auch der Zivilmakler nicht auf Grund einer ständigen Betrauung, sondern von Fall zu Fall vermittelnd tätig (wenngleich vielleicht öfters für den gleichen Auftraggeber). Als nicht ständig betraut steht auch der Zivilmakler dem ständig betrauten Vsvertreter gegenüber.

Vom Handelsmakler unterscheidet sich der Zivilmakler dadurch, daß bei ihm die Begriffsmerkmale des § 93 I HGB nicht oder doch nicht vollständig vorliegen (vgl. auch Gauer a. a. O. S. 32): Wer nicht gewerbsmäßig vermittelt, kann nur Zivilmakler sein. Wer nicht vermittelt oder abschließt, sondern lediglich Gelegenheiten nachweist, muß gleichfalls Zivilmakler sein, man denke an Vmer, die andere Interessenten für eine Werbeprämie nachweisen (VA 1953 S. 131, 134). Während für den Handelsmakler die Entstehung eines Doppelrechtsverhältnisses kennzeichnend ist, ist der Zivilmakler regelmäßig nur für einen Teil tätig (vgl. § 654 BGB), übrigens möglicherweise nicht für den Vmer, sondern für den Ver. Der Vsmakler ist als Handelsmakler soziologisch wohl immer Bundesgenosse des Vmers, während der Zivilmakler, wenn er nur in einem Rechtsverhältnis zum Ver steht, durchaus Verbündeter des Vers sein kann.

§ 93 I HGB erfordert für den Begriff des Handelsmaklers „die Vermittlung von Verträgen ... über Ven ... oder sonstige Gegenstände des Handelsverkehrs". Man kann nun einerseits den Standpunkt vertreten, daß hiernach alle Ven Gegenstände des Handelsverkehrs seien, andererseits aber auch der Auffassung sein, daß nur solche Ven den Vermittler zum Handelsmakler machen, welche sich zum Handelsverkehr, also zu den kaufmännischen Vszweigen zählen lassen. Nach der letztgenannten Auslegung würde ein reiner Lebens- oder Krankenvsmakler kein Handelsmakler, sondern Zivilmakler sein. Jedoch dürfte die erstgenannte Meinung den Vorzug verdienen, wonach alle Ven als Gegenstände des Handelsverkehrs gelten (so auch Trinkhaus I S. 129). Es dürfte im übrigen wenige Vsmakler geben, die sich auf nichtkaufmännische Vszweige spezialisiert haben.

Hinter dem Rechtsbegriff des Zivilmaklers verbirgt sich eine Fülle verschiedenartiger Hilfspersonen, die man in der Vswirtschaft als Gelegenheitsvermittler, Zubringer, stille Vermittler (dazu Trinkhaus I S. 139, KG 15. V. 1929 JRPV 1929 S. 243 bis 244 = HansRGZ 1929 A Sp. 611) bezeichnet. Fälschlich werden sie zuweilen auch als Gelegenheitsagent gekennzeichnet (so z. B. von Trinkhaus I S. 138 und von Gierke II S. 124, der sie sogar als Agenten behandeln will).

[122] b) Vertragsverhältnis.

Der Zivilmakler tritt kraft des ihm erteilten Auftrages regelmäßig nur zu seinem Auftraggeber in ein Vertragsverhältnis (vgl. BGH 4. VII. 1953 JR 1953 S. 424), für welches nach § 652 I 1 BGB Entgeltlichkeit begriffswesentlich ist. Ist der Zivilmakler (nicht als solcher, sondern aus anderen Gründen) Kaufmann, so ergibt sich aus § 354 I HGB durchweg, daß er Provision — auch ohne Verabredung — fordern kann. In allen anderen Fällen gilt nach § 653 I BGB ein Maklerlohn als stillschweigend vereinbart, wenn die übertragene Leistung den Umständen nach nur gegen eine Vergütung zu erwarten ist. Für eine juristische Person, also einen Ver, wird kaum jemand unentgeltlich zu arbeiten gewillt sein. Ist ein Gelegenheitsvermittler zunächst für einen Vmer tätig, so kann es doch sein, daß die Beteiligten sich einig sind darüber, jedenfalls der Vmer solle keinen Maklerlohn zahlen (der Zivilmakler muß also versuchen, wie ein Handelsmakler vom Ver Maklerlohn zu erhalten). Über das Versprechen des Maklerlohns durch einen Bezirksdirektor im Namen des Vers: LG Berlin 1. II. 1938 JRPV 1939 S. 46—47.

Vermittelt ein Vsvertreter einem Vmer auf dessen Wunsch zugleich einen Hypothekenkredit des Vers, so wird der Vsagent zwar hinsichtlich des Kredites zum Makler, aber nicht zum Vsmakler. Eine besondere Vergütung von Seiten des Vmers steht ihm nur zu, wenn sie ihm ausdrücklich zugesagt worden ist; andernfalls erweist sich die Kreditvermittlung als unentgeltliche Erweiterung der Vsvermittlung (OLG Braunschweig 24. III. 1953 VersR 1953 S. 241).

Trotz Entgeltlichkeit ist der Zivilmaklervertrag kein gegenseitiger Vertrag: Die Vermittlungstätigkeit ist — wie beim Handelsmakler — in conditione, nicht in obligatione.

[123] c) Vertretungsmacht.

Beim Zivilmakler, auch wenn er vom Vmer beauftragt ist, gilt der Gewohnheitsrechtssatz, kraft dessen ein Handelsmakler den Vmer zu vertreten vermag, nicht.

Es kann aber ausnahmsweise vorkommen, daß ein Zivilmakler von dem Vmer oder dem Ver eine Vollmacht erhält.

[124] d) Pflichten des Zivilmaklers.

Anders als beim Handelsmakler wird man im Zweifel eine Betätigungspflicht des Zivilmaklers nicht annehmen können, eine Abschluß- und Deckungspflicht entfällt mangels Vertretungsmacht.

Bei der Vermittlung hat der Zivilmakler die Belange seines Auftraggebers, also nicht beider Teile, wahrzunehmen. Weisungen des Auftraggebers sind zu befolgen. Er hat bei Pflichtverletzungen jede Fahrlässigkeit, auch die etwaiger Erfüllungsgehilfen, zu vertreten (§§ 276 I 1, 278^1 BGB).

Dem Zivilmaklervertrag ist es nicht eigentümlich, daß auch noch während des Laufes der V Rechtspflichten zu erfüllen sind.

[125] e) Rechte des Zivilmaklers.

Da der Lohnanspruch auch des Handelsmaklers sich aus §§ 652 I, 653 BGB ergibt, kann auf Anm. 74—81 verwiesen werden. Jedoch kommt hier praktisch eine Vergütung nur für die Vermittlung oder den Gelegenheitsnachweis in Frage, Prämien- und Schadensinkassoprovision scheiden aus. Auch beim Zivilmakler gilt der Grundsatz der Schicksalsteilung von Maklerlohn und Prämie (Anm. 82—97). Auch der Zivilmakler erhält grundsätzlich keinen Aufwendungsersatz (§ 652 II BGB). Schuldner des Maklerlohns ist der Auftraggeber des Zivilmaklers (wegen Schuldnerschaft des Vmers vgl. allerdings Anm. 122).

Die Höhe des Maklerlohns muß vereinbart werden, evtl. gilt § 653 II BGB. Zu beachten ist in der Kraftfahrtv auch hier die VO PR Nr. 51/50 (Anm. 100). Werbende Vmer erhalten in der Krankenv möglicherweise eine Werbeprämie von 3 DM (VA 1953 S. 131, 134). Für die Fälligkeit des Maklerlohnes gilt dasselbe wie beim Handelsmakler (Anm. 107).

Die Verjährungsfrage läßt sich nicht für alle Zivilmakler einheitlich beantworten. Ist der Zivilmakler ausnahmsweise Kaufmann und als solcher vermittelnd tätig (vgl. §§ 343 I, 344 I HGB), der Maklerlohnschuldner kein Gewerbetreibender, so kommt die zweijährige Verjährungsfrist des § 196 I Ziff. I BGB in Betracht. Ist der Zivilmakler Nichtkaufmann, aber gewerbsmäßig tätig, z. B. indem er Gelegenheiten nachweist, so gilt dieselbe Frist nach § 196 I Ziff. 7 BGB. Ist der Zivilmakler weder Kaufmann noch gewerbsmäßig tätig, hat er vielmehr z. B. ganz gelegentlich einen Vsvertrag vermittelt, so verjähren Ansprüche auf regelmäßig wiederkehrende Provisionen nach § 197 BGB in vier Jahren, eine Frist, die auch nach § 196 I Ziff. 1, II BGB bei Kaufleuten in Frage kommt, falls der Maklerlohnschuldner Gewerbetreibender ist. Für die Restfälle gilt die dreißigjährige Frist des § 195 BGB. Zur Verjährungsfrage beim Zivilmakler: RG 19. II. 1937 RGZ Bd. 153 S. 375—383 (Vorinstanz: OLG Hamburg 23. V. 1936 HansRGZ 1936 B Sp. 470). Vgl. auch Anm. 108.

[126] f) Beendigung des Maklerverhältnisses.

Für Widerruf, Kündigung usw. gilt vor Zustandekommen eines Vsvertrages dasselbe wie bei dem Handelsmakler (Anm. 112—115). Da nach Zustandekommen des Vsvertrages der Zivilmakler regelmäßig keine Rechtspflichten mehr zu erfüllen hat (Anm. 124), ist das Zivilmaklerverhältnis kein Dauerschuldverhältnis, für eine Kündigung ist also kein Raum, eine Aufteilung des Maklerlohns kommt nicht in Frage. Bei Tod des Zivilmaklers erhalten die Erben die volle Nachprovision (vgl. Anm. 116).

IV. Recht der Versicherungsvertreter

Gliederung:

IV. Recht der Vsvertreter Anm. 127—139
Schrifttum Anm. 127
1. Begriff des Vsvertreters Anm. 128—130
2. Arten des Vsvertreters Anm. 131—132
a) Selbständige und Unselbständige Anm. 131
b) Sonstige Unterscheidungen Anm. 132
3. Rechtsquellen des Vertreterrechts Anm. 133—138
a) Gesetzliche Rechtsquellen Anm. 133—136
aa) §§ 43—48 VVG Anm. 133
bb) §§ 84—92c HGB Anm. 134
cc) §§ 59—75h HGB Anm. 135
dd) §§ 611—630 BGB
b) Vertragliche Rechtsquellen Anm. 137—138
aa) Individuelle Verträge Anm. 137
bb) Vereinbarte Hauptpunkte Anm. 138
4. Innen- und Außenverhältnis Anm. 139

[127] IV. Recht der Versicherungsvertreter.

Schrifttum: Bronisch in: 50 Jahre materielle Vsaufsicht, 1. Band, Berlin 1952, S. 209—245, Bruck S. 134—151, Ehrenzweig S. 41—56, von Gierke II S. 113—123, Hagen I S. 539—561, Prölss[8] S. 156—166, Rohrbeck-Durst-Bronisch, Das Recht des Vsagenten, 3. Aufl., Weißenburg 1950 (zitiert: Rohrbeck-Durst-Bronisch), vgl. auch Anm. 1, 140.

[128] 1. Begriff des Versicherungsvertreters.

Der Vsvertreter ist ein Vsvermittler (Anm. 10), der von einem Ver oder von einem Generalagenten eines Vers ständig damit betraut ist, Vsverträge anzubahnen, zu vermitteln oder abzuschließen. Diese weite **Definition** umfaßt sowohl selbständige als auch unselbständige Vsvertreter. Bei der Schwierigkeit der Grenzziehung und der Bedeutung der Unselbständigen dürfen letztere nicht aus dem Begriff ausgeschieden werden. Ebenso Trinkhaus I S. 40.

Enger ist die Legaldefinition des **§ 92 I HGB:** „Vsvertreter ist, wer als Handelsvertreter damit betraut ist, Vsverträge zu vermitteln oder abzuschließen." Damit sind zunächst jene Vsvertreter ausgeschieden, welche nur anbahnen, d. h. nur Gelegenheiten nachweisen (Anm. 11), für sie gelten die §§ 652—654 BGB, welche auch bei ständiger Betrauung, also auch auf Zivilagenten anwendbar sind (Anm. 422). Durch Bezugnahme auf den Begriff Handelsvertreter erfaßt § 92 I HGB fernerhin nur selbständige Gewerbetreibende (§ 84 I 1 HGB): Unselbständige sind Angestellte (§ 84 II HGB), können insbesondere Handlungsgehilfen (§§ 59—83 HGB) sein, falls der Ver oder Generalagent Kaufmann ist (Anm. 424—500); Selbständige, die zwar ständig betraut, aber keine Gewerbetreibenden sind, dürften selten sein, auch sie sind keine Vsvertreter i. S. des § 92 I HGB (Anm. 423).

[129] Es gibt sonach Vsvertreter i. w. S. und i. S. des § 92 I HGB. Der weitere Begriff spielt besonders für das **Außenverhältnis** eine Rolle, speziell die §§ 43—48 VVG sind auch bei Unselbständigen stets anzuwenden (Anm. zu § 43). Dies ergibt sich daraus, daß ein Vmer nicht zu unterscheiden und nachzuprüfen vermag, wie das Innenverhältnis gestaltet ist. Dagegen ist für das **Innenverhältnis** selbst die Unterscheidung von größter Bedeutung.

Vsvertreter — bislang durchweg Vsagenten genannt — treten erst seit dem 19. Jahrhundert in Erscheinung, haben aber zahlenmäßig heute eine weit größere Bedeutung als die Vsmakler erlangt (Möller Vsvermittlung S. 7—11).

[130] Zum **internationalen Privatrecht** bei Agenturverträgen Einl. Anm. 98, Würdinger in: RGRKomm. HGB Bd 1 Anm. 4 vor § 84, S. 679—680. — Zum **Auslandsrecht** umfassendes Material bei Trinkhaus I S. 4—6, 140—169, 300—313.

[131] **2. Arten des Versicherungsvertreters.**

a) Selbständige und Unselbständige.

Die Unterscheidung ist von grundlegender Bedeutung für das Innenverhältnis; mit der Grenzziehung befaßt sich heute § 84 I, II HGB im Handelsvertreterrecht, so daß es angezeigt erscheint, erst bei der speziellen Behandlung der selbständigen Vsvertreter darauf einzugehen. Vgl. deshalb Anm. 154—171, für unselbständige Vsvertreter Anm. 424—500. Allgemeine Hinweise finden sich schon in Anm. 14.

[132] **b) Sonstige Unterscheidungen.**

Über Haupt- und Nebenberuflichkeit vgl. Anm. 15, 179—181, 382, 419—420, über Abschluß-, Vermittlungs- und Gelegenheitsnachweistätigkeit vgl. Anm. 16, über General- und Untervertreter vgl. Anm. 17, 174, 278, 342, 347, 351, 413, über Einzelpersonen und Personenvereinigungen vgl. Anm. 18, 151—152, über Kaufleute und Nichtkaufleute vgl. Anm. 19, 173, über die unterschiedliche Rechtsform des Vsunternehmens vgl. Anm. 20—21, über die unterschiedliche Vergütungsform für Vsvertreter vgl. Anm. 22, 240' über die gebietliche Abgrenzung des Aufgabenbereiches vgl. Anm. 23, 187—191, 285, 415.

Speziell über Mehrfachvertreter vgl. Anm. 25, 178, 416—418, über Makleragenten vgl. Anm. 26, über Firmengruppen vgl. Anm. 27.

[133] **3. Rechtsquellen des Vertreterrechts.**

a) Gesetzliche Rechtsquellen.

aa) §§ 43—48 VVG.

Diese das Außenverhältnis betreffenden, also für den Vmer wichtigen Vorschriften, welche sowohl für selbständige als auch für unselbständige Vsvertreter gelten, sind im Anschluß an diese Vorbemerkungen kommentiert.

[134] **bb) §§ 84—92 c HGB.**

Ganz überwiegend das Innenverhältnis behandeln für die selbständigen Handelsvertreter, und damit auch für die selbständigen Vsvertreter, die §§ 84—92 c HGB in der Fassung des G zur Änderung des Handelsgesetzbuchs (Recht der Handelsvertreter) vom 6. VIII. 1953 (BGBl. I S. 771) (abgekürzt: HandelsvertreterG). Diese Bestimmungen sind systematisch im Blick auf die Vsvertreter in Anm. 140—423 behandelt. Von einer Kommentierung ist abgesehen, da die Normen einerseits zum Teil nur für Warenvertreter bedeutsam sind, andererseits längst nicht alle beim Vsvertreter auftauchenden Probleme berühren.

Im nachstehenden ist der volle Wortlaut des HandelsvertreterG abgedruckt:

Gesetz zur Änderung des Handelsgesetzbuchs (Recht der Handelsvertreter).

Vom 6. August 1953 (BGBl. I S. 771).

Der Bundestag hat das folgende Gesetz beschlossen:

Artikel 1

Der Siebente Abschnitt des Ersten Buches des Handelsgesetzbuchs wird wie folgt geändert:

Siebenter Abschnitt

Handelsvertreter

§ 84

(1) Handelsvertreter ist, wer als selbständiger Gewerbetreibender ständig damit betraut ist, für einen anderen Unternehmer (Unternehmer) Geschäfte zu vermitteln oder in dessen Namen abzuschließen. Selbständig ist, wer im wesentlichen frei seine Tätigkeit gestalten und seine Arbeitszeit bestimmen kann.

(2) Wer, ohne selbständig im Sinne des Absatzes 1 zu sein, ständig damit betraut ist, für einen Unternehmer Geschäfte zu vermitteln oder in dessen Namen abzuschließen, gilt als Angestellter.

(3) Der Unternehmer kann auch ein Handelsvertreter sein.

§ 85

Jeder Teil kann verlangen, daß der Inhalt des Vertrages sowie spätere Vereinbarungen zu dem Vertrag in eine vom anderen Teil unterzeichnete Urkunde aufgenommen werden. Dieser Anspruch kann nicht ausgeschlossen werden.

§ 86

(1) Der Handelsvertreter hat sich um die Vermittlung oder den Abschluß von Geschäften zu bemühen; er hat hierbei das Interesse des Unternehmers wahrzunehmen.

(2) Er hat dem Unternehmer die erforderlichen Nachrichten zu geben, namentlich ihm von jeder Geschäftsvermittlung und von jedem Geschäftsabschluß unverzüglich Mitteilung zu machen.

(3) Er hat seine Pflichten mit der Sorgfalt eines ordentlichen Kaufmanns wahrzunehmen.

§ 86a

(1) Der Unternehmer hat dem Handelsvertreter die zur Ausübung seiner Tätigkeit erforderlichen Unterlagen, wie Muster, Zeichnungen, Preislisten, Werbedrucksachen, Geschäftsbedingungen, zur Verfügung zu stellen.

(2) Der Unternehmer hat dem Handelsvertreter die erforderlichen Nachrichten zu geben. Er hat ihm unverzüglich die Annahme oder Ablehnung eines vermittelten oder ohne Vertretungsmacht abgeschlossenen Geschäfts mitzuteilen. Er hat ihn zu unterrichten, wenn er Geschäfte voraussichtlich nur in erheblich geringerem Umfange abschließen kann oder will, als nach den Umständen zu erwarten ist; dieser Anspruch kann nicht ausgeschlossen werden.

§ 86b

(1) Verpflichtet sich ein Handelsvertreter, für die Erfüllung der Verbindlichkeit aus einem Geschäft einzustehen, so kann er eine besondere Vergütung (Delkredereprovision) beanspruchen; der Anspruch kann im voraus nicht ausgeschlossen werden. Die Verpflichtung kann nur für ein bestimmtes Geschäft oder für solche Geschäfte mit bestimmten Dritten übernommen werden, die der Handelsvertreter vermittelt oder abschließt. Die Übernahme bedarf der Schriftform.

(2) Der Anspruch auf die Delkredereprovision entsteht mit dem Abschluß des Geschäfts.

(3) Absatz 1 gilt nicht, wenn der Unternehmer oder der Dritte seine Niederlassung oder beim Fehlen einer solchen seinen Wohnsitz im Ausland hat. Er gilt ferner nicht für Geschäfte, zu deren Abschluß und Ausführung der Handelsvertreter unbeschränkt bevollmächtigt ist.

§ 87

(1) Der Handelsvertreter hat Anspruch auf Provision für alle während des Vertragsverhältnisses abgeschlossenen Geschäfte, die auf seine Tätigkeit zurückzuführen sind oder mit Dritten abgeschlossen werden, die er als Kunden für Geschäfte der gleichen Art geworben hat. Ein Anspruch auf Provision besteht für ihn nicht, wenn die Provision nach Absatz 3 dem ausgeschiedenen Handelsvertreter zusteht.
(2) Ist dem Handelsvertreter ein bestimmter Bezirk oder ein bestimmter Kundenkreis zugewiesen, so hat er Anspruch auf Provision auch für die Geschäfte, die ohne seine Mitwirkung mit Personen seines Bezirkes oder seines Kundenkreises während des Vertragsverhältnisses abgeschlossen sind. Dies gilt nicht, wenn die Provision nach Absatz 3 dem ausgeschiedenen Handelsvertreter zusteht.
(3) Für ein Geschäft, das erst nach Beendigung des Vertragsverhältnisses abgeschlossen ist, hat der Handelsvertreter Anspruch auf Provision nur, wenn er es vermittelt hat oder es eingeleitet und so vorbereitet hat, daß der Abschluß überwiegend auf seine Tätigkeit zurückzuführen ist und wenn das Geschäft innerhalb einer angemessenen Frist nach Beendigung des Vertragsverhältnisses abgeschlossen worden ist.
(4) Neben dem Anspruch auf Provision für abgeschlossene Geschäfte hat der Handelsvertreter Anspruch auf Inkassoprovision für die von ihm auftragsgemäß eingezogenen Beträge.

§ 87a

(1) Der Handelsvertreter hat Anspruch auf Provision, sobald und soweit der Unternehmer das Geschäft ausgeführt hat. Eine abweichende Vereinbarung kann getroffen werden, jedoch hat der Handelsvertreter mit der Ausführung des Geschäfts durch den Unternehmer Anspruch auf einen angemessenen Vorschuß, der spätestens am letzten Tag des folgenden Monats fällig ist. Unabhängig von einer Vereinbarung hat jedoch der Handelsvertreter Anspruch auf Provision, sobald und soweit der Dritte das Geschäft ausgeführt hat. Der Anspruch auf Teilprovision für ein nur teilweise ausgeführtes Geschäft kann ausgeschlossen werden, wenn vereinbart ist, daß der Unternehmer dem Handelsvertreter Provision für das ganze Geschäft gewährt, sobald dieses in bestimmtem Umfange ausgeführt ist.
(2) Steht fest, daß der Dritte nicht leistet, so entfällt der Anspruch auf Provision; bereits empfangene Beträge sind zurückzugewähren.
(3) Der Handelsvertreter hat auch dann einen Anspruch auf Provision, wenn feststeht, daß der Unternehmer das Geschäft ganz oder teilweise nicht oder nicht so ausführt, wie es abgeschlossen worden ist. Dies gilt nicht, wenn und soweit die Ausführung des Geschäfts unmöglich geworden ist, ohne daß der Unternehmer die Unmöglichkeit zu vertreten hat, oder die Ausführung ihm nicht zuzumuten ist, insbesondere weil in der Person des Dritten ein wichtiger Grund für die Nichtausführung vorliegt.
(4) Der Anspruch auf Provision wird am letzten Tag des Monats fällig, in dem nach § 87c Abs. 1 über den Anspruch abzurechnen ist.
(5) Von Absatz 3 und 4 abweichende, für den Handelsvertreter nachteilige Vereinbarungen können nicht getroffen werden.

§ 87b

(1) Ist die Höhe der Provision nicht bestimmt, so ist der übliche Satz als vereinbart anzusehen.
(2) Die Provision ist von dem Entgelt zu berechnen, das der Dritte oder der Unternehmer zu leisten hat. Nachlässe bei Barzahlung sind nicht abzuziehen; dasselbe gilt für Nebenkosten, namentlich für Fracht, Verpackung, Zoll, Steuern, es sei denn, daß die Nebenkosten dem Dritten besonders in Rechnung gestellt sind.
(3) Bei Gebrauchsüberlassungs- und Nutzungsverträgen von bestimmter Dauer ist die Provision vom Entgelt für die Vertragsdauer zu berechnen. Bei unbestimmter Dauer ist die Provision vom Entgelt bis zu dem Zeitpunkt zu berechnen,

zu dem erstmals von dem Dritten gekündigt werden kann; der Handelsvertreter hat Anspruch auf weitere entsprechend berechnete Provisionen, wenn der Vertrag fortbesteht.

§ 87c

(1) Der Unternehmer hat über die Provision, auf die der Handelsvertreter Anspruch hat, monatlich abzurechnen; der Abrechnungszeitraum kann auf höchstens drei Monate erstreckt werden. Die Abrechnung hat unverzüglich, spätestens bis zum Ende des nächsten Monats zu erfolgen.
(2) Der Handelsvertreter kann bei der Abrechnung einen Buchauszug über alle Geschäfte verlangen, für die ihm nach § 87 Provision gebührt.
(3) Der Handelsvertreter kann außerdem Mitteilung über alle Umstände verlangen, die für den Provisionsanspruch, seine Fälligkeit und seine Berechnung wesentlich sind.
(4) Wird der Buchauszug verweigert oder bestehen begründete Zweifel an der Richtigkeit oder Vollständigkeit der Abrechnung oder des Buchauszuges, so kann der Handelsvertreter verlangen, daß nach Wahl des Unternehmers entweder ihm oder einem von ihm zu bestimmenden Wirtschaftsprüfer oder vereidigten Buchsachverständigen Einsicht in die Geschäftsbücher oder die sonstigen Urkunden soweit gewährt wird, wie dies zur Feststellung der Richtigkeit oder Vollständigkeit der Abrechnung oder des Buchauszuges erforderlich ist.
(5) Diese Rechte des Handelsvertreters können nicht ausgeschlossen oder beschränkt werden.

§ 87d

Der Handelsvertreter kann den Ersatz seiner im regelmäßigen Geschäftsbetrieb entstandenen Aufwendungen nur verlangen, wenn dies handelsüblich ist.

§ 88

Die Ansprüche aus dem Vertragsverhältnis verjähren in vier Jahren, beginnend mit dem Schluß des Jahres, in dem sie fällig geworden sind.

§ 88a

(1) Der Handelsvertreter kann nicht im voraus auf gesetzliche Zurückbehaltungsrechte verzichten.
(2) Nach Beendigung des Vertragsverhältnisses hat der Handelsvertreter ein nach allgemeinen Vorschriften bestehendes Zurückbehaltungsrecht an ihm zur Verfügung gestellten Unterlagen (§ 86a Abs. 1) nur wegen seiner fälligen Ansprüche auf Provision und Ersatz von Aufwendungen.

§ 89

(1) Ist das Vertragsverhältnis auf unbestimmte Zeit eingegangen, so kann es in den ersten drei Jahren der Vertragsdauer mit einer Frist von sechs Wochen für den Schluß eines Kalendervierteljahres gekündigt werden. Wird eine andere Kündigungsfrist vereinbart, so muß sie mindestens einen Monat betragen; es kann nur für den Schluß eines Kalendermonats gekündigt werden.
(2) Nach einer Vertragsdauer von drei Jahren kann das Vertragsverhältnis nur mit einer Frist von mindestens drei Monaten zum Schluß eines Kalendervierteljahres gekündigt werden.
(3) Eine vereinbarte Kündigungsfrist muß für beide Teile gleich sein. Bei Vereinbarung ungleicher Fristen gilt für beide Teile die längere Frist.

§ 89a

(1) Das Vertragsverhältnis kann von jedem Teil aus wichtigem Grunde ohne Einhaltung einer Kündigungsfrist gekündigt werden. Dieses Recht kann nicht ausgeschlossen oder beschränkt werden.
(2) Wird die Kündigung durch ein Verhalten veranlaßt, das der andere Teil zu vertreten hat, so ist dieser zum Ersatz des durch die Aufhebung des Vertragsverhältnisses entstehenden Schadens verpflichtet.

§ 89b

(1) Der Handelsvertreter kann von dem Unternehmer nach Beendigung des Vertragsverhältnisses einen angemessenen Ausgleich verlangen, wenn und soweit

1. der Unternehmer aus der Geschäftsverbindung mit neuen Kunden, die der Handelsvertreter geworben hat, auch nach Beendigung des Vertragsverhältnisses erhebliche Vorteile hat,
2. der Handelsvertreter infolge der Beendigung des Vertragsverhältnisses Ansprüche auf Provision verliert, die er bei Fortsetzung desselben aus bereits abgeschlossenen oder künftig zustande kommenden Geschäften mit den von ihm geworbenen Kunden hätte, und
3. die Zahlung eines Ausgleichs unter Berücksichtigung aller Umstände der Billigkeit entspricht.

Der Werbung eines neuen Kunden steht es gleich, wenn der Handelsvertreter die Geschäftsverbindung mit einem Kunden so wesentlich erweitert hat, daß dies wirtschaftlich der Werbung eines neuen Kunden entspricht.
(2) Der Ausgleich beträgt höchstens eine nach dem Durchschnitt der letzten fünf Jahre der Tätigkeit des Handelsvertreters berechnete Jahresprovision oder sonstige Jahresvergütung; bei kürzerer Dauer des Vertragsverhältnisses ist der Durchschnitt während der Dauer der Tätigkeit maßgebend.
(3) Der Anspruch besteht nicht, wenn der Handelsvertreter das Vertragsverhältnis gekündigt hat, ohne daß ein Verhalten des Unternehmers hierzu begründeten Anlaß gegeben hat. Das gleiche gilt, wenn der Unternehmer das Vertragsverhältnis gekündigt hat und für die Kündigung ein wichtiger Grund wegen schuldhaften Verhaltens des Handelsvertreters vorlag.
(4) Der Anspruch kann im voraus nicht ausgeschlossen werden. Es ist innerhalb von drei Monaten nach Beendigung des Vertragsverhältnisses geltend zu machen.
(5) Absätze 1 bis 4 gelten für Versicherungsvertreter mit der Maßgabe, daß an die Stelle der Geschäftsverbindung mit neuen Kunden, die der Handelsvertreter geworben hat, die Vermittlung neuer Versicherungsverträge durch den Versicherungsvertreter tritt und der Anspruch höchstens drei Jahresprovisionen oder Jahresvergütungen beträgt.

§ 90

Der Handelsvertreter darf Geschäfts- und Betriebsgeheimnise, die ihm anvertraut oder als solche durch seine Tätigkeit für den Unternehmer bekanntgeworden sind, auch nach Beendigung des Vertragsverhältnisses nicht verwerten oder anderen mitteilen, soweit dies nach den gesamten Umständen der Berufsauffassung eines ordentlichen Kaufmannes widersprechen würde.

§ 90a

(1) Eine Vereinbarung, die den Handelsvertreter nach Beendigung des Vertragsverhältnisses in seiner gewerblichen Tätigkeit beschränkt (Wettbewerbsabrede), bedarf der Schriftform und der Aushändigung einer vom Unternehmer unterzeichneten, die vereinbarten Bestimmungen enthaltenden Urkunde an den Handelsvertreter. Die Abrede kann nur für längstens zwei Jahre von der Beendigung des Vertragsverhältnisses an getroffen werden. Der Unternehmer ist verpflichtet, dem Handelsvertreter für die Dauer der Wettbewerbsbeschränkung eine angemessene Entschädigung zu zahlen.
(2) Der Unternehmer kann bis zum Ende des Vertragsverhältnisses schriftlich auf die Wettbewerbsbeschränkung mit der Wirkung verzichten, daß er mit dem Ablauf von sechs Monaten seit der Erklärung von der Verpflichtung zur Zahlung der Entschädigung frei wird. Kündigt der Unternehmer das Vertragsverhältnis aus wichtigem Grund wegen schuldhaften Verhaltens des Handelsvertreters, so hat dieser keinen Anspruch auf Entschädigung.
(3) Kündigt der Handelsvertreter das Vertragsverhältnis aus wichtigem Grund wegen schuldhaften Verhaltens des Unternehmers, so kann er sich durch schriftliche Erklärung binnen einem Monat nach der Kündigung von der Wettbewerbsabrede lossagen.
(4) Abweichende, für den Handelsvertreter nachteilige Vereinbarungen können nicht getroffen werden.

§ 91

(1) § 55 gilt auch für einen Handelsvertreter, der zum Abschluß von Geschäften von einem Unternehmer bevollmächtigt ist, der nicht Kaufmann ist.
(2) Ein Handelsvertreter gilt, auch wenn ihm keine Vollmacht zum Abschluß von Geschäften erteilt ist, als ermächtigt, die Anzeige von Mängeln einer Ware, die Erklärung, daß eine Ware zur Verfügung gestellt werde, sowie ähnliche Erklärungen, durch die ein Dritter seine Rechte aus mangelhafter Leistung geltend macht oder sich vorbehält, entgegenzunehmen; er kann die dem Unternehmer zustehenden Rechte auf Sicherung des Beweises geltend machen. Eine Beschränkung dieser Rechte braucht ein Dritter gegen sich nur gelten zu lassen, wenn er sie kannte oder kennen mußte.

§ 91 a

(1) Hat ein Handelsvertreter, der nur mit der Vermittlung von Geschäften betraut ist, ein Geschäft im Namen des Unternehmers abgeschlossen, und war dem Dritten der Mangel an Vertretungsmacht nicht bekannt, so gilt das Geschäft als von dem Unternehmer genehmigt, wenn dieser nicht unverzüglich, nachdem er von dem Handelsvertreter oder dem Dritten über Abschluß und wesentlichen Inhalt benachrichtigt worden ist, dem Dritten gegenüber das Geschäft ablehnt.
(2) Das gleiche gilt, wenn ein Handelsvertreter, der mit dem Abschluß von Geschäften betraut ist, ein Geschäft im Namen des Unternehmers abgeschlossen hat, zu dessen Abschluß er nicht bevollmächtigt ist.

§ 92

(1) Versicherungsvertreter ist, wer als Handelsvertreter damit betraut ist, Versicherungsverträge zu vermitteln oder abzuschließen.
(2) Für das Vertragsverhältnis zwischen dem Versicherungsvertreter und dem Versicherer gelten die Vorschriften für das Vertragsverhältnis zwischen dem Handelsvertreter und dem Unternehmer vorbehaltlich der Absätze 3 und 4.
(3) In Abweichung von § 87 Abs. 1 Satz 1 hat ein Versicherungsvertreter Anspruch auf Provision nur für Geschäfte, die auf seine Tätigkeit zurückzuführen sind. § 87 Abs. 2 gilt nicht für Versicherungsvertreter.
(4) Der Versicherungsvertreter hat Anspruch auf Provision (§ 87a Abs. 1), sobald der Versicherungsnehmer die Prämie gezahlt hat, aus der sich die Provision nach dem Vertragsverhältnis berechnet.
(5) Die Vorschriften der Absätze 1 bis 4 gelten sinngemäß für Bausparkassenvertreter.

§ 92 a

(1) Für das Vertragsverhältnis eines Handelsvertreters, der vertraglich nicht für weitere Unternehmer tätig werden darf oder dem dies nach Art und Umfang der von ihm verlangten Tätigkeit nicht möglich ist, kann der Bundesminister der Justiz im Einvernehmen mit den Bundesministern für Wirtschaft und für Arbeit nach Anhörung von Verbänden der Handelsvertreter und der Unternehmer durch Rechtsverordnung, die nicht der Zustimmung des Bundesrates bedarf, die untere Grenze der vertraglichen Leistungen des Unternehmers festsetzen, um die notwendigen sozialen und wirtschaftlichen Bedürfnisse dieser Handelsvertreter oder einer bestimmten Gruppe von ihnen sicherzustellen. Die festgesetzten Leistungen können vertraglich nicht ausgeschlossen oder beschränkt werden.
(2) Absatz 1 gilt auch für das Vertragsverhältnis eines Versicherungsvertreters, der auf Grund eines Vertrages oder mehrerer Verträge damit betraut ist, Geschäfte für mehrere Versicherer zu vermitteln oder abzuschließen, die zu einem Versicherungskonzern oder zu einer zwischen ihnen bestehenden Organisationsgemeinschaft gehören, sofern die Beendigung des Vertragsverhältnisses mit einem dieser Versicherer im Zweifel auch die Beendigung des Vertragsverhältnisses mit den anderen Versicherern zur Folge haben würde. In diesem Falle kann durch Rechtsverordnung, die nicht der Zustimmung des Bundesrates bedarf, außerdem bestimmt werden, ob die festgesetzten Leistungen von allen Versicherern als Gesamtschuldner oder anteilig oder nur von einem der Versicherer geschuldet werden und wie der Ausgleich unter ihnen zu erfolgen hat.

§ 92b

(1) Auf einen Handelsvertreter im Nebenberuf sind §§ 89, 89b nicht anzuwenden. Ist das Vertragsverhältnis auf unbestimmte Zeit eingegangen, so kann es mit einer Frist von einem Monat für den Schluß eines Kalendermonats gekündigt werden; wird eine andere Kündigungsfrist vereinbart, so muß sie für beide Teile gleich sein. Der Anspruch auf einen angemessenen Vorschuß nach § 87a Abs. 1 Satz 2 kann ausgeschlossen werden.
(2) Auf Absatz 1 kann sich nur der Unternehmer berufen, der den Handelsvertreter ausdrücklich als Handelsvertreter im Nebenberuf mit der Vermittlung oder dem Abschluß von Geschäften betraut hat.
(3) Ob ein Handelsvertreter nur als Handelsvertreter im Nebenberuf tätig ist, bestimmt sich nach der Verkehrsauffassung.
(4) Die Vorschriften der Absätze 1 bis 3 gelten sinngemäß für Versicherungsvertreter und für Bausparkassenvertreter.

§ 92c

(1) Hat der Handelsvertreter keine Niederlassung im Inland, so kann hinsichtlich aller Vorschriften dieses Abschnittes etwas anderes vereinbart werden.
(2) Das gleiche gilt, wenn der Handelsvertreter mit der Vermittlung oder dem Abschluß von Geschäften betraut wird, die die Befrachtung, Abfertigung oder Ausrüstung von Schiffen oder die Buchung von Passagen auf Schiffen zum Gegenstand haben.

Artikel 2

(1) Das Handelsgesetzbuch wird wie folgt geändert:

1. In § 1 Abs. 2 Nr. 7 wird das Wort „Handlungsagenten" durch das Wort „Handelsvertreter" ersetzt.
2. § 55 erhält folgende Fassung:

§ 55

(1) Die Vorschriften des § 54 finden auch Anwendung auf Handlungsbevollmächtigte, die Handelsvertreter sind oder die als Handlungsgehilfen damit betraut sind, außerhalb des Betriebes des Prinzipals Geschäfte in dessen Namen abzuschließen.
(2) Die ihnen erteilte Vollmacht zum Abschluß von Geschäften bevollmächtigt sie nicht, abgeschlossene Verträge zu ändern, insbesondere Zahlungsfristen zu gewähren.
(3) Zur Annahme von Zahlungen sind sie nur berechtigt, wenn sie dazu bevollmächtigt sind.
(4) Sie gelten als ermächtigt, die Anzeige von Mängeln einer Ware, die Erklärung, daß eine Ware zur Verfügung gestellt werde, sowie ähnliche Erklärungen, durch die ein Dritter seine Rechte aus mangelhafter Leistung geltend macht oder sie vorbehält, entgegenzunehmen; sie können die dem Unternehmer (Prinzipal) zustehenden Rechte auf Sicherung des Beweises geltend machen.

3. In § 65 erhält der letzte Halbsatz folgende Fassung:
   , so sind die für die Handelsvertreter geltenden Vorschriften der §§ 87 Abs. 1 und 3, 87a bis c anzuwenden.
4. Nach § 75f werden folgende Vorschriften als §§ 75g und h eingefügt:

§ 75g

§ 55 Abs. 4 gilt auch für einen Handlungsgehilfen, der damit betraut ist, außerhalb des Betriebes des Prinzipals für diesen Geschäfte zu vermitteln. Eine Beschränkung dieser Rechte braucht ein Dritter gegen sich nur gelten zu lassen, wenn er sie kannte oder kennen mußte.

§ 75h

(1) Hat ein Handlungsgehilfe, der nur mit der Vermittlung von Geschäften außerhalb des Betriebes des Prinzipals betraut ist, ein Geschäft im Namen des Prinzipals abgeschlossen, und war dem Dritten der Mangel der Vertretungsmacht nicht bekannt, so gilt das Geschäft als von dem Prinzipal genehmigt, wenn dieser

dem Dritten gegenüber nicht unverzüglich das Geschäft ablehnt, nachdem er von dem Handlungsgehilfen oder dem Dritten über Abschluß und wesentlichen Inhalt benachrichtigt worden ist.
(2) Das gleiche gilt, wenn ein Handlungsgehilfe, der mit dem Abschluß von Geschäften betraut ist, ein Geschäft im Namen des Prinzipals abgeschlossen hat, zu dessen Abschluß er nicht bevollmächtigt ist.

(2) Soweit in sonstigen Gesetzen auf die durch dieses Gesetz geänderten Vorschriften des Handelsgesetzbuches verwiesen ist, treten die entsprechenden Vorschriften dieses Gesetzes an ihre Stelle.

Artikel 3

(1) Handelsvertreter gelten nur dann als Arbeitnehmer im Sinne des Arbeitsgerichtsgesetzes, wenn sie zu dem Personenkreis gehören, für den nach § 92a des Handelsgesetzbuchs die untere Grenze der vertraglichen Leistungen des Unternehmers festgesetzt werden kann und sie während der letzten sechs Monate des Vertragsverhältnisses, bei kürzerer Vertragsdauer während dieser, im Durchschnitt monatlich nicht mehr als fünfhundert Deutsche Mark auf Grund des Vertragsverhältnisses an Vergütung einschließlich Provision und Ersatz für im regelmäßigen Geschäftsbetrieb entstandene Aufwendungen bezogen haben.
(2) Der Bundesminister der Justiz kann im Einvernehmen mit den Bundesministern für Wirtschaft und für Arbeit die in Absatz 1 bestimmte Vergütungsgrenze durch Rechtsverordnung, die nicht der Zustimmung des Bundesrates bedarf, den jeweiligen Lohn- und Preisverhältnissen anpassen.

Artikel 4

§ 61 Nr. 1 der Konkursordnung erhält folgende Fassung:

1. die für das letzte Jahr vor der Eröffnung des Verfahrens oder dem Ableben des Gemeinschuldners rückständigen Forderungen an Lohn, Kostgeld oder anderen Dienstbezügen der Personen, welche sich dem Gemeinschuldner für dessen Haushalt, Wirtschaftsbetrieb oder Erwerbsgeschäft zur Leistung von Diensten verdungen hatten; dies gilt auch für Ansprüche von Handelsvertretern auf rückständige Vergütung einschließlich Provision aus dem letzten Jahr vor der Eröffnung des Verfahrens oder dem Ableben des Gemeinschuldners, sofern diese Handelsvertreter zu dem Personenkreis gehören, für den nach § 92a des Handelsgesetzbuchs die untere Grenze der vertraglichen Leistungen des Unternehmers festgesetzt werden kann, und ihnen während der letzten sechs Monate des Vertragsverhältnisses, bei kürzerer Vertragsdauer während dieser, im Durchschnitt monatlich nicht mehr als fünfhundert Deutsche Mark an Vergütung einschließlich Provision und Ersatz für im regelmäßigen Geschäftsbetrieb entstandene Aufwendungen zugestanden haben oder noch zustehen.

Artikel 5

Dieses Gesetz gilt nach Maßgabe des § 13 Abs. 1 des Dritten Überleitungsgesetzes vom 4. Januar 1952 (Bundesgesetzbl. I S. 1) auch im Land Berlin. Rechtsverordnungen, die auf Grund der in diesem Gesetz enthaltenen Ermächtigung erlassen werden, gelten im Land Berlin nach § 14 des Dritten Überleitungsgesetzes.

Artikel 6

(1) Dieses Gesetz tritt mit dem ersten Tage des vierten Monats nach seiner Verkündung in Kraft.
(2) Soweit bestehende Vertragsverhältnisse Vereinbarungen enthalten, die nach diesem Gesetz nicht getroffen werden können, werden diese mit dem Inkrafttreten dieses Gesetzes unwirksam. Das gleiche gilt bei bestehenden Vertragsverhältnissen für Verzichte auf noch nicht fällige Ansprüche, die nach diesem Gesetz nicht oder nicht im voraus ausgeschlossen werden können. Im übrigen gelten für bestehende Vertragsverhältnisse, soweit nicht vom bisherigen Recht abweichende Vereinbarungen getroffen worden sind, an Stelle des bisherigen Rechts die Vorschriften dieses Gesetzes.
(3) § 92b Abs. 2 des Handelsgesetzbuchs gilt nicht für bei Inkrafttreten dieses Gesetzes bestehende Vertragsverhältnisse.

[135] cc) §§ 59—75h HGB.

§ 59

Wer in einem Handelsgewerbe zur Leistung kaufmännischer Dienste gegen Entgelt angestellt ist (Handlungsgehilfe), hat, soweit nicht besondere Vereinbarungen über die Art und den Umfang seiner Dienstleistungen oder über die ihm zukommende Vergütung getroffen sind, die dem Ortsgebrauch entsprechenden Dienste zu leisten sowie die dem Ortsgebrauch entsprechende Vergütung zu beanspruchen. In Ermangelung eines Ortsgebrauchs gelten die den Umständen nach angemessenen Leistungen als vereinbart.

§ 60

Der Handlungsgehilfe darf ohne Einwilligung des Prinzipals weder ein Handelsgewerbe betreiben noch in dem Handelszweige des Prinzipals für eigene oder fremde Rechnung Geschäfte machen.

Die Einwilligung zum Betrieb eines Handelsgewerbes gilt als erteilt, wenn dem Prinzipal bei der Anstellung des Gehilfen bekannt ist, daß er das Gewerbe betreibt, und der Prinzipal die Aufgabe des Betriebs nicht ausdrücklich vereinbart.

§ 61

Verletzt der Handlungsgehilfe die ihm nach § 60 obliegende Verpflichtung, so kann der Prinzipal Schadensersatz fordern; er kann statt dessen verlangen, daß der Handlungsgehilfe die für eigene Rechnung gemachten Geschäfte als für Rechnung des Prinzipals eingegangen gelten lasse und die aus Geschäften für fremde Rechnung bezogene Vergütung herausgebe oder seinen Anspruch auf die Vergütung abtrete.

Die Ansprüche verjähren in drei Monaten von dem Zeitpunkt an, in welchem der Prinzipal Kenntnis von dem Abschlusse des Geschäfts erlangt; sie verjähren ohne Rücksicht auf diese Kenntnis in fünf Jahren von dem Abschlusse des Geschäfts an.

§ 62

Der Prinzipal ist verpflichtet, die Geschäftsräume und die für den Geschäftsbetrieb bestimmten Vorrichtungen und Gerätschaften so einzurichten und zu unterhalten, auch den Geschäftsbetrieb und die Arbeitszeit so zu regeln, daß der Handlungsgehilfe gegen eine Gefährdung seiner Gesundheit, soweit die Natur des Betriebs es gestattet, geschützt und die Aufrechterhaltung der guten Sitten und des Anstandes gesichert ist.

Ist der Handlungsgehilfe in die häusliche Gemeinschaft aufgenommen, so hat der Prinzipal in Ansehung des Wohn- und Schlafraums, der Verpflegung sowie der Arbeits- und Erholungszeit diejenigen Einrichtungen und Anordnungen zu treffen, welche mit Rücksicht auf die Gesundheit, die Sittlichkeit und die Religion des Handlungsgehilfen erforderlich sind.

Erfüllt der Prinzipal die ihm in Ansehung des Lebens und der Gesundheit des Handlungsgehilfen obliegenden Verpflichtungen nicht, so finden auf seine Verpflichtung zum Schadensersatze die für unerlaubte Handlungen geltenden Vorschriften der §§ 842 bis 846 des Bürgerlichen Gesetzbuchs entsprechende Anwendung.

Die dem Prinzipal hiernach obliegenden Verpflichtungen können nicht im voraus durch Vertrag aufgehoben oder beschränkt werden.

§ 63

Wird der Handlungsgehilfe durch unverschuldetes Unglück an der Leistung der Dienste verhindert, so behält er seinen Anspruch auf Gehalt und Unterhalt, jedoch nicht über die Dauer von sechs Wochen hinaus. Der Anspruch kann nicht durch Vertrag ausgeschlossen oder beschränkt werden.

Der Handlungsgehilfe ist nicht verpflichtet, sich den Betrag anrechnen zu lassen, der ihm für die Zeit der Verhinderung aus einer Kranken- oder Unfallversicherung zukommt. Eine Vereinbarung, welche dieser Vorschrift zuwiderläuft, ist nichtig.

§ 64

Die Zahlung des dem Handlungsgehilfen zukommenden Gehalts hat am Schlusse jedes Monats zu erfolgen. Eine Vereinbarung, nach der die Zahlung des Gehalts später erfolgen soll, ist nichtig.

§ 65

Ist bedungen, daß der Handlungsgehilfe für Geschäfte, die von ihm geschlossen oder vermittelt werden, Provision erhalten solle, so sind die für die Handelsvertreter geltenden Vorschriften der §§ 87 Abs. 1 und 3, 87a bis c anzuwenden.

§ 66

Das Dienstverhältnis zwischen dem Prinzipal und dem Handlungsgehilfen kann, wenn es für unbestimmte Zeit eingegangen ist, von jedem Teile für den Schluß eines Kalendervierteljahrs unter Einhaltung einer Kündigungsfrist von sechs Wochen gekündigt werden.

§ 67

Wird durch Vertrag eine kürzere oder längere Kündigungsfrist bedungen, so muß sie für beide Teile gleich sein; sie darf nicht weniger als einen Monat betragen.

Die Kündigung kann nur für den Schluß eines Kalendermonats zugelassen werden.

Die Vorschriften des Abs. 1 finden auch in dem Falle Anwendung, wenn das Dienstverhältnis für bestimmte Zeit mit der Vereinbarung eingegangen wird, daß es in Ermangelung einer vor dem Ablaufe der Vertragszeit erfolgten Kündigung als verlängert gelten soll.

Eine Vereinbarung, die diesen Vorschriften zuwiderläuft, ist nichtig.

§ 68

Die Vorschriften des § 67 finden keine Anwendung, wenn der Handlungsgehilfe einen Gehalt von mindestens fünftausend Mark für das Jahr bezieht.

Sie bleiben ferner außer Anwendung, wenn der Handlungsgehilfe für eine außereuropäische Handelsniederlassung angenommen ist und nach dem Vertrage der Prinzipal für den Fall, daß er das Dienstverhältnis kündigt, die Kosten der Rückreise des Handlungsgehilfen zu tragen hat.

§ 69

Wird ein Handlungsgehilfe nur zu vorübergehender Aushilfe angenommen, so finden die Vorschriften des § 67 keine Anwendung, es sei denn, daß das Dienstverhältnis über die Zeit von drei Monaten hinaus fortgesetzt wird. Die Kündigungsfrist muß jedoch auch in einem solchen Falle für beide Teile gleich sein.

§ 70

Das Dienstverhältnis kann von jedem Teile ohne Einhaltung einer Kündigungsfrist gekündigt werden, wenn ein wichtiger Grund vorliegt.

Wird die Kündigung durch vertragswidriges Verhalten des anderen Teiles veranlaßt, so ist dieser zum Ersatze des durch die Aufhebung des Dienstverhältnisses entstehenden Schadens verpflichtet.

§ 71

Als ein wichtiger Grund, der den Handlungsgehilfen zur Kündigung ohne Einhaltung einer Kündigungsfrist berechtigt, ist es, sofern nicht besondere Umstände eine andere Beurteilung rechtfertigen, namentlich anzusehen:

1. wenn der Handlungsgehilfe zur Fortsetzung seiner Dienste unfähig wird;
2. wenn der Prinzipal den Gehalt oder den gebührenden Unterhalt nicht gewährt;
3. wenn der Prinzipal den ihm nach § 62 obliegenden Verpflichtungen nachzukommen verweigert;

4. wenn sich der Prinzipal Tätlichkeiten, erhebliche Ehrverletzungen oder unsittliche Zumutungen gegen den Handlungsgehilfen zuschulden kommen läßt oder es verweigert, den Handlungsgehilfen gegen solche Handlungen eines anderen Angestellten oder eines Familienangehörigen des Prinzipals zu schützen.

§ 72

Als ein wichtiger Grund, der den Prinzipal zur Kündigung ohne Einhaltung einer Kündigungsfrist berechtigt, ist es, sofern nicht besondere Umstände eine andere Beurteilung rechtfertigen, namentlich anzusehen:

1. wenn der Handlungsgehilfe im Dienste untreu ist oder das Vertrauen mißbraucht oder die ihm nach § 60 obliegende Verpflichtung verletzt;
2. wenn er seinen Dienst während einer den Umständen nach erheblichen Zeit unbefugt verläßt oder sich beharrlich weigert, seinen Dienstverpflichtungen nachzukommen;
3. wenn er durch anhaltende Krankheit, durch eine längere Freiheitsstrafe oder Abwesenheit oder durch eine die Zeit von acht Wochen übersteigende militärische Dienstleistung an der Verrichtung seiner Dienste verhindert wird;
4. wenn er sich Tätlichkeiten oder erhebliche Ehrverletzungen gegen den Prinzipal oder dessen Vertreter zuschulden kommen läßt.

Erfolgt die Kündigung, weil der Handlungsgehilfe durch unverschuldetes Unglück längere Zeit an der Verrichtung seiner Dienste verhindert ist, so wird dadurch der im § 63 bezeichnete Anspruch des Gehilfen nicht berührt.

§ 73

Bei der Beendigung des Dienstverhältnisses kann der Handlungsgehilfe ein schriftliches Zeugnis über die Art und Dauer der Beschäftigung fordern. Das Zeugnis ist auf Verlangen des Handlungsgehilfen auch auf die Führung und die Leistungen auszudehnen.

Auf Antrag des Handlungsgehilfen hat die Ortspolizeibehörde das Zeugnis kosten- und stempelfrei zu beglaubigen.

§ 74

Eine Vereinbarung zwischen dem Prinzipal und dem Handlungsgehilfen, die den Gehilfen für die Zeit nach Beendigung des Dienstverhältnisses in seiner gewerblichen Tätigkeit beschränkt (Wettbewerbverbot), bedarf der Schriftform und der Aushändigung einer vom Prinzipal unterzeichneten, die vereinbarten Bestimmungen enthaltenden Urkunde an den Gehilfen.

Das Wettbewerbverbot ist nur verbindlich, wenn sich der Prinzipal verpflichtet, für die Dauer des Verbots eine Entschädigung zu zahlen, die für jedes Jahr des Verbots mindestens die Hälfte der von dem Handlungsgehilfen zuletzt bezogenen vertragsmäßigen Leistungen erreicht.

§ 74a

Das Wettbewerbverbot ist soweit unverbindlich, als es nicht zum Schutze eines berechtigten geschäftlichen Interesses des Prinzipals dient. Es ist ferner unverbindlich, soweit es unter Berücksichtigung der gewährten Entschädigung nach Ort, Zeit oder Gegenstand eine unbillige Erschwerung des Fortkommens des Gehilfen enthält. Das Verbot kann nicht auf einen Zeitraum von mehr als zwei Jahren von der Beendigung des Dienstverhältnisses an erstreckt werden.

Das Verbot ist nichtig, wenn die dem Gehilfen zustehenden jährlichen vertragsmäßigen Leistungen den Betrag von fünfzehnhundert Mark nicht übersteigen. Das gleiche gilt, wenn der Gehilfe zur Zeit des Abschlusses minderjährig ist oder wenn sich der Prinzipal die Erfüllung auf Ehrenwort oder unter ähnlichen Versicherungen versprechen läßt. Nichtig ist auch die Vereinbarung, durch die ein Dritter an Stelle des Gehilfen die Verpflichtung übernimmt, daß sich der Gehilfe nach der Beendigung des Dienstverhältnisses in seiner gewerblichen Tätigkeit beschränken werde.

Unberührt bleiben die Vorschriften des § 138 des Bürgerlichen Gesetzbuchs über die Nichtigkeit von Rechtsgeschäften, die gegen die guten Sitten verstoßen.

§ 74b

Die nach § 74 Abs. 2 dem Handlungsgehilfen zu gewährende Entschädigung ist am Schlusse jedes Monats zu zahlen.

Soweit die dem Gehilfen zustehenden vertragsmäßigen Leistungen in einer Provision oder in anderen wechselnden Bezügen bestehen, sind sie bei der Berechnung der Entschädigung nach dem Durchschnitt der letzten drei Jahre in Ansatz zu bringen. Hat die für die Bezüge bei der Beendigung des Dienstverhältnisses maßgebende Vertragsbestimmung noch nicht drei Jahre bestanden, so erfolgt der Ansatz nach dem Durchschnitt des Zeitraums, für den die Bestimmung in Kraft war.

Soweit Bezüge zum Ersatze besonderer Auslagen dienen sollen, die infolge der Dienstleistung entstehen, bleiben sie außer Ansatz.

§ 74c

Der Handlungsgehilfe muß sich auf die fällige Entschädigung anrechnen lassen, was er während des Zeitraums, für den die Entschädigung gezahlt wird, durch anderweite Verwertung seiner Arbeitskraft erwirbt oder zu erwerben böswillig unterläßt, soweit die Entschädigung unter Hinzurechnung dieses Betrags den Betrag der zuletzt von ihm bezogenen vertragsmäßigen Leistungen um mehr als ein Zehntel übersteigen würde. Ist der Gehilfe durch das Wettbewerbverbot gezwungen worden, seinen Wohnsitz zu verlegen, so tritt an die Stelle des Betrags von einem Zehntel der Betrag von einem Viertel. Für die Dauer der Verbüßung einer Freiheitsstrafe kann der Gehilfe eine Entschädigung nicht verlangen.

Der Gehilfe ist verpflichtet, dem Prinzipal auf Erfordern über die Höhe seines Erwerbes Auskunft zu erteilen.

§ 75

Löst der Gehilfe das Dienstverhältnis gemäß den Vorschriften der §§ 70, 71 wegen vertragswidrigen Verhaltens des Prinzipals auf, so wird das Wettbewerbverbot unwirksam, wenn der Gehilfe vor Ablauf eines Monats nach der Kündigung schriftlich erklärt, daß er sich an die Vereinbarung nicht gebunden erachte.

In gleicher Weise wird das Wettbewerbverbot unwirksam, wenn der Prinzipal das Dienstverhältnis kündigt, es sei denn, daß für die Kündigung ein erheblicher Anlaß in der Person des Gehilfen vorliegt oder daß sich der Prinzipal bei der Kündigung bereit erklärt, während der Dauer der Beschränkung dem Gehilfen die vollen zuletzt von ihm bezogenen vertragsmäßigen Leistungen zu gewähren. Im letzteren Falle finden die Vorschriften des § 74b entsprechende Anwendung.

Löst der Prinzipal das Dienstverhältnis gemäß den Vorschriften der §§ 70, 72 wegen vertragswidrigen Verhaltens des Gehilfen auf, so hat der Gehilfe keinen Anspruch auf die Entschädigung.

§ 75a

Der Prinzipal kann vor der Beendigung des Dienstverhältnisses durch schriftliche Erklärung auf das Wettbewerbverbot mit der Wirkung verzichten, daß er mit dem Ablauf eines Jahres seit der Erklärung von der Verpflichtung zur Zahlung der Entschädigung frei wird.

§ 75b

Ist der Gehilfe für eine Tätigkeit außerhalb Europas angenommen, so ist die Verbindlichkeit des Wettbewerbverbots nicht davon abhängig, daß sich der Prinzipal zur Zahlung der im § 74 Abs. 2 vorgesehenen Entschädigung verpflichtet. Das gleiche gilt, wenn die dem Gehilfen zustehenden vertragsmäßigen Leistungen den Betrag von achttausend Mark für das Jahr übersteigen; auf die Berechnung des Betrags der Leistungen finden die Vorschriften des § 74b Abs. 2, 3 entsprechende Anwendung.

§ 75c

Hat der Handlungsgehilfe für den Fall, daß er die in der Vereinbarung übernommene Verpflichtung nicht erfüllt, eine Strafe versprochen, so kann der Prinzipal Ansprüche nur nach Maßgabe der Vorschriften des § 340 des Bürgerlichen

Gesetzbuchs geltend machen. Die Vorschriften des Bürgerlichen Gesetzbuchs über die Herabsetzung einer unverhältnismäßig hohen Vertragsstrafe bleiben unberührt.

Ist die Verbindlichkeit der Vereinbarung nicht davon abhängig, daß sich der Prinzipal zur Zahlung einer Entschädigung an den Gehilfen verpflichtet, so kann der Prinzipal, wenn sich der Gehilfe einer Vertragsstrafe der im Abs 1 bezeichneten Art unterworfen hat, nur die verwirkte Strafe verlangen; der Anspruch auf Erfüllung oder auf Ersatz eines weiteren Schadens ist ausgeschlossen

§ 75d

Auf eine Vereinbarung, durch die von den Vorschriften der §§ 74 bis 75c zum Nachteil des Handlungsgehilfen abgewichen wird, kann sich der Prinzipal nicht berufen. Das gilt auch von Vereinbarungen, die bezwecken, die gesetzlichen Vorschriften über das Mindestmaß der Entschädigung durch Verrechnungen oder auf sonstige Weise zu umgehen.

§ 75e

Die Entschädigung, die der Handlungsgehilfe auf Grund der Vorschriften der §§ 74 bis 75d für die Zeit nach der Beendigung des Dienstverhältnisses beanspruchen kann, gehört zu den Dienstbezügen im Sinne des § 61 Nr. 1 der Konkursordnung.

§ 75f

Im Falle einer Vereinbarung, durch die sich ein Prinzipal einem anderen Prinzipal gegenüber verpflichtet, einen Handlungsgehilfen, der bei diesem in Dienst ist oder gewesen ist, nicht oder nur unter bestimmten Voraussetzungen anzustellen, steht beiden Teilen der Rücktritt frei. Aus der Vereinbarung findet weder Klage noch Einrede statt.

§§ 75g, 75h

Der Wortlaut ist Art. 2 Ziff. 4 HandelsvertreterG (abgedruckt in Anm. 134) zu entnehmen.

[136] dd) §§ 611—630 BGB.

Für gewisse Vsvertreter, die sog. Zivilagenten, sind die schon früher in Anm 35 wiedergegebenen §§ 652—654 BGB bedeutsam.

Unselbständige, welche keine Handlungsgehilfen sind, leben nach Dienstvertragsrecht, also nach den §§ 611—630 BGB.

§ 611

Durch den Dienstvertrag wird derjenige, welcher Dienste zusagt, zur Leistung der versprochenen Dienste, der andere Teil zur Gewährung der vereinbarten Vergütung verpflichtet.

Gegenstand des Dienstvertrags können Dienste jeder Art sein.

§ 612

Eine Vergütung gilt als stillschweigend vereinbart, wenn die Dienstleistung den Umständen nach nur gegen eine Vergütung zu erwarten ist.

Ist die Höhe der Vergütung nicht bestimmt, so ist bei dem Bestehen einer Taxe die taxmäßige Vergütung, in Ermangelung einer Taxe die übliche Vergütung als vereinbart anzusehen

§ 613

Der zur Dienstleistung Verpflichtete hat die Dienste im Zweifel in Person zu leisten. Der Anspruch auf die Dienste ist im Zweifel nicht übertragbar.

§ 614

Die Vergütung ist nach der Leistung der Dienste zu entrichten. Ist die Vergütung nach Zeitabschnitten bemessen, so ist sie nach dem Ablaufe der einzelnen Zeitabschnitte zu entrichten.

§ 615

Kommt der Dienstberechtigte mit der Annahme der Dienste in Verzug, so kann der Verpflichtete für die infolge des Verzugs nicht geleisteten Dienste die vereinbarte Vergütung verlangen, ohne zur Nachleistung verpflichtet zu sein. Er muß sich jedoch den Wert desjenigen anrechnen lassen, was er infolge des Unterbleibens der Dienstleistung erspart oder durch anderweitige Verwendung seiner Dienste erwirbt oder zu erwerben böswillig unterläßt.

§ 616

Der zur Dienstleistung Verpflichtete wird des Anspruchs auf die Vergütung nicht dadurch verlustig, daß er für eine verhältnismäßig nicht erhebliche Zeit durch einen in seiner Person liegenden Grund ohne sein Verschulden an der Dienstleistung verhindert wird. Er muß sich jedoch den Betrag anrechnen lassen, welcher ihm für die Zeit der Verhinderung aus einer auf Grund gesetzlicher Verpflichtung bestehenden Kranken- oder Unfallversicherung zukommt.

Der Anspruch eines Angestellten (§ 1 Abs. 1, 2 des Angestelltenversicherungsgesetzes) auf Vergütung kann für den Krankheitsfall nicht durch Vertrag ausgeschlossen oder beschränkt werden. Hierbei gilt als verhältnismäßig nicht erheblich eine Zeit von sechs Wochen, wenn nicht durch Tarifvertrag eine andere Dauer bestimmt ist.

§ 617

Ist bei einem dauernden Dienstverhältnisse, welches die Erwerbstätigkeit des Verpflichteten vollständig oder hauptsächlich in Anspruch nimmt, der Verpflichtete in die häusliche Gemeinschaft aufgenommen, so hat der Dienstberechtigte ihm im Falle der Erkrankung die erforderliche Verpflegung und ärztliche Behandlung bis zur Dauer von sechs Wochen, jedoch nicht über die Beendigung des Dienstverhältnisses hinaus, zu gewähren, sofern nicht die Erkrankung von dem Verpflichteten vorsätzlich oder durch grobe Fahrlässigkeit herbeigeführt worden ist. Die Verpflegung und ärztliche Behandlung kann durch Aufnahme des Verpflichteten in eine Krankenanstalt gewährt werden. Die Kosten können auf die für die Zeit der Erkrankung geschuldete Vergütung angerechnet werden. Wird das Dienstverhältnis wegen der Erkrankung von dem Dienstberechtigten nach § 626 gekündigt, so bleibt die dadurch herbeigeführte Beendigung des Dienstverhältnisses außer Betracht.

Die Verpflichtung des Dienstberechtigten tritt nicht ein, wenn für die Verpflegung und ärztliche Behandlung durch eine Versicherung oder durch eine Einrichtung der öffentlichen Krankenpflege Vorsorge getroffen ist.

§ 618

Der Dienstberechtigte hat Räume, Vorrichtungen oder Gerätschaften, die er zur Verrichtung der Dienste zu beschaffen hat, so einzurichten und zu unterhalten und Dienstleistungen, die unter seiner Anordnung oder seiner Leitung vorzunehmen sind, so zu regeln, daß der Verpflichtete gegen Gefahr für Leben und Gesundheit so weit geschützt ist, als die Natur der Dienstleistung es gestattet.

Ist der Verpflichtete in die häusliche Gemeinschaft aufgenommen, so hat der Dienstberechtigte in Ansehung des Wohn- und Schlafraums, der Verpflegung sowie der Arbeits- und Erholungszeit diejenigen Einrichtungen und Anordnungen zu treffen, welche mit Rücksicht auf die Gesundheit, die Sittlichkeit und die Religion des Verpflichteten erforderlich sind.

Erfüllt der Dienstberechtigte die ihm in Ansehung des Lebens und der Gesundheit des Verpflichteten obliegenden Verpflichtungen nicht, so finden auf seine Verpflichtung zum Schadensersatze die für unerlaubte Handlungen geltenden Vorschriften der §§ 842 bis 846 entsprechende Anwendung.

§ 619

Die dem Dienstberechtigten nach den §§ 617, 618 obliegenden Verpflichtungen können nicht im voraus durch Vertrag aufgehoben oder beschränkt werden.

§ 620

Das Dienstverhältnis endigt mit dem Ablaufe der Zeit, für die es eingegangen ist.

Ist die Dauer des Dienstverhältnisses weder bestimmt noch aus der Beschaffenheit oder dem Zwecke der Dienste zu entnehmen, so kann jeder Teil das Dienstverhältnis nach Maßgabe der §§ 621 bis 623 kündigen.

§ 621

Ist die Vergütung nach Tagen bemessen, so ist die Kündigung an jedem Tage für den folgenden Tag zulässig.

Ist die Vergütung nach Wochen bemessen, so ist die Kündigung nur für den Schluß einer Kalenderwoche zulässig; sie hat spätestens am ersten Werktage der Woche zu erfolgen.

Ist die Vergütung nach Monaten bemessen, so ist die Kündigung nur für den Schluß eines Kalendermonats zulässig; sie hat spätestens am fünfzehnten des Monats zu erfolgen.

Ist die Vergütung nach Vierteljahren oder längeren Zeitabschnitten bemessen, so ist die Kündigung nur für den Schluß eines Kalendervierteljahrs und nur unter Einhaltung einer Kündigungsfrist von sechs Wochen zulässig.

§ 622

Das Dienstverhältnis der mit festen Bezügen zur Leistung von Diensten höherer Art Angestellten, deren Erwerbstätigkeit durch das Dienstverhältnis vollständig oder hauptsächlich in Anspruch genommen wird, insbesondere der Lehrer, Erzieher, Privatbeamten, Gesellschafterinnen, kann nur für den Schluß eines Kalendervierteljahrs und nur unter Einhaltung einer Kündigungsfrist von sechs Wochen gekündigt werden, auch wenn die Vergütung nach kürzeren Zeitabschnitten als Vierteljahren bemessen ist.

§ 623

Ist die Vergütung nicht nach Zeitabschnitten bemessen, so kann das Dienstverhältnis jederzeit gekündigt werden; bei einem die Erwerbstätigkeit des Verpflichteten vollständig oder hauptsächlich in Anspruch nehmenden Dienstverhältnis ist jedoch eine Kündigungsfrist von zwei Wochen einzuhalten.

§ 624

Ist das Dienstverhältnis für die Lebenszeit einer Person oder für längere Zeit als fünf Jahre eingegangen, so kann es von dem Verpflichteten nach dem Ablaufe von fünf Jahren gekündigt werden. Die Kündigungsfrist beträgt sechs Monate.

§ 625

Wird das Dienstverhältnis nach dem Ablaufe der Dienstzeit von dem Verpflichteten mit Wissen des anderen Teiles fortgesetzt, so gilt es als auf unbestimmte Zeit verlängert, sofern nicht der andere Teil unverzüglich widerspricht.

§ 626

Das Dienstverhältnis kann von jedem Teile ohne Einhaltung einer Kündigungsfrist gekündigt werden, wenn ein wichtiger Grund vorliegt.

§ 627

Hat der zur Dienstleistung Verpflichtete, ohne in einem dauernden Dienstverhältnisse mit festen Bezügen zu stehen, Dienste höherer Art zu leisten, die auf Grund besonderen Vertrauens übertragen zu werden pflegen, so ist die Kündigung auch ohne die im § 626 bezeichnete Voraussetzung zulässig.

Der Verpflichtete darf nur in der Art kündigen, daß sich der Dienstberechtigte die Dienste anderweit beschaffen kann, es sei denn, daß ein wichtiger Grund für die unzeitige Kündigung vorliegt. Kündigt er ohne solchen Grund zur Unzeit, so hat er dem Dienstberechtigten den daraus entstehenden Schaden zu ersetzen.

§ 628

Wird nach dem Beginne der Dienstleistung das Dienstverhältnis auf Grund des § 626 oder des § 627 gekündigt, so kann der Verpflichtete einen seinen bisherigen Leistungen entsprechenden Teil der Vergütung verlangen. Kündigt er, ohne durch vertragswidriges Verhalten des anderen Teiles dazu veranlaßt zu sein, oder veranlaßt er durch sein vertragswidriges Verhalten die Kündigung des anderen Teiles, so steht ihm ein Anspruch auf die Vergütung insoweit nicht zu, als seine bisherigen Leistungen infolge der Kündigung für den anderen Teil kein Interesse haben. Ist die Vergütung für eine spätere Zeit im voraus entrichtet, so hat der Verpflichtete sie nach Maßgabe des § 347 oder, wenn die Kündigung wegen eines Umstandes erfolgt, den er nicht zu vertreten hat, nach den Vorschriften über die Herausgabe einer ungerechtfertigten Bereicherung zurückzuerstatten.

Wird die Kündigung durch vertragswidriges Verhalten des anderen Teiles veranlaßt, so ist dieser zum Ersatze des durch die Aufhebung des Dienstverhältnisses entstehenden Schadens verpflichtet.

§ 629

Nach der Kündigung eines dauernden Dienstverhältnisses hat der Dienstberechtigte dem Verpflichteten auf Verlangen angemessene Zeit zum Aufsuchen eines anderen Dienstverhältnisses zu gewähren.

§ 630

Bei der Beendigung eines dauernden Dienstverhältnisses kann der Verpflichtete von dem anderen Teile ein schriftliches Zeugnis über das Dienstverhältnis und dessen Dauer fordern. Das Zeugnis ist auf Verlangen auf die Leistungen und die Führung im Dienste zu erstrecken.

[137] b) Vertragliche Rechtsquellen.

aa) Individuelle Verträge.

Die Agenturverträge sind sehr verschieden gestaltet. Es gibt kein Einheitsformular. Zwar haben die einzelnen Vsunternehmen für ihren Außendienst Musterverträge ausgearbeitet, aber im Einzelfall wird hiervon oft abgewichen. Über frühere Versuche zur Schaffung von Musterverträgen: Strietholt a. a. O. S. 8—9, 12—17. Weitere Muster: Amtliche Nachrichten für Reichsv 1944 S. 244—245. Einen Musteragenturvertrag sehen auch die Erläuterungen zu Ziff. III 2 g Anordnung über V und Zeitschrift (VA 1954 S. 181—182) vor (vgl. Anm. 195).

[138] bb) Vereinbarte Hauptpunkte.

Nach dem Erlaß der neuen Vorschriften über das Handelsvertreterrecht ist vom Gesamtverband der Versicherungswirtschaft und Vsvermittlerverbänden über Hauptpunkte eines Vertrages für hauptberufliche Vsvertreter verhandelt. Diese haben (einschließlich Vorbemerkung und Fußnoten) nachstehenden (als Beilage zu ZfV 1955 Nr. 15) veröffentlichen Wortlaut (nicht ganz übereinstimmend in Fußnote 6 ein Abdruck bei Trinkhaus I S. 584—592 = VW 1955 S. 214—217, dazu Der Vsaußendienst 1955 Nr. 1 S. 2—3, Vsvermittlung 1955 S. 91—92 m. w. N.):

Hauptpunkte eines Vertrages für hauptberufliche Versicherungsvertreter

Vorbemerkung:

Das Gesetz zur Änderung des HGB vom 6. 8. 1953 hat verschiedene Änderungen des Vertreterrechts gebracht. Es lag deshalb im Interesse der VU wie der hauptberuflichen Versicherungsvertreter, „Hauptpunkte eines Vertrages für hauptberufliche Versicherungsvertreter" zu formulieren, welche die neuen gesetzlichen Bestimmungen berücksichtigen. Der Gesamtverband der Versicherungswirtschaft e. V. und die Arbeitsgemeinschaft Fachverbände Versicherungsaußendienst, der Verband der bevollmächtigten Generalagenten und Assekuradeure und der Wirtschaftsverband Versicherungsvermittlung haben sich dieser Aufgabe gemeinsam unterzogen und nachstehende „Hauptpunkte" erarbeitet.

Damit soll jedoch eine individuelle Gestaltung der Vertreterverträge keinesfalls ausgeschlossen werden, zumal nach den betriebenen Versicherungszweigen und der Eigenart des jeweiligen Organisationssystems erhebliche Unterschiede in der Gestaltung der Vertreterverträge erforderlich sein können.

Es muß deshalb den Vertragschließenden überlassen bleiben, ob und inwieweit sie bei der schriftlichen Fixierung ihres Rechtsverhältnisses die vorliegenden Formulierungen der Hauptpunkte eines Vertrages für hauptberufliche Versicherungsvertreter übernehmen oder von ihnen abweichen wollen.

1. Übernahme der Vertretung

Der Vertreter übernimmt mit dem Wohnsitz in . . . eine Vertretung des VU mit Wirkung vom . . .[1]). Die Übernahme der Vertretung geschieht unter den nachstehenden Bedingungen sowie gemäß den diesem Vertrage beigefügten und den noch zu erlassenden schriftlichen Geschäftsanweisungen, soweit sie diesem Vertrag nicht zuwiderlaufen[2]).

Der Vertreter . . . (Name) führt im Geschäftsverkehr die Bezeichnung . . . des . . . VU.

2. Rechtsstellung des Vertreters

Der Vertreter ist als selbständiger Gewerbetreibender im Hauptberuf (§§ 84ff. HGB) ständig damit betraut, für das VU Versicherungsverträge zu vermitteln[3]). Über seine Zeit und die Art der Durchführung seiner Tätigkeit kann der Vertreter frei bestimmen.

Der Vertreter ist Vermittlungsagent im Sinne des § 43 VVG. Hiernach ist er, soweit nicht hier oder in den AVB etwas anderes bestimmt ist, berechtigt:

a) Anträge auf Schließung, Verlängerung oder Änderung eines Versicherungsvertrages sowie den Widerruf solcher Anträge entgegenzunehmen[4]),
b) die Anzeigen, welche bei der Schließung des Versicherungsvertrages und während der Versicherung zu machen sind, sowie Kündigungs- und Rücktrittserklärungen oder sonstige das Versicherungsverhältnis betreffende Erklärungen von dem VN entgegenzunehmen,
c) die von dem VU ausgefertigten Versicherungsscheine auszuhändigen,
d) Prämien nebst Zinsen und Kosten anzunehmen, sofern er sich im Besitz einer von dem VU unterzeichneten Prämienrechnung befindet; zur Unterzeichnung genügt eine Nachbildung der eigenhändigen Unterschrift. Die Berechtigung zur Entgegennahme von Zahlungen erlischt spätestens mit der Beendigung des Vertragsverhältnisses.

Der Vertreter ist ohne Ermächtigung nicht befugt:

a) die Annahme oder Ablehnung von Versicherungsanträgen zu erklären,
b) die Änderung und Verlängerung von Versicherungsverträgen zu vereinbaren,
c) Kündigungs- und Rücktrittserklärungen abzugeben,
d) das VU durch irgendwelche Erklärungen zu verpflichten, insbes. Deckungszusagen zu erteilen,
e) Prämien zu stunden.

---

[1]) Für bereits bestehende Verträge wäre Abs. 1 durch folgende Fassung zu ersetzen:
Für das zwischen dem VU und dem Vertreter seit dem . . . . . bestehende Vertragsverhältnis gelten mit Wirkung vom . . . . . die nachstehenden Bedingungen sowie die diesem Vertrage beigefügten und die noch zu erlassenden schriftlichen Geschäftsanweisungen, soweit sie diesem Vertrage nicht zuwiderlaufen.

[2]) Wird der Vertrag nicht mit dem Vertreter als Einzelkaufmann, sondern mit einer Handelsgesellschaft geschlossen, so wird folgender Zusatz empfohlen:
Vor Firmenänderungen, Aufnahme von Teilhabern sowie Veränderungen in der Leitung der Vertreterfirma ist eine Verständigung mit der Direktion des VU herbeizuführen.

[3]) Hierbei wird von dem Regelfall des Vermittlungsvertreters ausgegangen. Soll diesem auch Abschlußvollmacht erteilt werden, so müßte hinter dem Wort „vermitteln" angefügt werden „oder in dessen Namen abzuschließen". Außerdem müßten Abs. 2 und 3 entsprechend geändert werden (vgl. § 45 VVG).

[4]) Falls der Vertreter in der Sachversicherung zur Erteilung von Deckungszusagen ermächtigt werden soll, wird dringend empfohlen, diese Ermächtigung schriftlich festzulegen.

3. Aufgaben des Vertreters[5])

Der Vertreter ist verpflichtet, die Geschäfte des VU nach besten Kräften zu fördern und dessen Interessen in jeder Hinsicht wahrzunehmen. Außer in der Vermittlung neuer Versicherungen besteht seine Aufgabe darin, sich die Betreuung und Erhaltung des Bestandes angelegen sein zu lassen und den Beitragseinzug zu besorgen, soweit ihm dieser von dem VU übertragen ist. Es obliegt ihm ferner, auch bei der Ermittlung und Feststellung von Schäden soweit tätig zu sein, als dies im Sinne der Bestandspflege und der Kundenbetreuung den Umständen nach erwartet werden kann.

4. Provision des Vertreters

Der Vertreter erhält für seine Tätigkeit (Ziffer 3.) Provision nach Maßgabe der in der Anlage beigefügten Provisionsbestimmungen. Die Provision ist fällig, sobald die Prämien gezahlt sind, aus denen sie sich berechnet. Aus seinen Einnahmen hat der Vertreter, sofern nicht anderes vereinbart ist, sämtliche persönlichen u. sachlichen Unkosten seines Geschäftsbetriebes, wie z. B. Reiseaufwendungen, Bürobedarf, Porto und Telefon und die mit seinem Geschäftsbetrieb zusammenhängenden Abgaben, zu bestreiten[6]). Der Vertreter ist nicht berechtigt, besondere Gebühren für die Aufnahme des Antrages oder aus anderen Gründen zu erheben.

5. Arbeitsbereich[7])

Der Vertreter hat in dem ihm übertragenen Arbeitsbereich/bezirk[8]) nicht die Alleinvertretung des VU. Diesem bleibt es vielmehr vorbehalten, darin weitere Vertretungen zu errichten oder ohne Mitwirkung des Vertreters direkt oder durch andere Personen Versicherungen abzuschließen, ohne daß diese für ihn provisionspflichtig werden. Dem Vertreter bleibt es unbenommen, persönliche Beziehungen außerhalb seines Arbeitsbereichs/bezirks[8]) für sich nutzbar zu machen. Unbeschadet etwaiger Ansprüche des Vertreters aus § 89b HGB bleiben dem VU Änderungen des Arbeitsbereichs/bezirks[8]) unter Wahrung einer Frist von 3 Monaten zum Quartalsschluß vorbehalten[9]).

6. Übernahme weiterer Vertretungen

(Vorschlag 1)

Der Vertreter verpflichtet sich, während der Dauer des Vertragsverhältnisses nur für das VU — und die mit ihm in einer Gruppe oder einer Arbeitsgemeinschaft verbundenen Unternehmen — tätig zu sein. Will er während der Dauer des Vertragsverhältnisses für ein anderes VU tätig werden, so bedarf es hierzu der schriftl. Zustimmung des VU[10]) [11]).

[5]) Unter Ziffer 2 und 3 sind von denjenigen Rechten und Pflichten des Vertreters, die sich schon aus gesetzlichen Vorschriften ergeben, nur die aufgeführt, die als besonders bedeutsam herausgehoben werden sollen. Die weitere Ausgestaltung dieser Ziffern bleibt den Vertragspartnern je nach ihren besonderen Bedürfnissen überlassen.

[6]) Für Vertreter mit Unterorganisation empfiehlt sich an Stelle von Satz 3 folgende Fassung:
Aus seinen Einnahmen hat der Vertreter, sofern nichts anderes vereinbart ist, sämtliche persönlichen und sachlichen Unkosten seines Geschäftsbetriebes, wie z. B. die Bezüge seiner Untervertreter und sonstiger Hilfspersonen, die Unkosten für Innen- und Außendienst, Reiseaufwendungen, Bürobedarf, Porto und Telefon und die mit seinem Geschäftsbetrieb zusammenhängenden Abgaben zu bestreiten. Provisionen an Untervertreter, die auf das Versicherungsunternehmen reserviert sind, bilden steuerrechtlich für den Vertreter durchlaufende Posten.

[7]) Falls dem Vertreter ein bestimmter Arbeitsbereich übertragen wird, muß er im Vertrage genau umschrieben werden.

[8]) Nichtzutreffendes bitte streichen!

[9]) In die Provisionsbestimmungen kann je nach Lage der Verhältnisse noch eine Vereinbarung etwa folgenden Inhalts aufgenommen werden:
Änderungen des Geschäftsbestandes des Vertreters
Ist ein Versicherter aus dem Arbeitsbereich/bezirk[8]) des Vertreters verzogen oder die Leitung eines versicherten Betriebes in einen anderen Arbeitsbereich/bezirk[8]) verlegt worden und wird dort die Prämie bezahlt, so ist das VU berechtigt, solche Versicherungen aus dem Bestand des Vertreters auszusondern, ohne daß dieser eine Weiterzahlung von Provisionen oder eine Entschädigung beanspruchen kann.
Diese Bestimmung findet keine Anwendung, wenn ein Versicherungsnehmer wünscht, daß seine Versicherung weiterhin in dem Bestand des bisherigen Vertreters bleiben soll.

[10]) Es wird anheimgestellt, Satz 2 zu streichen. Im Falle einer Streichung sind jedoch die Auswirkungen steuer-, arbeits- und sozialrechtlicher Art zu beachten.

[11]) Die Fassungen des Vorschlages 1 schaffen völlig klare Verhältnisse und beugen allen etwaigen Streitigkeiten über diesen Punkt vor. Da aber ihre steuerlichen, arbeits- und sozialrechtlichen Auswirkungen zur Zeit noch nicht übersehen werden können, wird außerdem Vorschlag 2 zur Wahl gestellt.

(Alternativfassung)

Der Vertreter verpflichtet sich, während der Dauer des Vertragsverhältnisses nicht ohne schriftliche Zustimmung des VU unmittelbar oder mittelbar für ein anderes VU tätig zu werden [11]).

(Vorschlag 2)

Der Vertreter verpflichtet sich, während der Dauer des Vertragsverhältnisses in den von dem VU betriebenen Versicherungszweigen nur für das VU — und die mit ihm in einer Gruppe oder Arbeitsgemeinschaft verbundenen Unternehmen — tätig zu sein. Will er während der Dauer des Vertragsverhältnisses in diesen Versicherungszweigen für ein anderes VU tätig werden, so bedarf es hierzu der schriftlichen Zustimmung des VU[10]).

(Alternativfassung)

Der Vertreter verpflichtet sich, während der Dauer des Vertragsverhältnisses nicht ohne schriftl. Zustimmung des VU in den von diesem betriebenen Versicherungszweigen für ein and. VU unmittelbar od. mittelbar tätig zu werden.

Von dem VU abgelehnte Versicherungsanträge sowie Wagnisse, die von ihm nicht gezeichnet werden, darf er nur mit Zustimmung des VU anderen VU zuführen.

7. Wettbewerb

Der Vertreter ist verpflichtet, die für den Wettbewerb geltenden Grundsätze und Vorschriften zu beachten[12]).

8. Haftung des Vertreters

Im Rahmen seines Vertrages haftet der Vertreter dem VU für die Erfüllung der ihm obliegenden Pflichten nach den gesetzlichen Vorschriften und den zwischen ihm und dem VU getroffenen Vereinbarungen. Er haftet insbes. für die ihm zum Einzug übergebenen Versicherungsurkunden und für die vereinnahmten Prämien und Nebenleistungen einschl. deren ordnungsmäßiger Ablieferung. Er haftet ferner, wenn geschäftliche Anordnungen des VU nicht beachtet worden sind oder solchen Anweisungen zuwidergehandelt worden ist. Für Rückzahlungen von Vorschüssen, gleich welcher Art, die von dem VU nicht genehmigt sind, haftet der Vertreter in jedem Falle. — Nicht eingelöste Versicherungsscheine, Nachträge, Prämienrechnungen u. dgl. sind von dem Vertreter innerhalb der von dem VU hierfür festgesetzten Frist an dieses zurückzugeben. Bei nicht rechtzeitiger Rückgabe haftet der Vertreter dem VU für alle ihm daraus entstehenden Nachteile.

9. Einzug und Abrechnung von Prämien

Zur Annahme von Zahlungen für das VU ist der Vertreter stets nur im Namen des VU und nur in der Weise befugt, daß die gezahlten Beträge unmittelbar Vermögen des VU werden. Demgemäß hat der Vertreter die bar vereinnahmten Gelder stets getrennt vom eigenen Gelde und vom Gelde Dritter zu halten. Er darf bargeldlose Zahlungen der VN nur auf solche (Postscheck- oder Bank-)Konten einziehen, deren Rechtsinhaber das VU ist[13]). Die Entgegennahme von Prämien in Wechseln ist dem Vertreter nicht gestattet. Auch können Prämien (nebst Zinsen und Kosten) nicht mit Forderungen, die dem VN gegen den Vertreter persönlich zustehen, verrechnet werden. — Die Gelder, die der Vertreter für das VU vereinnahmt oder sonst in Verwahrung hat, sind ihm als fremde Vermögensstücke anvertraut, er darf darüber nur gemäß den Weisungen des VU verfügen. Für eigene Zwecke darf er nur die ihm gutgeschriebenen Vergütungen, insbes. Provisionen, nach Fälligkeit entnehmen. Bargeld hat der Vertreter stets in einem be-

---

[11]) Im Hinblick auf das für die Lebensversicherung geltende Ausspannungsverbot (Veröff. RAA — Reichsaufsichtsamt — XXXIII. Jahrgang (1934) S. 127/8 bzw. Veröff. VW 1949 — Zonenamt — S. 11 Abs. d) wird empfohlen, in Verträgen mit in der Lebensversicherung tätigen Vertretern noch folgende Bestimmung anzufügen:

Die Ausspannung von Versicherungen und der Versuch der Ausspannung sind unzulässig. Für durch Ausspannung gewonnene Versicherungen besteht kein Anspruch auf irgendwelche Vergütung. Etwa empfangene Vergütungen sind bei nachgewiesener Ausspannung zurückzuerstatten.

[13]) Nach Lage der Verhältnisse kann der Satz: „Er darf bargeldlose Zahlungen der Versicherungsnehmer nur auf solche (Postscheck- oder Bank-)Konten einziehen, deren Rechtsinhaber das VU ist" gestrichen werden. Über die in einem solchen Falle etwa erforderliche Sicherheitsleistung müßten sich die Vertragspartner verständigen.

sonderen Behältnis an sicherer Stelle aufzubewahren. — Gegenüber dem Anspruch des VU auf Herausgabe der Prämiengelder kann der Vertreter während Bestehens des Vertragsverhältnisses nur mit Forderungen aufrechnen, die das VU schriftlich anerkannt hat.

Der Vertreter hat nicht das Recht, Prämienklagen im eigenen Namen zu erheben, und kann auch die Erhebung solcher Klagen durch das VU nicht verlangen.

Die vereinnahmten Gelder sind an das VU abzuführen:

a) unaufgefordert, sobald ein Betrag von DM . . . erreicht ist,
b) unaufgefordert, am festgesetzten Abrechnungstage,
c) auf schriftliche oder mündliche Aufforderung durch das VU. — Das VU und die zuständige Geschäftsstelle sind berechtigt, die Kasse mit den Buchungsunterlagen wegen der für das VU vereinnahmten Gelder und den Abrechnungsverkehr auf Einhaltung der Geschäftsanweisungen durch einen Bevollmächtigten jederzeit prüfen zu lassen.

10. Sicherheitsleistung

Der Vertreter hat dem VU auf Verlangen für alle seine Verpflichtungen aus diesem Vertragsverhältnis eine Sicherheit zu stellen, deren Höhe und Art besonderer Vereinbarung vorbehalten bleibt. Bei erheblicher Änderung der Prämieneinnahme des von dem Vertreter betreuten und verwalteten Bestandes haben beide Teile das Recht, eine Änderung der Sicherheit zu verlangen. Nach Beendigung des Vertragsverhältnisses sind 75% der Sicherheit spätestens innerhalb von 3 Monaten, die restlichen 25% spätestens innerhalb von 6 Monaten, nachdem der Vertreter über die von ihm vereinnahmten Gelder abgerechnet und eine etwaige Forderung des VU beglichen hat, zurückzugeben.

11. Beendigung des Vertretungsverhältnisses

Das Vertragsverhältnis kann in den ersten drei Jahren der Vertragsdauer mit einer Frist von einem Monat zum Schluß eines Kalendermonats gekündigt werden. Nach einer Vertragsdauer von drei Jahren ist die Kündigung des Vertragsverhältnisses nur mit einer Frist von mindestens drei Monaten zum Schluß eines Kalendervierteljahres möglich. Nach einer Vertragsdauer von mehr als 10 Jahren kann das Vertragsverhältnis nur mit einer Frist von mindestens 6 Monaten zum Halbjahresschluß gekündigt werden.

Nach erfolgter Kündigung ist das VU berechtigt, den Vertreter von jeder weiteren Tätigkeit zu entbinden, ohne daß dadurch seine Provisionen oder etwaigen sonstigen Bezüge bis zum Ablauf der Kündigungsfrist berührt werden. Etwaige Pauschal- oder Einzelvergütungen für Reisetätigkeit kommen jedoch mit der Freistellung von jeder Tätigkeit in Wegfall. Unter Verzicht auf seine festen Bezüge kann sich der Vertreter vom Erhalt der Kündigung ab von dem Konkurrenzverbot (Ziff. 6.) lossagen.

Die Kündigung des Vertragsverhältnisses kann außerdem von jedem Teil ohne Einhaltung einer Kündigungsfrist ausgesprochen werden, wenn ein wichtiger Grund vorliegt (§ 89a HGB). Als ein wichtiger Grund, der das VU zu sofortiger Kündigung berechtigt, ist insbes. anzusehen, wenn der Vertreter gegen die Bestimmungen der Ziffer 6. dieses Abkommens verstößt.

Im Falle des Todes des Vertreters erlischt das Vertragsverhältnis mit sofortiger Wirkung[14]).

12. Ansprüche des Vertreters nach Beendigung des Vertragsverhältnisses

Mit Beendigung des Vertragsverhältnisses erlischt jeder Anspruch des Vertreters an das VU auf irgendwelche Vergütungen oder Provisionen. Ausgenommen hiervon sind Ansprüche auf Provisionen aus Versicherungen, die der Vertreter vor Beendigung des Vertragsverhältnisses vermittelt hat, auch wenn sie erst später beurkundet oder eingelöst werden[15]), ferner etwaige Ansprüche aus § 87 Abs. 3 und § 89b HGB.

---

[14]) Falls keine Versorgung im Sinne der vom Gesamtverband erlassenen „Richtlinien für die Altersversorgung des selbständigen Versicherungsaußendienstes" (GV-Nr. 176/49 vom 5. 12. 1949) oder eine mindestens gleichwertige sonstige Versorgung besteht, wird den VU dringend empfohlen, zur Vermeidung von Not- und Härtefällen eine Übergangsregelung zu treffen.

[15]) Kann allenfalls gestrichen werden.

Das VU ermöglicht dem Vertreter eine Alters- und Hinterbliebenenversorgung nach den vom „Gesamtverband“ erlassenen „Richtlinien für die Altersversorgung des selbständigen Versicherungsaußendienstes“ vom 5. 12. 1949 (GV-Nr. 176/49) oder nach den Grundsätzen des bei ihm bestehenden Versorgungswerkes für hauptberufliche Vertreter gemäß der dafür geltenden Satzung. Der Vertreter erklärt sich auch für seine hiernach versorgungsberechtigten Hinterbliebenen damit einverstanden, daß die Versorgungsansprüche, soweit sie aus Mitteln des VU entstanden sind, auf einen etwa nach § 89b HGB zu zahlenden Ausgleich angerechnet werden.

13. Geschäftsunterlagen und Schriftwechsel

Der Vertreter ist verpflichtet, alle Geschäftsunterlagen sorgsam aufzubewahren, ihren Inhalt vertraulich zu behandeln und sie stets zur Verfügung und Kontrolle des VU bereitzuhalten. Soweit dem Vertreter von dem VU für seinen Geschäftsbetrieb Akten oder sonstiges Material, gleich welcher Art, zur Verfügung gestellt wird, bleibt dieses Eigentum des VU.

Bei Beendigung des Vertragsverhältnisses ist der Vertreter verpflichtet, die wichtigen Geschäftsunterlagen, insbes. die Akten und den sonstigen Schriftwechsel über die Erfüllung von Versicherungsverträgen, die Unterlagen für den Prämieneinzug sowie die zur Durchführung dieser Aufgaben angelegten Karteien und Auszüge, unverzüglich dem VU oder dessen Beauftragten zu übergeben. Er ist ferner verpflichtet, das ihm für seine Tätigkeit ausgehändigte Material, wie z. B. Antragsvordrucke, Tarife, Bedingungen, Werbedrucksachen, Rundschreiben u. dgl., an das VU zurückzugeben. Der Vertreter darf auch keine Abschriften und sonstigen Vervielfältigungen sowie Auszüge von Geschäftsunterlagen, die zu Wettbewerbszwecken verwendet werden können, behalten. Ausgenommen hiervon sind lediglich Unterlagen und Schriftwechsel über das Vertretungsverhältnis sowie Kontenblätter und Buchungsnoten, soweit sich diese nicht auf den Verkehr mit den dem VU vertraglich verpflichteten Untervertretern beziehen.

14. Tätigkeitsbescheinigung

Das VU erklärt sich bereit, dem Vertreter auf sein Verlangen im Falle der Lösung des Vertragsverhältnisses eine Bescheinigung über die Art und Dauer der für das VU ausgeübten Tätigkeit zu erteilen.

15. Gerichtsstand

Bei Rechtsstreitigkeiten aus diesem Vertrage, die nicht durch gütliche Verständigung oder ein schiedsgerichtliches Verfahren erledigt werden können, sind nur die Gerichte des Ortes der vorgesetzten Geschäftsstelle/Bezirksdirektion des Vertreters zuständig.

Für nebenberufliche Versicherungsvertreter ist die Anwendung eines besonderen Vertragsschemas zu empfehlen. Darin müßte der Vertreter gemäß § 92 HGB ausdrücklich als Versicherungsvertreter im Nebenberuf gekennzeichnet werden. Außerdem hätte der Vertreter anzugeben, welchen Hauptberuf er ausübt. In Ziff. 11. könnten andere Kündigungsfristen vereinbart werden. Ein Ausgleichsanspruch nach § 89b HGB kommt nicht in Betracht. (Zu beachten bei Ziffer 12!)

[139] 4. Innen- und Außenverhältnis.

Bei einem Vsvertreter lassen sich Innen- und Außenverhältnis unterscheiden.

Das Innenverhältnis befaßt sich mit den Rechtsbeziehungen des Vsvertreters zu demjenigen, der ihn ständig betraut hat. Das ist regelmäßig ein Ver, ausnahmsweise ein Generalagent. Hier geht es um Begründung und Beendigung des Vertreterverhältnisses, um Rechte und Pflichten der Parteien, z. B. um die Provisionsansprüche. Vom Innenverhältnis der selbständigen und unselbständigen Vsvertreter soll in Anm. 140 bis 423 für Selbständige, Anm. 424—500 für Unselbständige die Rede sein.

Der Vsvertreter tritt als Vsvermittler auch mit den Vmern in Verbindung, hierdurch entsteht das Außenverhältnis. Hier geht es in erster Linie um die Vertretungsmacht des Agenten, aber auch im übrigen um die Frage, ob das Verhalten, Verschulden, Kennen, Kennenmüssen des Vsvertreters dem Ver zuzurechnen ist, ferner darum, ob durch das Tätigwerden des Vsvertreters ein besonderer Gerichtsstand gegen den Ver begründet wird. Hiervon handeln die §§ 43—48, welche zu kommentieren sind. Aber auch das Handelsgesetzbuch enthält einige wenige das Außenverhältnis berührende Normen, so die §§ 54, 55, 75 g, 75 h, 91, 92 HGB. Sie sollen im Zusammenhang mit den §§ 43—48 behandelt werden.

V. Speziell: Innenverhältnis der Versicherungsverteter.

1. Innenverhältnis bei selbständigen Versicherungsvertretern.

Gliederung:

V. Speziell: Innenverhältnis der Vsvertreter Anm. 140—500
1. Innenverhältnis bei selbständigen Vsvertretern Anm. 140—423
Schrifttum Anm. 140
a) Grundprinzipien der Gesetzgebung Anm. 141—146
aa) Gesetzesentstehung Anm. 141
bb) Schutzcharakter Anm. 142—143
aaa) Inhaltliche Gestaltung Anm. 142
bbb) Formelle Gewährleistung Anm. 143
cc) Inkrafttreten Anm. 144—146
aaa) Zeitpunkt Anm. 144
bbb) Neue Verträge Anm. 145
ccc) Bestehende Verträge Anm. 146
b) Merkmale des Vsvertretervertrages Anm. 147—192
aa) Vsvertreter als Beteiligter Anm. 148—171
aaa) Gewerbe Anm. 149
bbb) Betreiben Anm. 150—153
α) Positiv: Kreis der Gewerbetreibenden Anm. 150—152
αα) Natürliche Personen Anm. 151
ββ) Personenvereinigungen Anm. 152
β) Negativ: Arbeitnehmer des Vsvermittlergewerbes Anm. 153
ccc) Selbständigkeit Anm. 154—171
Schrifttum Anm. 154
α) Heranzuziehende Rechtsgebiete Anm. 155
β) Früherer Rechtszustand Anm. 156
γ) Jetziger Rechtszustand Anm. 157—165
αα) Unternehmertum Anm. 158
ββ) Tätigkeitsgestaltung Anm. 159
γγ) Arbeitszeitbestimmung Anm. 160
δδ) Unmaßgebliche Gesichtspunkte Anm. 161
εε) Indizierende Momente Anm. 162—164
ααα) Indizien für Selbständigkeit Anm. 163
βββ) Indizien gegen Selbständigkeit Anm. 164
ζζ) Vermutete Unselbständigkeit Anm. 165
δ) Arbeitsrechtliche Besonderheiten Anm. 166—167
αα) Prozeßrechtliche Fragen Anm. 166
ββ) Materiellrechtliche Fragen Anm. 167
ε) Sozialvsrechtliche Besonderheiten Anm. 168
ζ) Steuerrechtliche Besonderheiten Anm. 169—170
η) Konkursrechtliche Besonderheiten Anm. 171
bb) Unternehmer als Beteiligter Anm 172—175
aaa) Vsunternehmen Anm. 173
bbb) Generalagenten Anm. 174
ccc) Restfälle Anm. 175
cc) Ständigkeit der Betrauung Anm. 176—181
aaa) Kriterium der Dauer Anm. 176
bbb) Einseitigkeit der Betrauung Anm. 177
ccc) Ständigkeit auch beim Mehrfachvertreter Anm. 178
ddd) Ständigkeit auch beim Nebenberuflichen Anm. 179—181
dd) Aufgaben des Vsvertreters Anm. 182—192
aaa) Sachlicher Aufgabenbereich (Vermittlung i.w.S., Verwaltung) Anm. 183—186
α) Aufgaben hinsichtlich des einzelnen Vsvertrages Anm. 184—185
αα) Bei dem Vertragsabschluß Anm. 184

ββ) Während des Vertragslaufes Anm. 185
β) Aufgaben hinsichtlich des ganzen Vsbetriebes Anm. 186
bbb) Örtlicher Aufgabenbereich (Bezirks-, Alleinvertretung) Anm. 187 bis 191
α) Pflicht oder Recht Anm. 188
β) Rechtliches oder wirtschaftliches Monopol Anm. 189
γ) Änderungen des Bezirkes Anm. 190—191
αα) Vmer verlassen Bezirk Anm. 190
ββ) Ver ändert Bezirksgrenze Anm. 191
ccc) Verwandte Aufgabenbereiche (Inkassanten, Schadensbüros) Anm. 192
c) Rechtsstellung des Vsvertreters Anm. 193—198
aa) Gewerbetreibender und Kaufmann Anm. 194
bb) Zulassung und Beaufsichtigung Anm. 195
cc) Berufsbezeichnung und Titel Anm. 196
dd) Geschäftsbesorgung und Dauerschuldverhältnis Anm. 197
ee) Streitigkeiten und Gerichtsstand Anm. 198
d) Zustandekommen des Vsvertretervertrags Anm. 201—214
aa) Aufsichts- und Wettbewerbsrecht Anm. 201
bb) Antrag und Annahme Anm. 202
cc) Nichtigkeit und Anfechtbarkeit Anm. 203
dd) Regel der Formlosigkeit Anm. 204
ee) Ausnahme der Schriftform Anm. 205
ff) Anspruch auf Beurkundung Anm. 206—213
aaa) Rechtsnatur Anm. 207
bbb) Träger Anm. 208
ccc) Zeitpunkt Anm. 209
ddd) Inhalt Anm. 210
eee) Verletzung Anm. 211
fff) Unabdingbarkeit Anm. 212
ggg) Urkunde Anm. 213
gg) Änderung des Vertrages Anm. 214
e) Pflichten des Vsvertreters Anm. 215—239
aa) Aufzählung der Pflichten Anm. 215—231
aaa) Bemühungspflicht Anm. 216
bbb) Interessenwahrnehmungspflicht Anm. 217
ccc) Benachrichtigungspflicht Anm. 218
ddd) Weisungsfolgepflicht Anm. 219
eee) Geheimhaltungspflicht Anm. 220
fff) Wettbewerbsklauseln Anm. 221
ggg) Inkassopflicht Anm. 222
hhh) Schadensbearbeitungspflicht Anm. 223
iii) Verwaltungspflicht Anm. 224
kkk) Rechenschaftspflicht Anm. 225
lll) Herausgabepflicht Anm. 226
mmm) Delkrederepflicht Anm. 227
nnn) Sicherstellungspflicht Anm. 228
ooo) Kontrollduldungspflicht Anm. 229
ppp) Pflichten zugunsten Dritter Anm. 230
qqq) Sonstige vertragliche Pflichten Anm. 231
bb) Verletzung der Pflichten Anm. 232—234
aaa) Objektiver Tatbestand Anm. 232
bbb) Subjektiver Tatbestand Anm. 233
ccc) Folgen der Verletzung Anm. 234
cc) Zurückbehaltung und Aufrechnung Anm. 235
dd) Erlaß und Verzicht Anm. 236
ee) Verjährung und Verwirkung Anm. 237
ff) Abtretung und Verpfändung Anm. 238

gg) Pfändung und Konkurs Anm. 239
f) Rechte des Vsvertreters Anm. 240—336
aa) Übersicht über Rechte Anm. 240—241
aaa) Allgemeines Anm. 240
bbb) Kundenschutz Anm. 241
bb) Ansprüche außer Erfolgsvergütung Anm. 242—253
aaa) Unterlagen Anm. 242
bbb) Benachrichtigung Anm. 243
ccc) Festbezüge Anm. 244—247
α) Gehaltszahlung Anm. 244
β) Provisionsgarantie Anm. 245
γ) Mindestvergütung Anm. 246
δ) Restfälle Anm. 247
ddd) Aufwendungsersatz Anm. 248—249
α) Konkrete Berechnung Anm. 248
β) „Feste Spesen“ Anm. 249
eee) Sonderleistungen Anm. 250—252
α) Gratifikation Anm. 250
β) Gewinnbeteiligung Anm. 251
γ) Restfälle Anm. 252
fff) Urlaub Anm. 253
cc) Ansprüche auf Erfolgsvergütung Anm. 260—327
aaa) Arten der Erfolge Anm. 260—268
α) Vermittlungsprovision Anm. 261
β) Inkassoprovision Anm. 262
γ) Verwaltungsprovision Anm. 263—267
αα) Ausfertigungsprovision Anm. 264
ββ) Schadenserledigungsprovision Anm. 265
γγ) Führungsprovision Anm. 266
δδ) Restfälle Anm. 267
δ) Delkredereprovision Anm. 268
bbb) Verteilung der Zahlung Anm. 269—272
α) Laufende und Einmalprovision Anm. 269
β) Erst- und Folgeprovision Anm. 270
γ) Spezialfall der Nachprovision Anm. 271
δ) Spezialfall der Verlängerungsprovision Anm. 272
ccc) Schwierigkeiten der Praxis Anm. 273—275
α) Unsorgfältige Terminologie Anm. 273
β) Ungerechtfertigte Zusammenziehung Anm. 274
γ) Bestrittene Qualifikation Anm. 275
ddd) Schuldner der Provision Anm. 276—279
α) Mehrheit von Vern Anm. 276
β) Mehrheit von Vsvermittlern Anm. 277—279
αα) Vsmakler und Vsvertreter Anm. 277
ββ) General- und Untervertreter Anm. 278
γγ) Mehrzahl von Vsvertretern Anm. 279
eee) Anspruch auf Vermittlungsprovision Anm. 280—310
α) Übersicht Anm. 280
β) Rechtsgrund Anm. 281
γ) Vermittlungstätigkeit Anm. 282
δ) Kausalerfordernis Anm. 283—288
αα) Allgemeines Anm. 283
ββ) „Nachbestellungen“ Anm. 284
γγ) Bezirksvertreter Anm. 285
δδ) Inhaltsabweichungen Anm. 286
εε) Personenwechsel Anm. 287
ζζ) Vertragsverlängerungen Anm. 288

ε) Vertragsabschluß Anm. 289
ζ) Ausführungserfordernis Anm. 290—293
αα) Unmaßgeblichkeit der Ausführung durch Ver Anm. 290
ββ) Maßgeblichkeit der Ausführung durch Vmer Anm. 291—292
ααα) Einmalige Prämienzahlung Anm. 291
βββ) Laufende Prämienzahlung Anm. 292
γγ) Unterbleiben der Ausführung Anm. 293
η) Zeitkomponente Anm. 294
ϑ) Provisionshöhe Anm. 295—301
αα) Abstellung auf Prämie Anm. 295
ββ) Abstellung auf Vssumme Anm. 296
γγ) Gesetz, Vertrag, Übung Anm. 297
δδ) Einfluß der Vertragsdauer Anm. 298
εε) Einfluß des Risikos Anm. 299
ζζ) Einfluß der Verdienstlichkeit Anm. 300
ηη) Zuschläge und Abzüge Anm. 301
ι) Provisionsabrechnung Anm. 302
κ) Provisionsfälligkeit Anm. 303
λ) Provisionsverteilung Anm. 304
μ) Provisionswegfall Anm. 305—309
αα) Nichtigkeit und Anfechtbarkeit Anm. 306
ββ) Eintritt einer Bedingung Anm. 307
γγ) Rücktritt und Kündigung Anm. 308
δδ) Aufhebung und Restfälle Anm. 309
ν) Provisionsabgabe Anm. 310
fff) Anspruch auf Inkassoprovision Anm. 311—313
α) Voraussetzungen Anm. 311
β) Höhe Anm. 312
γ) Wegfall Anm. 313
ggg) Anspruch auf Verwaltungsprovision Anm. 314—316
α) Voraussetzungen Anm. 314
β) Höhe Anm. 315
γ) Wegfall Anm. 316
hhh) Anspruch auf Delkredereprovision Anm. 317—319
α) Voraussetzungen Anm. 317
β) Höhe Anm. 318
γ) Wegfall Anm. 319
iii) Hilfsansprüche des Vsvertreters Anm. 320—327
α) Anspruch auf Provisionsabrechnung Anm. 320—324
αα) Abrechnungsmethoden Anm. 320
ββ) Abrechnungszeitraum Anm. 321
γγ) Abrechnungszeitpunkt Anm. 322
δδ) Abrechnungsinhalt Anm. 323
εε) Abrechnungswirkung Anm. 324
β) Anspruch auf Buchauszug Anm. 325
γ) Anspruch auf Auskunft Anm. 326
δ) Anspruch auf Bucheinsicht Anm. 327
dd) Folgen der Verletzung Anm. 328
ee) Zurückbehaltung und Aufrechnung Anm. 329—332
aaa) Zurückbehaltung Anm. 329—331
α) Bürgerlichrechtliches Zurückbehaltungsrecht Anm. 329
β) Kaufmännisches Zurückbehaltungsrecht Anm. 330
γ) Ausschluß der Zurückbehaltung Anm. 331
bbb) Aufrechnung Anm. 332
ff) Erlaß und Verzicht Anm. 333
gg) Verjährung und Verwirkung Anm. 334
hh) Abtretung und Verpfändung Anm. 335

ii) Pfändung und Konkurs Anm. 336
g) Beendigung des Vertreterverhältnisses Anm. 340—389
aa) Beendigungsgründe Anm. 340—357
aaa) Zeitablauf Anm. 340
bbb) Tod Anm. 341—343
α) Tod des Vsvertreters Anm. 341
β) Tod des Generalagenten Anm. 342
γ) Tod des Vers Anm. 343
ccc) Berufsunfähigkeit Anm. 344
ddd) Liquidation Anm. 345
eee) Personenwechsel Anm. 346—348
α) Wechsel beim Vsvertreter Anm. 346
β) Wechsel beim Generalagenten Anm. 347
γ) Wechsel beim Ver Anm. 348
fff) Aufhebungsvertrag Anm. 349
ggg) Konkurs Anm. 350—352
α) Konkurs des Vsvertreters Anm. 350
β) Konkurs des Generalagenten Anm. 351
γ) Konkurs des Vers Anm. 352
hhh) Kündigung Anm. 353—357
α) Kündigung Unternehmers oder Vsvertreters Anm. 353
β) Befristete oder unbefristete Kündigung Anm. 354
γ) Verschuldete oder unverschuldete Kündigung Anm. 355
δ) Vollständige oder teilweise Kündigung Anm. 356
ε) Wirksame oder unwirksame Kündigung Anm. 357
bb) Beendigungsfolgen Anm. 358—389
aaa) Übersicht über Rechtsfolgen Anm. 358—361
α) Allgemeines Anm. 358
β) Zurückbehaltungsrecht Anm. 359—360
αα) Grundsätze Anm. 359
ββ) Einschränkung Anm. 360
γ) Verjährung Anm. 361
bbb) Nachwirkungspflichten des Vsvertreters Anm. 362—364
α) Geheimhaltungspflicht Anm. 362
β) Wettbewerbsklauseln Anm. 363
γ) Restfälle Anm. 364
ccc) Nachwirkungsrechte des Vsvertreters Anm. 365—389
α) Zeugnisanspruch Anm. 365
β) Nachprovisionsanspruch Anm. 366—369
αα) Voraussetzungen Anm. 366
ββ) Gläubiger Anm. 367
γγ) Umfang Anm. 368
δδ) Verzicht Anm. 369
γ) Ausgleichsanspruch Anm. 370—389
αα) Rechtsnatur des Anspruchs Anm. 370
ββ) Beendigung des Vertragsverhältnisses Anm. 371—374
ααα) Allgemeines Anm. 371
βββ) Kündigung Anm. 372
γγγ) Tod Anm. 373
δδδ) Teilbeendigung Anm. 374
γγ) Vorteile des Unternehmers Anm. 375
δδ) Verlust von Provision Anm. 376—377
ααα) Vermittlungsprovision Anm. 376
βββ) Sonstige Provision Anm. 377
εε) Gesichtspunkt der Billigkeit Anm. 378—379
ααα) Allgemeines Anm. 378
βββ) Altersversorgung Anm. 379

ζζ) Nichtentstehung des Anspruchs Anm. 380
ηη) Person des Berechtigten Anm. 381—383
ααα) Speziell: Vsvertreter im Nebenberuf Anm. 382
βββ) Speziell: Personenvereinigungen Anm. 383
ϑϑ) Höhe des Anspruchs Anm. 384
ιι) Geltendmachung des Anspruchs Anm. 385
κκ) Unabdingbarkeit des Anspruchs Anm. 386
λλ) Abtretung und Verpfändung Anm. 387
μμ) Pfändung und Konkurs Anm. 388
νν) Bilanz und Steuer Anm. 389
δ) Altersversorgung Anm. 390
h) Änderung des Vertreterverhältnisses Anm. 400—412
aa) Änderung der Rechtsstellung Anm. 401
bb) Änderung des sachlichen Aufgabenbereichs Anm. 402
cc) Änderung des örtlichen Aufgabenbereichs Anm. 403
dd) Änderung der Pflichten des Vsvertreters Anm. 404
ee) Änderung der Rechte des Vsvertreters Anm. 405—407
aaa) Speziell: Provisionserhöhung Anm. 406
bbb) Speziell: Provisionsherabsetzung Anm. 407
ff) Personenwechsel Anm. 408—410
aaa) Wechsel auf seiten des Vsvertreters Anm. 408
bbb) Wechsel auf seiten des Generalagenten Anm. 409
ccc) Wechsel auf seiten des Vers Anm. 410
gg) Teilkündigung Anm. 411
hh) Restfälle Anm. 412
i) Rechtslage in Sonderfällen Anm. 413—423
aa) Untervertreter Anm. 413
bb) Auslandsberührung Anm. 414
cc) Bezirksvertreter Anm. 415
dd) Einfirmenvertreter Anm. 416
ee) Konzernvertreter Anm. 417
ff) Mehrfachvertreter Anm. 418
gg) Vsvertreter im Nebenberuf Anm. 419
hh) Vsvertreter als Schiffsagenten Anm. 420
ii) Selbständige Nichthandelsvertreter Anm. 421—423
aaa) Nachweis von Gelegenheiten Anm. 422
bbb) Fehlen der Gewerbsmäßigkeit Anm. 423

[140] V. Speziell: Innenverhältnis der Versicherungsvertreter.

1. Innenverhältnis bei selbständigen Versicherungsvertretern.

Schrifttum: Vgl. Anm. 1, 127, ferner speziell zum Vsvertreterrecht: Josten-Lohmüller, Handels- und Vsvertreterrecht, Düsseldorf o. J., Leuze, Das Recht des Vsvertreters, Bonn (1953), Strietholt, Das Recht des Vs-Vertreter-Vertrages, Bonn (1950); ferner allgemein zum Handelsvertreterrecht: Duden in: Baumbach-Duden, Handelsgesetzbuch, 11. Aufl., München-Berlin 1955, S. 284—347, Froehlich-Wagner, Der Handelsvertretervertrag, Köln 1953, Knapp, Handelsvertretergesetz, Frankfurt 1953, Schmidt-Rimpler in: Ehrenberg, Handbuch des gesamten Handelsrechts, 5. Band, I. Abtlg., 1. Hälfte, 1. Lieferung, Leipzig 1926, S. 1—320, Schröder, Recht der Handelsvertreter, Berlin-Frankfurt 1953, Würdinger in: RGRKomm. HGB Bd 1 S. 667—773, weiterhin: Forschungsverband für den Handelsvertreter- und Handelsmaklerberuf, Handelsvertreterrecht, Entscheidungen und Gutachten, Braunschweig 1954ff. (abgekürzt: Entscheidungen und Gutachten).

Spezialzeitschriften der Vsvermittlerverbände: Vsvermittlung (Nachrichtenblatt des Wirtschaftsverbandes Vsvermittlung, Bonn), VGA Nachrichtenblatt (Verband der bevollmächtigten Generalagenten und Assekuradeure, Köln), Mitglieder-Rundschreiben, seit 1955: Vsaußendienst (Arbeitsgemeinschaft Fachverbände Vsaußendienst, Hamburg). Über frühere Spezialzeitschriften: Möller Vsvermittlung S. 50.

[141] a) Grundprinzipien der Gesetzgebung.

aa) Gesetzesentstehung.

Die §§ 84—92 HGB waren die ersten Vorschriften der ganzen Welt, die sich mit dem „Handlungsagenten" befaßten. Die Bestimmungen erwiesen sich schon früh als reformbedürftig, so daß die Verbände der Handlungsagenten schon 1902 mit Vorarbeiten für die Rechtserneuerung begannen. Im Rahmen der Akademie für Deutsches Recht arbeitete ein Unterausschuß für das Recht der Handelsvertreter und Handelsreisenden einen Gesetzentwurf aus, welcher veröffentlicht ist von: Nipperdey-Dietz, Entwurf eines Handelsvertretergesetzes, Berlin 1940. Nach dem Kriege publizierte die Centralvereinigung Deutscher Handelsvertreter- und Handelsmakler-Verbände den Entwurf eines Handelsvertretergesetzes (Dezember 1949—April 1950).

Auf der Grundlage dieser Vorarbeiten und ausländischer Gesetze fertigte der Bundesminister der Justiz den ausführlich begründeten Entwurf eines Gesetzes zur Änderung des Handelsgesetzbuches (Recht der Handelsvertreter): Deutscher Bundestag 1. Wahlperiode 1949, Drucksache Nr. 3856 (abgekürzt: HandelsvertreterGBegr.). An den Vorarbeiten im Bundesjustizministerium waren auch Vertreter der Ver, Vsvermitter und Vswissenschaft beteiligt, damit der Sonderstellung der Vsvertreter Rechnungl getragen wurde. Schrifttum zum Entwurf bei Trinkhaus I S. 3 Anm. 18, z. B. Finke VA 1952 S. 116—118, 134—138, Knapp VW 1952 S. 391—394, Möller ZfV 1953 S. 89—91, 115—117, 137—140, Strietholt ZfV 1952 S. 364—368. Der Ausschuß für Rechtswesen und Verfassungsrecht befürwortete gewisse Änderungen, ersichtlich aus der Drucksache Nr. 4604. Das Gesetz datiert vom 6. VIII. 1953 (BGBl. 1953 I S. 771). Näheres bei Trinkhaus I S. 3—4. Wortlaut: Anm. 134.

Von seiten der Ver und Vsvermittler sind zu den Entwürfen mehrere Eingaben beim Bundesjustizministerium gemacht, auch liegen mehrere sonstige Stellungnahmen vor, vgl. z. B. Adler, Das Recht der Handelsvertreter (Verbandstagung der Lebensver am 20. und 21. V. 1953) und Rundschreiben GVa Nr. 48/53 vom 22. IX. 1953 des Gesamtverbandes der Vswirtschaft. Sehr kritisch Trinkhaus I S. 4—10.

An die Stelle der Bezeichnung Handlungsagent ist die Benennung Handelsvertreter getreten. Die neuen §§ 89b V, 92, 92a II, 92b IV HGB berücksichtigen erstmalig speziell den Vsvertreter als Sonderform des Handelsvertreters.

[142] bb) Schutzcharakter.

aaa) Inhaltliche Gestaltung.

Die neuen Vorschriften der §§ 84—92c HGB dienen der klaren Abgrenzung der Handelsvertreter von den Handlungsgehilfen (§ 84 HGB) und der Verbesserung der Rechtsstellung der Handelsvertreter. Diese erfolgt z. B. durch eine günstigere Ausgestaltung des Anspruchs auf Vermittlungsprovision (§§ 87—87c, 92 III, IV HGB), durch eine Festigung des Anspruchs auf Delkredere- und Inkassoprovision (§§ 86b, 87 IV HGB), durch eine vorgesehene Regelung von Mindestarbeitsbedingungen (§ 92a HGB), durch Verlängerung der Kündigungsfristen (§§ 89, 92b HGB) und insbesondere auch durch Schaffung des sog. Ausgleichsanspruchs der Handelsvertreter (§ 89b HGB).

[143] bbb) Formelle Gewährleistung.

Der Schutz der Handelsvertreter ist formell durch vier Formvorschriften gewährleistet (§§ 85, 86b I 3, 90a I 1, II 1 HGB). Besonders aber ist im Handelsvertreterrecht — ähnlich wie im Vsvertragsrecht (Einl. Anm. 45—50) — ein System von Beschränkungen der Vertragsfreiheit eingeführt (vgl. auch Übersicht bei Trinkhaus I S. 466—467). Dabei ist (bedauerlicherweise) die Terminologie durchaus nicht einheitlich: Gewisse Rechte können nicht ausgeschlossen oder beschränkt werden (§§ 87c V, 89a I 2, 92a I 2 HGB), gewisse Ansprüche sind nicht ausschließbar (§§ 85^2, 86a II 3 HGB) oder doch im voraus nicht ausschließbar (§§ 86b I 1, 89b IV 1 HGB). Zuweilen können abweichende nachteilige Vereinbarungen nicht getroffen werden (§§ 87a V, 90a IV HGB). In anderen Fällen sind Abweichungen zwar möglich, aber der Handelsvertreter hat sodann einen Sonderanspruch (§ 87a I 2, 3 HGB). Auf Zurückbehaltungsrechte kann der Handelsvertreter nicht im voraus verzichten (§ 88a I HGB). Eine

Delkredereverpflichtung kann nur unter bestimmten Einschränkungen übernommen werden (§ 86b I 2 HGB). Auf die Nebenberuflichkeit eines Handelsvertreters kann sich der Unternehmer nur unter gewissen Voraussetzungen berufen (§ 92b II HGB). Bei der neuen Kündigungsregelung sind die Einschränkungen durch zwingende Normen besonders zahlreich (§§ 89, 92b I 2 HGB). Auch für eine Wettbewerbsabrede gelten Beschränkungen des Könnens der Vertragsparteien (§ 90a I 2 HGB). Schließlich dient auch die in § 84 II HGB enthaltene unwiderlegbare Vermutung („gilt") dem Schutze der dort in Betracht kommenden Personen.

[144] cc) Inkrafttreten.

aaa) Zeitpunkt.

Nach Art. 6 I HandelsvertreterG (Anm. 134) ist das G mit dem ersten Tage des vierten Monats nach seiner Verkündung in Kraft getreten, d. h. am 1. XII. 1953 (Duden a. a. O. S. 285, Josten-Lohmüller a. a. O. Anm. 1 zu Art. 6, Knapp a. a. O. S. 71, Schröder a. a. O. Anm. 1 zu Art. 6, S. 278, Trinkhaus I S. 4, 466, a. A. Hoeller NJW 1953 S. 1905).

[145] bbb) Neue Verträge.

Seit dem 1. XII. 1953 können neue Agenturverträge nur unter Beachtung der zwingenden Normen (Anm. 143) der neuen §§ 84—92c HGB abgeschlossen werden (Art. 6 I HandelsvertreterG [Anm. 134]).

[146] ccc) Bestehende Verträge.

Die Regelung des Art. 6 II, III HandelsvertreterG (Anm. 134) bewirkt eine Korrektur bestehender Agenturverträge, nie aber kann sich aus der Nichtigkeit eines Teiles des bisherigen Vertrages die Nichtigkeit des ganzen Vertrages (unter Anwendung des § 139 BGB) ergeben. Denn diese Vorschrift ist angesichts der Sonderregelung in Art. 6 II, III HandelsvertreterG nicht anwendbar (Duden a. a. O. S. 286, Rhein VW 1953 S. 565, Trinkhaus I S. 467, a. A. von Brunn BetrBer 1953 S. 922—923, Schröder a. a. O. Anm. 1 zu Art. 6, S. 278). Nur unter dem Gesichtspunkte eines Wegfalls oder einer Erschütterung der Geschäftsgrundlage kann in ganz seltenen Fällen eine Auflösung eines bestehenden Vertrages in Betracht kommen (Duden a. a. O. S. 286). Eine Kündigung aus wichtigem Grunde kann aus der Gesetzesänderung nicht hergeleitet werden.

Für bestehende Agenturverträge gelten grundsätzlich die alten, mündlich oder schriftlich getroffenen Vereinbarungen weiter. Diese Regel hat aber vier gewichtige Ausnahmen:

Erstens: Soweit neuerdings eine Schriftform vorgesehen ist, muß ihr Mangel sich auch bei bestehenden Verträgen auswirken; Beispiel: Eine nur mündlich übernommene Delkredereverpflichtung ist wegen § 86b I 3 HGB nichtig geworden (ebenso Duden a. a. O. S. 286).

Zweitens: Verletzen die früheren Abreden zwingende Normen des neuen Gesetzesrechtes (Anm. 143), so sind die ursprünglichen Abreden nichtig (Art. 6 II 1 HandelsvertreterG); sie fallen fort, meistens tritt an ihre Stelle das neue Recht (Trinkhaus I S. 467). Bei jetzt unzulässigen Verzichten auf Ansprüche kommt es darauf an, wann die Ansprüche fällig geworden sind. Bei Fälligkeit vor dem 1. XII. 1953 bleibt es bei dem Verzicht. Bei Fälligkeit von diesem Stichtag an ist das neue zwingende Recht zu beachten (Art. 6 II 2 HandelsvertreterG). — Beispiele: Wegen § 87c V HGB wird eine Abrede über die Abrechnung durch die neue gesetzliche Regelung ersetzt, wenn sie ungünstiger war, wenn also bislang z. B. nur halbjährlich abgerechnet werden mußte. Hatte ein Handelsvertreter (schriftlich) bislang unentgeltlich eine Delkredereverpflichtung übernommen, so erhält er künftig wegen § 86b I 1 HGB eine Delkredereprovision (Trinkhaus I S. 467). An die Stelle einer (schriftlich vereinbarten) entschädigungslosen, möglicherweise länger als zwei Jahre währenden Wettbewerbseinschränkung tritt die Entschädigungsregelung des § 90a I 2, 3 HGB für längstens zwei Jahre (Rhein VW 1953 S. 565 Anm. 5). Hatte ein Vsvertreter im voraus auf gesetzliche Zurückbehaltungsrechte verzichtet, so ist wegen § 88a I HGB der Verzicht hinfällig geworden (Trinkhaus I S. 467). Das gilt wegen § 89b IV 1 HGB auch, soweit vor dem 1. XII. 1953 Ver im Vorwege den Vsvertreter auf den Ausgleichsanspruch haben verzichten lassen (Duden a. a. O.

S. 286) oder soweit er auf „irgendwelche Bezüge" für die Zeit nach Vertragsende verzichtet hat (Rhein VW 1953 S. 565). Eine frühere ungünstigere Kündigungsregelung ist wegen § 89 HGB durch die neue gesetzliche Regelung ersetzt. Ist jemand erst durch die Neuregelung des § 84 I 2 HGB zum Handelsvertreter geworden, so ist auch sein Vertrag künftig nach Maßgabe der §§ 84—92c HGB zu beurteilen (Duden a. a. O. S. 286). — Aus Art. 6 III HandelsvertreterG ergibt sich nur, daß § 92b II HGB nicht für Vertragsverhältnisse gilt, die am 1. XII. 1953 bestanden. Demzufolge sind auch solche Handelsvertreter als Handelsvertreter im Nebenberuf zu behandeln, die nicht ausdrücklich als Handelsvertreter im Nebenberuf betraut worden sind (dazu Trinkhaus I S. 468).

Drittens: Soweit der frühere Agenturvertrag nur den Inhalt der bisherigen §§ 84—92 HGB wiedergab, treten an die Stelle der früheren Klauseln die jetzigen gesetzlichen Normen, auch soweit sie keinen zwingenden Charakter tragen. Das ist der Fassung des Art. 6 II 3 HandelsvertreterG zu entnehmen. Duden a. a. O. S. 286 sagt: „der Gesetzgeber behandelt solche Vertragsklausel nicht als Erklärung eines selbständigen Vertragswillens, der bei Änderung des Gesetzes (soweit dieses nachgiebig bleibt) Fortsetzung beanspruchen könnte, sondern als Anpassung an das Gesetz in seinem wechselnden Inhalt". Dabei kommt es übrigens nicht darauf an, ob die Vertragsklausel das frühere Gesetz wörtlich oder nur sinngemäß wiedergab. Wichen Vertragsklauseln inhaltlich vom früheren Recht ab, so bleiben sie bestehen, wenn sie nicht gegen zwingende Vorschriften des neuen Rechts verstoßen (Trinkhaus I S. 468).

Viertens: In Ergänzung des (unvollständigen) Wortlautes der früheren Agenturverträge gilt jetzt die neue gesetzliche Regelung, mag sie zwingend sein oder nicht. Das gilt für die Abgrenzung des Begriffes der Handelsvertreter (§ 84 HGB), für die Regelung hinsichtlich der Delkredere- und Inkassoprovision (§§ 86b, 87 IV HGB), für den Ausgleichsanspruch (§ 89b HGB) usw.

Bemerkenswert ist schließlich noch, daß durch die Neuregelung sogar solche früheren Agenturverhältnisse berührt werden können, die bereits beendet waren, aber noch Nachwirkungen zeitigen. Man denke an ein Wettbewerbsverbot aus einem Vertrag, der bereits vor dem 1. XII. 1953 beendet war; auch hier gilt jetzt § 90a HGB (OLG München 11. III. 1954 BetrBer 1954 S. 577, Duden a. a. O. S. 285, a. A. wohl Schröder a. a. O. Anm. 1 zu Art. 6, S. 278). Negativ ist festzustellen, daß sich aus einem vor dem 1. XII. 1953 beendeten Agenturvertrag nachträglich kein Ausgleichsanspruch (§ 89b HGB) mehr ergeben kann: Abgewickelte Rechtsverhältnisse bleiben abgewickelt. — Über Probleme des intertemporalen Rechts der Verjährung zu § 88 HGB: Trinkhaus I S. 474—475.

Zusammenfassend ergibt sich, daß jeder bisherige Agenturvertrag durch die Gesetzesänderung stark berührt ist. Die Feststellung des jetzigen wahren Vertragsinhalts setzt genaue juristische Prüfung voraus. Zweckmäßig erscheint es, nach Klarstellung der Rechtslage von dem Verlangen des § 85 HGB Gebrauch zu machen, also eine urkundliche Fixierung des neuen Vertragsinhaltes zu fordern.

[147] b) Merkmale des Versicherungsvertretervertrages.

Nach §§ 84 I, 92 I HGB sind es vier Merkmale, die den Vsvertretervertrag kennzeichnen. Als Kontrahenten treten (erstens: Anm. 148—171) der Handelsvertreter und (zweitens: Anm. 172—175) ein Unternehmer auf. Der Vsvertreter muß (drittens: Anm. 176—181) ständig betraut sein, und zwar (viertens: Anm. 182—186), was die Aufgabe anlangt, mit der Vermittlung oder dem Abschluß von Vsverträgen.

[148] aa) Versicherungsvertreter als Beteiligter.

§ 84 I 1 HGB sieht als Handelsvertreter und damit auch als Vsvertreter (§ 92 I HGB) nur einen selbständigen Gewerbetreibenden an, so daß die Kriterien des Gewerbes, des Betreibens und der Selbständigkeit gegeben sein müssen.

[149] aaa) Gewerbe.

Der Gewerbebegriff wird von § 84 I 1 HGB vorausgesetzt. Er erfordert Gewinnerzielungsabsicht, Planmäßigkeit, Erkennbarkeit und Rechtsgültigkeit der zustande kommenden Geschäfte (vgl. Würdinger in: RGRKomm. HGB Anm. 5—8 zu § 1, S. 64 bis 66).

An der Gewinnerzielungsabsicht wird es bei einem Vsvermittler selten fehlen; denn er will mehr als seine Selbstkosten, insbesondere mehr als seine eigenen Aufwendungen decken (auf einzelne Verlustgeschäfte kommt es ebensowenig an wie darauf, ob womöglich in einem ganzen Geschäftsjahr mit Verlust gearbeitet ist). Wird bei der Vsvermittlung ein Überschuß angestrebt, so kann auch ein vermittelnder Beamtenverein oder sonstiger Idealverein oder eine städtische Sparkasse zum Gewerbetreibenden werden, selbst wenn der Überschuß an die Mitglieder verteilt wird.

Die Planmäßigkeit setzt die Absicht voraus, in fortgesetztem Zusammenhange, also nicht vereinzelt oder gelegentlich Vsvermittlung zu betreiben. Dauerabsicht ist nicht in dem Sinne erforderlich, daß eine unbeschränkte Tätigkeitsdauer vorgesehen ist; auch während einer Ausstellung, einer Saison kann planmäßig gearbeitet werden. Mangels Planmäßigkeit scheiden aber viele Gelegenheitsvermittler, auch wenn sie für die Fälle ihres Tätigwerdens einen Vertrag mit einem Ver geschlossen haben, also ständig betraut sind, aus dem Handelsvertreterbegriff aus. Die Grenze ist fließend. Wer sich aktiv laufend nach Abschlußmöglichkeiten umsieht, arbeitet planmäßig. Wer aber mehr passiv abwartet, bis sich ihm eine Vermittlungsgelegenheit bietet, handelt nicht gewerbsmäßig, mögen auch solche Gelegenheiten bei Leuten mit vielen Beziehungen öfters wiederkehren. Die Geschäftsmäßigkeit des § 140 II VAG (Anm. 21) steht der Planmäßigkeit nahe.

Der Gewerbebetrieb setzt äußere Erkennbarkeit voraus. Gerade der Vsvertreter muß nach außen in Erscheinung treten, da er nicht nur Gelegenheiten nachweist, sondern auch mit den Vmern vermittelnd oder abschließend in Verbindung tritt.

Rechtsgültigkeit der zustande kommenden Rechtsgeschäfte ist zu fordern. Es ist also die Wirksamkeit des Agenturvertrages, vielleicht auch der zustande kommenden Vsverträge vorauszusetzen. Wer entgegen § 140 II VAG für einen nicht konzessionierten ausländischen Ver tätig ist, betreibt ein Gewerbe; denn der Agenturvertrag dürfte ebensowenig nichtig sein wie es die vermittelten Vsverträge sind (Anm. 41 zu § 22). A. M. OLG München 4. II. 1927 VA 1927 S. 14 Nr. 1669, dagegen, also wie hier, Rohrbeck-Durst-Bronisch S. 43.

[150] bbb) Betreiben.

α) Positiv: Kreis der Gewerbetreibenden.

Handelsvertreter ist nur derjenige, der das Gewerbe selbst betreibt, also nach außen hin — im eigenen Namen handelnd — in Erscheinung tritt, z. B. den Agenturvertrag mit dem Ver oder Generalagenten abschließt.

[151] αα) Natürliche Personen.

Die meisten Vsvertreter sind natürliche Personen, Einzelkaufleute. Ausländer können nach der Verwaltungsübung als Hauptbevollmächtigte ausländischer Ver (§ 106 II Ziff. 3 VAG) nicht wirken (Prölss VAG S. 596, 601). Ehefrauen können beim jetzigen gesetzlichen Güterstand der Gütertrennung ohne Zustimmung des Ehemannes Agenturverträge abschließen, also sich verpflichten und Verfügungen vornehmen, auch hinsichtlich des früheren eingebrachten Gutes (vgl. z. B. Vogel in: Siebert-Vogel, Familienrecht, Stuttgart-Köln 1955, S. F 29, Duden a. a. O. S. 7). Geschäftsunfähige können ein Gewerbe betreiben, aber nur durch ihren gesetzlichen Vertreter. Beschränkt Geschäftsfähige können gleichfalls Gewerbetreibende sein. Vom Beginn eines Erwerbsgeschäfts des beschränkt Geschäftsfähigen handeln die §§ 1645, 1823 BGB, von der Auflösung spricht § 1823 BGB, Erwerb und Veräußerung betreffen die §§ 1822 Ziff. 3, 1643 I BGB. Der Minderjährige kann zum selbständigen Betrieb des Erwerbsgeschäftes, also auch einer Agentur ermächtigt sein (§ 112 BGB). Sonst führt der gesetzliche Vertreter das Geschäft für den Minderjährigen. Erben werden zu Gewerbetreibenden dadurch, daß sie die ererbte Agentur fortführen, wobei es allerdings Bedeutung gewinnt, ob der Vertretervertrag auf den Erben übergeht (Anm. 341, 408). Auch ein Pächter oder Nießbraucher wird zum Gewerbetreibenden, obgleich die Betriebsmittel nicht ihm gehören. Selbst der Strohmann, der intern für fremde Rechnung tätig ist, betreibt nach außen hin das Gewerbe. Unter dem Gesichtspunkt des Gewerbebetriebes kann es also nicht beanstandet werden, falls der Verwandte eines Kraftfahrzeughändlers hauptberuflicher Vertreter wird, damit sich hinter ihm im Hinblick auf § 2 II VO PR Nr. 52/50 (Anm. 100) der Kraftfahrzeughändler verstecken kann.

Aus besonderen Rechtsgründen, z. B. des Standes- oder Vsaufsichtsrechtes dürfen gewisse Personen nicht mit einer Vsvertretung betraut werden, dazu Anm. 179 (Standesrecht), Anm. 180 (Unselbständige und Beamte als Vsvertreter im Nebenberuf), Anm. 201 (Vorstand, Aufsichtsrat, Vertrauensarzt eines Vsunternehmens).

[152] ββ) Personenvereinigungen.

Auch Personenvereinigungen können Gewerbetreibende, also Vsvertreter sein. Keine juristische Person stellen offene Handelsgesellschaft und Kommanditgesellschaft dar. Diese Handelsgesellschaften können als solche einen Agenturvertrag abschließen, aber es kommt auch vor, daß der Ver nur mit einem einzelnen Gesellschafter in Vertragsbeziehungen tritt (z. B. muß Hauptbevollmächtigter eines ausländischen Vers eine Einzelperson sein: Prölss VAG S. 603). Solchenfalls bedarf der einzelne Gesellschafter wegen §§ 112, 161 II HGB der Einwilligung seiner Mitgesellschafter. Es kann übrigens vereinbart werden, daß intern die betreffenden Geschäfte als solche der Handelsgesellschaft behandelt werden sollen. Ist die Handelsgesellschaft Handelsvertreterin, so sind Gewerbetreibende ihre Gesellschafter, bei der Kommanditgesellschaft gemäß RG 5. I. 1935 JW 1935 S. 947—948 nicht die Kommanditisten, bei einer stillen Gesellschaft mangels Erkennbarkeit (Anm. 149) nicht der stille Gesellschafter.

Ist die Personenvereinigung juristische Person, also z. B. Gesellschaft mit beschränkter Haftung, so ist die Gesellschaft selbst Gewerbetreibende, dagegen betreiben die Gesellschafter und Organe kein Gewerbe. Ein Wettbewerbsverbot trifft an und für sich weder Gesellschafter noch Geschäftsführer einer Gesellschaft mit beschränkter Haftung, jedoch kann sich besonders ein Geschäftsführer schadensersatzpflichtig machen, wenn er die Interessen der Gesellschaft durch Übernahme einer eigenen Agentur oder eigene Vermittlungstätigkeit verletzt (vgl. Vogel, GmbH-Gesetz, Berlin-Frankfurt 1950, S. 203). Hauptbevollmächtigte ausländischer Ver sind aber u. U. Gesellschafter oder Geschäftsführer einer Vermittlungsgesellschaft. Auch Vorstandsmitglieder eines deutschen Vers, also von Aktiengesellschaften oder Gegenseitigkeitsvereinen sind zuweilen zugleich als Hauptbevollmächtigte eines ausländischen Vers tätig, wofür es der Einwilligung des Aufsichtsrats bedarf, vgl. § 79 AktienG, § 34 I 1 VAG.

Über Personenvereinigungen als Vsvertreter vgl. auch Anm. 18 m.w.N. In Anm. 2 zu Ziff. 1 Hauptpunkte (Anm. 138) wird eine Klausel vorgeschlagen: „Vor Firmenänderungen, Aufnahme von Teilhabern sowie Veränderungen in der Leitung der Vertreterfirma ist eine Verständigung mit der Direktion des VU herbeizuführen." Dazu vgl. Anm. 408, 409.

[153] β) Negativ: Arbeitnehmer des Versicherungsvermittlergewerbes.

Keine Vsvertreter sind sonach der gesetzliche Vertreter eines Geschäftsunfähigen oder beschränkt Geschäftsfähigen, der Erbe, der eine Agentur nicht fortführt, der Verpächter eines Agenturgeschäfts oder der Eigentümer, der einen Nießbrauch bestellt hat, der Hintermann des Strohmannes, der Kommanditist oder stille Gesellschafter, der Gesellschafter oder das Organ einer Vermittlungsgesellschaft, die juristische Person ist.

Besonders aber sind die unselbständigen Hilfspersonen eines Vsvertreters nicht selbst Gewerbetreibende. Da der Handelsvertreter Kaufmann ist (§ 1 II Ziff. 7 HGB) sind die zur Leistung kaufmännischer Dienste bei einem Vsvertreter gegen Entgelt angestellten Personen Handlungsgehilfen (§ 59 I HGB). Es bestehen Tarifverträge für das Vsvermittlergewerbe mit Spezialvorschriften für Arbeitnehmer im „Werbeaußen- und Prämieneinzugsdienst" (vgl. Trinkhaus I S. 557—558 Anm. 2; Vsvermittlung 1951 S. 53—54, 1952 S. 91, 118—119, 1953 S. 8, 23, 39—41, 1954 S. 20, 87—88, 120, 1955 S. 8—9, 17, 46; VGA-Nachrichtenblatt 1952 Nr. 5 S. 6, 1953 S. 20—21, 33). Der selbständige Vsvertreter muß für seine Angestellten die Arbeitgeberanteile zur Sozialv tragen (Zonenamt VA 1949 S. 43). Im Verhältnis zum Ver sind solche Handlungsgehilfen oft Erfüllungsgehilfen des Vsvertreters. Über das Außenverhältnis solcher Personen, insbesondere über Untervollmachten vgl. Anm. zu § 43.

[154] ccc) Selbständigkeit.

Schrifttum: Albrecht Zentralblatt für Sozialv 1949 S. 201—203, Bommer VW 1951 S. 508—509, Borchert VersR 1952 S. 220—221, Dersch in: Beiträge zur Vswissenschaft,

Berlin 1955, S. 63—72, Hemmes, Beiträge zur Begriffsbestimmung der Selbständigkeit und Unselbständigkeit im Steuerrecht, Kölner Diss. 1941, Hick, Der arbeitnehmerähnliche Agent, ungedr. Münchener Diss. 1949, Mölders ZfV 1952 S. 57—58, 77—78, 169—170, Pissel-Graupe, Steuerrecht und Recht des Vs-Generalagenten und -Agenten, Berlin 1928, Spaleck, Die Stellung des Vsagenten in arbeitsrechtlicher Betrachtung, Leipziger Diss. 1939, Strietholt, Steuerfragen des Vsvermittlergewerbes, Bonn (1948), Teutsch Deutsche Vszeitschrift 1952 S. 278—281, Wege zur Sozialv 1953 S. 289—296, Trinkhaus I S. 41—89, 113—128.

[155] α) Heranzuziehende Rechtsgebiete.

Die Abgrenzung der Selbständigen von den Unselbständigen spielt nicht nur im Handelsrecht eine Rolle, sondern auch im Arbeitsrecht, Sozialvsrecht, Steuerrecht und Konkursrecht. Es ist — wie auch Lange VersR 1954 S. 520 betont — mißlich, daß diese Rechtsgebiete Tendenzen zu einer „Eigenbegriffsbildung" (mindestens faktisch) erkennen lassen (so soll das Handelsrecht für die sozialvsrechtliche Beurteilung nicht maßgeblich sein [Albrecht Zentralblatt für Sozialv 1949 S. 202], die sozialvsrechtliche nicht für das Arbeitsrecht [RAG 15. VI. 1929 BenshSlg Bd 6 S. 166], die steuerrechtliche nicht für das Sozialvsrecht [OVA Karlsruhe 8. XII. 1952 VW 1953 S. 200—201, Stuttgart 26. XI. 1951 AP 1952 S. 377 Nr. 80]). Tatsächlich läßt sich beobachten, wie das Arbeits-, Sozialvs- und Konkursrecht sich bestrebt zeigen, den Vsvertreter im Zweifel unselbständig sein zu lassen, während dem Steuerfiskus an möglichst vielen Selbständigen liegt (Möller Vsvermittlung S. 28—29). Das Handelsrecht sollte — eine goldene Mitte wahrend — zum Vorbilde auch für die anderen Rechtsgebiete dienen. Da das Problem für alle Rechtsgebiete gleich ist, werden im folgenden auch Materialien für die anderen Rechtsgebiete herangezogen, auf die wirklichen Besonderheiten des Arbeits-, Sozialvs-, Steuer- und Konkursrechts wird erst in Anm. 166—171 eingegangen.

[156] β) Früherer Rechtszustand.

Bislang hatte das Gesetz das Wesen der Selbständigkeit nicht näher umschrieben, sondern in § 84 I HGB nur negativ gesagt: „Wer, ohne als Handlungsgehilfe angestellt zu sein, . . .". Man war sich einig über die Maßgeblichkeit der persönlichen (nicht der wirtschaftlichen) Unabhängigkeit (vgl. z. B. RArbG 14. III. 1928 RAG Bd 1 S. 254, 10. X. 1930 RAG Bd 7 S. 175, 13. V. 1942 DR 1942 S. 1293, Trinkhaus I S. 42—43). Diese suchte man vorwiegend von der Selbstbestimmung der Tätigkeit her (im Gegensatz zur Fremdbestimmtheit) zu kennzeichnen. Andererseits gab es aber auch Verfechter der Auffassung, wonach es auf die Tragung des Unternehmerrisikos entscheidend ankommt. Mangels gesetzlicher Richtlinien galt es stets, alle Umstände des Einzelfalles zu würdigen. Grundlegend Schmidt-Rimpler a. a. O. S. 18—38, ausführliche Belege bei Siebert BetrBer 1949 S. 746—748. Eine vielschichtige Rechtsprechung erstickte in Kasuistik.

[157] γ) Jetziger Rechtszustand.

Der neue § 84 I 1 HGB geht positiv vom Merkmal der Selbständigkeit aus und hebt hervor, daß der Handelsvertreter „Unternehmer" sei, der für einen anderen Unternehmer tätig ist (Schröder a. a. O. Anm. 2 zu § 84, S. 19). In § 84 I 2 HGB wird überdies der Begriff der Selbständigkeit definiert: „Selbständig ist, wer im wesentlichen frei seine Tätigkeit gestalten und seine Arbeitszeit bestimmen kann."

Damit hat der Gesetzgeber die beiden bisher vertretenen Hauptauffassungen kombiniert: Es kommt auf das Unternehmertum an, aber zugleich auch auf die persönliche Unabhängigkeit, die an zwei (kumulativen) Maßstäben gemessen werden soll. Vgl. HandelsvertreterGBegr. S. 14—15.

Es ist nicht angängig, angesichts dieser klaren gesetzlichen Stellungnahme die „Kennzeichnung im Gesetz . . . nur als Anhalt bei der Würdigung der gesamten Umstände im einzelnen Vertragsverhältnis" zu werten; es ist nicht richtig, daß vom Gesetz „eine eindeutige Bestimmung des Begriffs der Selbständigkeit . . . nicht gegeben" werde (so Schröder a. a. O. Anm. 3 zu § 84, S. 19—20, ähnlich Trinkhaus I S. 44). Vielmehr sind alle Erörterungen an den neu herausgestellten, grundsätzlich kumulativ erforderlichen drei Kriterien zu orientieren (Duden a. a. O. S. 291): Unternehmertum, Tätigkeitsgestaltung, Arbeitszeitbestimmung (Anm. 158—160). Dabei sind dann allerdings alle einzelnen Umstände zu würdigen (HandelsvertreterGBegr. S. 15). Nach der Behandlung der drei Kriterien können gewisse unmaßgebliche Gesichtspunkte ausgeschieden (Anm. 161) und indizielle Momente behandelt werden (Anm. 162—164). Auf die Vermutung der Unselbständigkeit des § 84 II HGB ist besonders einzugehen (Anm. 165).

[158] αα) Unternehmertum.

Das Unternehmertum ist durch Chancen und Risiken im Blick auf Arbeit und Kapital bestimmt. Das Unternehmerrisiko ist stark betont von RArbG 18. II. 1933 RAG Bd 12 S. 253—254 = JW 1933 S. 1852, 6. XI. 1935 JW 1936 S. 1257, vgl. auch Trinkhaus I S. 71—76.

Für den Vsvertreter ist das besonders wichtig. Wer nur auf Provisionsbasis arbeitet, also das volle Unternehmerrisiko selbst trägt, ist in aller Regel selbständig (HandelsvertreterGBegr. S. 15; Schröder a. a. O. Anm. 6 zu § 84, S. 21; einschränkend Trinkhaus I S. 72—75). Festbezüge für bestimmte Zwecke, also nicht für den allgemeinen Lebensunterhalt (Büro-, Kraftwagen-, Fahrkosten-, Reiseunterhaltszuschüsse; vgl. Anm. 249) schließen das Unternehmerrisiko nicht aus; denn wenn sich keine Vsverträge vermitteln lassen, ist solcher Vsvertreter ohne Einkommen. Sogar Festbezüge für den allgemeinen Lebensunterhalt müssen außer Betracht bleiben, wenn sie den pfändungsfreien Betrag nicht übersteigen. Zwar gibt es ausnahmsweise Handlungsgehilfen, die nur auf Provisionsbasis tätig sind (Schröder a. a. O. Anm. 6 zu § 84, S. 21), aber bei ihnen ergibt sich dann die Unselbständigkeit aus der persönlichen Abhängigkeit (§ 84 I 2 HGB).

Eine Handelsgesellschaft, insbesondere aber eine juristische Person stellt sich in einer Unternehmungsform dar, welche die Unselbständigkeit ausschließt (HandelsvertreterGBegr. S. 15; Schröder a. a. O. Anm. 35 zu § 84, S. 33, Duden a. a. O. S. 291, Trinkhaus I S. 44—45).

Aber auch eine Einzelperson, welche als Unternehmer in Erscheinung tritt, muß als solche behandelt werden, mögen auch Festbezüge für den allgemeinen Lebensunterhalt in größerer Höhe gewährt werden. Der selbständige Handelsvertreter „steht außerhalb des vertretenen Unternehmens; er arbeitet für das Unternehmen und nicht in dem Unternehmen" (HandelsvertreterGBegr. S. 14). Er ist selbst Unternehmer, sein Unternehmen hat einen eigenen Geschäftswert. Als Unternehmer tritt in Erscheinung, wer (möglicherweise kumulativ)

sein Gewerbe anmeldet (§ 14 I 1, II 1 GewO),
die Eintragung in das Handelsregister herbeiführt,
sich einer eigenen Firma bedient, besonders auch im Schriftverkehr (HandelsvertreterGBegr. S. 15) und Fernsprechverkehr,
im eigenen Namen ein Geschäftslokal bereitgestellt hat, z. B. durch Mietung,
im eigenen Namen seinerseits Handlungsgehilfen und Untervertreter angestellt hat,
eigene Betriebsmittel (Kapital und Einrichtung) verwendet (HandelsvertreterGBegr. S. 15; Teutsch Wege zur Sozialv 1953 S. 295),
eigene Bank- und Postscheckkonten unterhält,
eigene Handelsbücher führt.

Zu allem Schröder a. a. O. Anm. 5 zu § 84, S. 20, Trinkhaus I S. 65—71, Würdinger in: RGRKomm. HGB Bd 1 Anm. 9 zu § 84, S. 686, RAG 10. XII. 1930 RAG Bd 7 S. 175. Nur ganz ausnahmsweise wird der Schein trügen und trotz solchen Auftretens wegen persönlicher Gebundenheit Unselbständigkeit anzunehmen sein.

[159] ββ) Tätigkeitsgestaltung.

Die Tätigkeit des Vsvertreters läßt (auch wenn man die Arbeitszeit [Anm. 160] außer Betracht läßt) viele Möglichkeiten offen: Örtlich z. B. die systematische Aufsuchung von Häusern, Straßen, Stadtteilen, Orten, sachlich z. B. die primäre Bearbeitung von Adreßmaterial verschiedenster Herkunft oder die Auswertung von Beziehungen, die betonte, etwa saisonbestimmte Bearbeitung bestimmter Vszweige oder ein Nebeneinander aller Branchen, die Bevorzugung des „kleinen" Geschäfts oder der Großvmer, methodisch schriftliche oder mündliche Werbung, Wiederholung bislang vergeblicher Besuche oder Zuwendung zu neuen Interessenten.

Nur wer in diesen Verhaltensweisen als Vsvertreter frei ist, stellt sich als Selbständiger dar. Wer dagegen ins einzelne gehende Instruktionen erhält, die er befolgen muß, leistet fremdbestimmte Arbeit, entbehrt der persönlichen Ungebundenheit, ist Handlungsgehilfe.

Die Grenzziehung wird erschwert dadurch, daß auch der Handesvertreter Weisungen zu befolgen hat (Anm. 161, 219) wie auch der Vsmakler (Anm. 57). Aber solche Weisungen, die ein Selbständiger empfängt, bestimmen nicht seinen Tageslauf. „Denn überall handelt es sich nur um die jeden Handlungsagenten treffende geschäftliche Abhängigkeit, nicht um eine persönliche Unterordnung" (RG 7. I. 1916 RGZ Bd 87 S. 442). Er bleibt persönlich unabhängig, mag er sich auch im Agenturvertrag „den diesem Vertrage beigefügten und den noch zu erlassenden schriftlichen Geschäftsanweisungen" (Ziff. 1 Hauptpunkte [Anm. 138]) unterwerfen. Einem Arbeitnehmer wird womöglich täglich gesagt, was er zu tun und zu unterlassen habe. Der Selbständige dagegen muß „eigene geschäftliche Entschließung und Entschlußkraft, ‚Initiative'", entfalten (RFH 15. XII. 1933 RFHE Bd 35 S. 216). Wird der Vsvertreter nur einmalig verpflichtet, bestimmte Kunden zu besuchen oder Reisen zu machen, so mag das mit der Selbständigkeit noch verträglich sein (BFH 16. I. 1952 BStBl. 1952 III S. 80, 8. VII. 1954 VersR 1954 S. 519). In praxi ist die Abgrenzung durchführbar, Genaueres bei Trinkhaus I S. 48—61. § 84 I 2 HGB trägt der Möglichkeit von Agenturweisungen Rechnung durch den Zusatz „im wesentlichen frei".

Ein Makleragent (Anm. 26) — als Makler selbständig — wird sich durchweg auch als Vsvertreter in der Tätigkeitsgestaltung nicht beengen lassen.

Auch ein Mehrfachvertreter (Anm. 25), der nicht Konzernvertreter (vgl. § 92a II 1 HGB) ist, sondern im gleichen Vszweig für verschiedene Ver arbeitet, braucht persönliche Unabhängigkeit in der Tätigkeitsgestaltung, wird also regelmäßig selbständig sein, selbst wenn er von einem Ver hohe Festbezüge erhalten sollte (HandelsvertreterGBegr. S. 15, 17; BFH 14. X. 1954 VersR 1955 S. 128, Schröder a. a. O. Anm. 4 zu § 84, S. 20, Trinkhaus I S. 62—63).

Nebenberufliche Tätigkeit kann für Selbständigkeit sprechen. Wenn ein ansonsten Selbständiger nebenher Ven vermittelt, so will er sich auch als Vsvertreter nicht der Selbständigkeit begeben, besonders, wenn er die Vsvermittlung in sein sonstiges Gewerbe einbaut: Ein Schiffsagent (§ 92c II HGB) oder ein Warenagent übernimmt eine Vsagentur, ein Privatbankier oder ein Spediteur wird zugleich Vsvertreter. Aber auch bei einem ansonsten Unselbständigen kann es fernliegen, als Vsvertreter, also in einer neuen Sphäre, wieder unselbständig werden zu wollen. Zwar kann man nicht sagen, daß unselbständige Arbeit nie nebenberuflich geleistet werden könne, aber die Regel bildet es doch, daß gerade der anderweitig Ausgelastete für seinen Nebenberuf Freiheit erheischt. Nur der Vsangestellte des Innendienstes, der nebenher für seinen Prinzipal als Vsvertreter tätig ist, wird dadurch keine Selbständigkeit gewinnen. Das Rechtsverhältnis ist vielmehr als einheitliches fremdbestimmtes Arbeitsverhältnis anzusehen (vgl. RFH 23. IX. 1937 RFHE Bd 42 S. 127—129, auch für Ruhegehaltsempfänger des Vers).

Wirtschaftliche Stärke und Unabhängigkeit eines Vsvertreters spricht dafür, daß auch die (hier allein entscheidende) persönliche Unabhängigkeit erzielt wurde. Wer mit beträchtlichem Eigenkapital als Vsvertreter arbeitet, möchte nicht beengt sein in der Tätigkeitsgestaltung (von einem Indiz spricht HandelsvertreterGBegr. S. 14).

[160] γγ) Arbeitszeitbestimmung.

Nach § 84 I 2 HGB kann der Handelsvertreter „im wesentlichen frei ... seine Arbeitszeit bestimmen".

Unternehmertum zwingt den selbständigen Vsvertreter zu dauernder Tätigkeitsbereitschaft, er kennt kaum einen Feierabend. Schon die Art seines Wirkens bringt es vielfach mit sich, daß er spät abends zur Verfügung stehen muß. Andererseits kann sich auch der unselbständige Vsvertreter solchen Notwendigkeiten nicht entziehen, will er Erfolge haben und Erfolgsvergütungen verdienen. Vgl. Trinkhaus I S. 47—48.

Eine weitere Schwierigkeit ergibt sich daraus, daß auch beim unselbständigen Vsaußendienst die Arbeitszeit schwer kontrollierbar ist infolge der örtlichen Trennung vom Ver.

Immerhin ergibt das Gesetz, daß jemand unselbständig ist, sofern ihm eine Arbeitszeit vorgeschrieben ist, zum mindesten als Rahmenzeit für die ganze Woche (48-Stundenwoche), konkreter als tägliche Arbeitszeit, ohne oder mit Uhrzeitangabe (dazu Trinkhaus I S. 52). Wenn einem Vsvertreter nur aufgegeben ist, er müsse zu gewissen einzelnen Stunden fernmündlich erreichbar sein, so ist das noch mit einer „im wesentlichen" erforderlichen Freiheit vereinbar. Wenn ein Vsvertreter ein Journal zu führen hat, in das er stets eintragen muß, was er zu jeder Stunde getan hat, und das er dem Ver auf Verlangen zu Kontrollzwecken vorlegen muß, so erweist solche Regelung die Unselbständigkeit.

Der Selbständige kann sich auch freie Tage und Urlaubszeiten selbst wählen (Duden a. a. O. S. 291), er braucht sich bei Untätigkeit nicht zu entschuldigen (Josten-Lohmüller a. a. O. Anm. 3 zu § 84). Ist der Ver bei mehr als dreitägiger Abwesenheit zu unterrichten, so spricht das eher für Unselbständigkeit als eine Pflicht zur bloßen Anzeige von Krankheit oder Urlaub (Trinkhaus I S. 61).

[161] δδ) Unmaßgebliche Gesichtspunkte.

Für die Frage, ob jemand selbständig ist oder nicht, kommt es auf eine diesbezügliche Klausel im Agenturvertrage nicht an (BFH 16. I. 1952 BStBl. 1952 III S. 80, Hemmes a. a. O. S. 41—42, Kersting-Durst-Rohrbeck S. 16, Trinkhaus I S. 46). Wenn es in Ziff. 2 Hauptpunkte (Anm. 138) heißt: „Der Vertreter ist als selbständiger Gewerbetreibender . . . ständig damit betraut, für das VU Vsverträge zu vermitteln. Über seine Zeit und die Art der Durchführung seiner Tätigkeit kann der Vertreter frei bestimmen", so ist der erste Satz — isoliert gesehen — nicht rechtserheblich, könnte sich doch aus dem sonstigen Vertragsinhalt die Unselbständigkeit ergeben. Der zweite Satz schafft allerdings konstitutiv die nach § 84 I 2 HGB relevante Selbstbestimmungsmöglichkeit.

Alle Vollmachtsfragen sind für die Grenzziehung unergiebig, gibt es doch Abschlußvollmachten sowohl bei Selbständigen (§§ 84 I 1, 91 I, 91a II, 92 I HGB) als auch bei Handlungsgehilfen (§ 75h II HGB). Somit ist es auch unerheblich, ob bestimmte Geschäfte nur mit Zustimmung des Vers abgeschlossen werden dürfen.

Die Zuweisung eines bestimmten Bezirkes oder eines bestimmten Kundenkreises kann trotzdem eine ausreichende Freiheit der Tätigkeitsgestaltung offenhalten. § 87 II HGB läßt ersehen, daß Bezirksvertreter usw. durchaus selbständig sein können (vgl. Zonenamt VA 1949 S. 43). Ebenso Trinkhaus I S. 52.

Die Durchführung von Inkasso- und sonstigen Arbeiten während des Vertragslaufes gegen besonderes Entgelt kann sowohl ein Selbständiger (vgl. § 87 IV HGB) als auch ein Unselbständiger übernehmen. Ziff. 3 Hauptpunkte (Anm. 138) verpflichtet Selbständige, „sich die Betreuung und Erhaltung des Bestandes angelegen sein zu lassen". Schadensregulierungen kommen ebensowohl durch Selbständige wie durch Unselbständige vor. Dazu Trinkhaus I S. 64—65. In dieser Frage ist jedoch die Steuerrechtsprechung abweichend (Anm. 169).

Vorschüsse kann auch ein Selbständiger erhalten (vgl. § 87a I 2 HGB): RAG 10. XII. 1930 RAG Bd 7 S. 176.

Aufwendungsersatz kann trotz des Grundsatzes von § 87d HGB auch einem Selbständigen auf Grund spezieller Abrede zugebilligt werden: RFH 27. X. 1943 RStBl. 1944 S. 158, einschränkend Trinkhaus I S. 74—75.

Eine Wettbewerbsabrede für die Zeit nach Beendigung des Vertragsverhältnisses kommt sowohl bei Selbständigen (§ 90a HGB) wie bei Handlungsgehilfen vor (§§ 74—75d HGB).

Eine Ausschließlichkeitsklausel, wonach der Vsvertreter nicht für weitere Ver tätig werden darf (Konkurrenzverbot), macht ihn noch nicht unselbständig (vgl. § 92a I 1 HGB; BFH 12. I. 1951 VW 1951 S. 190, Kersting-Durst-Rohrbeck S. 16, Trinkhaus I S. 61—63).

Auch die völlige Inanspruchnahme der Arbeitskraft des Vsvertreters durch den Ver besagt nichts über die Unselbständigkeit (vgl. § 92 a I 1 HGB; Trinkhaus I S. 61 bis 63).

Eine Beschäftigung von Untervertretern, mit denen der Generalvertreter den Vertrag im Namen des Vers abgeschlossen hat, kommt sowohl bei Unselbständigen wie bei Selbständigen vor (vgl. Anm. 6 zu Ziff. 4 Hauptpunkte [Anm. 138]).

Die Untervertreter ihrerseits können sowohl selbständig wie unselbständig sein. Vertragliche Regelungen, wonach alle eingezogenen Gelder, insbesondere Prämien, Eigentum des Vers werden, Konten auf den Namen des Vers einzurichten sind (vgl. Ziff. 9 Hauptpunkte [Anm. 138]) lassen sich ebenso wie Maßnahmen der Sicherheitsleistung (vgl. Ziff. 10 Hauptpunkte [Anm. 138]) auch bei Selbständigkeit des Vsvertreters rechtfertigen. So für ein Revisionsrecht des Vers: BFH 12. I. 1951 VW 1951 S. 190. Wird allerdings von Revisionsrechten faktisch sehr oft Gebrauch gemacht, so können die bei Trinkhaus I S. 57—61 erwähnten Gesichtspunkte zur Unselbständigkeit hinführen.

Es wurde schon erwähnt, daß die Weisungsfolgepflicht auch für selbständige Handelsvertreter gilt (Anm. 159, dazu HandelsvertreterGBegr. S. 14—15; BFH 12. I. 1951 VW 1951 S. 190). Entsprechendes gilt für die Pflicht zur Anzeige von Geschäftsvermittlungen oder -abschlüssen (vgl. § 86 II HGB). Auch eine Berichterstattungspflicht ist mit der Selbständigkeit vereinbar, selbst als täglich zu erfüllende, sofern dem Ver nicht etwa eine Einflußnahme auf Tätigkeit und Arbeitszeit kontrollierend ermöglicht werden soll: BFH 16. I. 1952 BStBl. 1952 III S. 80, 8. VII. 1954 VersR 1954 S. 519, sehr weitgehend für Unselbständigkeit Trinkhaus I S. 54—55. Das Erfordernis, für Drucksachen die Zustimmung des Vers einzuholen, schließt Selbständigkeit nicht aus: BFH 12. I. 1951 VW 1951 S. 190.

Selbst starke wirtschaftliche Abhängigkeit besagt nichts darüber, daß der Vsvertreter unselbständig sei: Schröder a. a. O. Anm. 3 zu § 84, S. 20, a. A. HandelsvertreterGBegr. S. 14.

In eine Pensionskasse des Vers oder in ein sonstiges Altersversorgungswerk können auch Selbständige aufgenommen werden (vgl. Ziff. 12 Hauptpunkte [Anm. 138]): RFH 27. X. 1943 RStBl. 1944 S. 158, Kersting-Durst-Rohrbeck S. 16—17, Strietholt Steuerfragen S. 11.

Bedenklich ist es im allgemeinen, von den normalen Rechtsfolgen der Selbständigkeit oder Unselbständigkeit her einen Schluß auf den Tatbestand zu ziehen. Denn die Rechtsfolgen ergeben sich ihrerseits erst aus dem — anderweitig festzustellenden — Tatbestand. Deshalb ist es regelmäßig nicht überzeugend, wenn aus der arbeits-, sozialvs- oder steuerrechtlichen Behandlung einer Person Rückschlüsse auf ihre handelsrechtliche Stellung gezogen werden (Trinkhaus I S. 76—78).

Deshalb sind eine mangelnde Urlaubsregelung oder eine mangelnde Entgeltregelung für den Krankheitsfall kein Hinweis auf vorliegende Selbständigkeit. Deshalb darf man nicht abstellen auf vorgenommene „Abzüge“ von Lohnsteuer und Sozialvsbeiträgen: Rohrbeck-Durst-Bronisch S. 26, Schröder a. a. O. Anm. 5 zu § 84, S. 20, richtig RFH 23. VI. 1939 RStBl. 1941 S. 863. Man darf nicht hinweisen auf die Zulassung zu Betriebsratswahlen und die Berücksichtigung bei der Schwerbeschädigtenquote: Lange VersR 1954 S. 520, richtig BFH 8. VII. 1954 VersR 1954 S. 519.

Zwar gehören zu den Rechtsfolgen im gewissen Sinne auch die in Anm. 158 erwähnten Maßnahmen, durch die eine Einzelperson als Unternehmer in Erscheinung tritt (Gewerbeanmeldung, Handelsregisterantrag, Firmenführung usw.), aber dort handelt es sich doch um andersartige, gleichsam primäre Maßnahmen, die auch dem Ver erkennbar werden und die deshalb gewisse Schlüsse zulassen.

[162] εε) Indizierende Momente.

Gewisse Umstände lassen sich — zusammen mit anderen — heranziehen, wenn die in Anm. 158—160 geschilderten Gesichtspunkte noch keine volle Klarheit ergeben. Dabei lassen sich indizierende Momente unterscheiden, die für, und solche, die gegen die Selbständigkeit sprechen. Eine einfache Umkehrung der Indizien ist nicht zulässig, z. B. ist es wohl ein Indiz für Selbständigkeit, falls ein Vsvertreter alle entstehenden Aufwendungen selbst trägt (Anm. 163); aber wenn das nicht zutrifft, braucht er nicht unselbständig zu sein (vgl. Anm. 158).

[163] ααα) Indizien für Selbständigkeit.

Hierher gehören:

Verwendung eigener Werbedrucksachen (vgl. § 86 a I HGB); sie spricht für eigenes Unternehmertum;

Anspruch auf Delkredereprovision (vgl. § 86 b HGB); denn nur ein Unternehmer pflegt solches Risiko zu laufen;

Tragung aller entstehenden Aufwendungen (vgl. § 87 d HGB), z. B. hoher Kosten für Inserate: HandelsvertreterGBegr. S. 15; RArbG 18. II. 1933 JW 1933 S. 1851;

Hervorhebung der Tatsache im Agenturvertrag, daß der Vsvertreter auch für andere Ver tätig werden darf (vgl. § 92 a I 1 HGB): Trinkhaus I S. 62—63; über den Fall wirklichen Tätigwerdens Anm. 159;

Tätigkeit mit eigener Niederlassung im Ausland (vgl. § 92 c I HGB); denn vom Inland her können solche Auslandsvertreter regelmäßig (besonders hinsichtlich der Arbeitszeit) nicht gebunden werden: HandelsvertreterGBegr. S. 15;

Verpflichtung, im Verhinderungsfalle die Vertretungsfrage selbst zu regeln und den Vertreter selbst zu bezahlen: BFH 6. VIII. 1953 Vsvermittlung 1954 S. 8;

Erledigung der schriftlichen Arbeiten in der eigenen Wohnung: BFH 16. I. 1952 BStBl. 1952 III S. 80.

[164] ββ) Indizien gegen Selbständigkeit.

Hierher gehören:

Festbezüge des Vsvertreters für den allgemeinen Lebensunterhalt, die den pfändungsfreien Betrag übersteigen (vgl. Anm. 158): Schröder a. a. O. Anm. 6 zu § 84, S. 21;

Benutzung nur der Firma des Vers, also ausschließlich vertretungsweises Handeln nach außen hin, nicht nur bei Abschluß von Vsverträgen, sondern z. B. auch bei Mietung eines Geschäftslokals, Anstellung von Handlungsgehilfen (vgl. Anm. 158): Strietholt Steuerfragen S. 11;

Fehlen eigener Betriebsmittel;

Verpflichtung zur Führung eines Kontrolljournals mit genauen Angaben über die Ausnutzung der Arbeitszeit (vgl. Anm. 160);

Vertragsklausel, wonach alle beim Vsvertreter erwachsenden Geschäftsunterlagen (Akten, Karteien, Geschäftsbücher) dem Ver gehören und ihm herauszugeben sind (insofern bedenklich für den Vertrag mit Selbständigen Ziff. 13 Hauptpunkte [Anm. 138]): Strietholt Steuerfragen S. 11;

Eingliederung in das Unternehmen und den Betrieb des Vers (vgl. HandelsvertreterGBegr. S. 14; RArbG 18. II. 1933 RAG Bd 12 S. 254 = JW 1933 S. 1852, 25. IV. 1936 RAG Bd 16 S. 273, BFH 12. I. 1951 VW 1951 S. 190, 16. I. 1952 BStBl. 1952 III S. 80, RFH 15. XII. 1933 RFHE Bd 35 S. 216, Nikisch, Arbeitsrecht, I. Band, 2. Aufl., Tübingen 1955, S. 79—80, 84—86), insonderheit durch Belastung mit Innendienstaufgaben (Verwaltungsaufgaben), die üblicherweise beim Ver selbst erledigt werden, da sie nicht nur mit den vermittelten und abgeschlossenen Ven in Zusammenhang stehen: Trinkhaus I S. 65.

[165] ζζ) Vermutete Unselbständigkeit.

Die Rechtsfolgen der Selbständigkeit bzw. Unselbständigkeit sind in wesentlichen Beziehungen recht verschieden, so daß die Entscheidung auch wirtschaftlich sehr schwerwiegend ist, man denke nur an Kündigungsregelung und Ausgleichsanspruch, Betriebsräte- und Schwerbeschädigtenprobleme, Sozialvsbeiträge und Steuerzahlung, Handelskammerzugehörigkeit.

Unselbständigkeit ist gegeben, sofern ein Vsvertreter nicht Unternehmer ist oder nicht im wesentlichen frei seine Tätigkeit gestalten oder seine Arbeitszeit bestimmen kann. Hervorzuheben ist, daß Unselbständigkeit stets bei Vsangestellten anzunehmen ist, die für den Ver nebenher im Werbeaußendienst tätig sind (Anm. 159). Über Indizien für Unselbständigkeit Anm. 164.

Unselbständigkeit (oder Selbständigkeit) ist die Rechtsfolge der getroffenen Vereinbarungen. Ein Vertrag könnte möglicherweise wegen Dissens unwirksam sein oder wegen Irrtums von einem Teil angefochten werden, falls beim Abschluß davon ausgegangen wird, der Vsvertreter werde selbständiger Handelsvertreter bzw. unselbständiger Handlungsgehilfe sein, während in Wahrheit die jeweils gegenteilige Rechtsfolge eintritt. Allerdings ist hervorzuheben, daß kein Dissens vorliegt, wenn beide Parteien sich über ihre Rechte und Pflichten einig waren, „sich aber bei der Erklärung ihres Vertragswillens irrtümlich der diesem Willen nicht entsprechenden Bezeichnung ... bedient haben". (RG 8. VI. 1920 RGZ Bd 99 S. 148). Falsa demonstratio non nocet. Außerdem ist bemerkenswert, daß zum Inhalt einer Willenserklärung nicht alle Rechtsfolgen gehören, welche die Erklärung nach sich zieht. „Daher kann Unkenntnis oder falsche Vorstellung über die Beschaffenheit solcher Rechtsfolgen nicht als Irrtum über den Inhalt der Erklärung gelten, und zwar selbst dann nicht, wenn die Erklärung auf diese Rechtsfolgen verweist" (von Tuhr II 1 S. 574), also z. B. im Vertrag hervorgehoben ist, der Vsvertreter solle selbständiger Gewerbetreibender sein (was er in Wahrheit nicht wird).

Zur Vermeidung der etwaigen Unwirksamkeit oder Anfechtbarkeit des Vertrages und vorwiegend zum Schutz des unselbständigen Vsvertreters wird in § 84 II HGB normiert: Wer de facto als Unselbständiger tätig sein soll, „gilt als Angestellter" — auch wenn der Willen auf Selbständigkeit gerichtet war. Die Vorschrift schafft eine unwiderlegbare Vermutung, nicht nur zugunsten des Vsvertreters, sondern auch zugunsten des Vers; denn auch der Vsvertreter kann sich nicht darauf berufen, er sei nicht rechtlich gebunden. Undeutlich HandelsvertreterGBegr. S. 17 (bisherige „Zwischenschicht"), vgl. auch Duden a. a. O. S. 291, Josten-Lohmüller a. a. O. Anm. 10 zu § 84, Knapp a. a. O. Anm. 9 zu § 84, S. 11 (von „Fiktion" sprechend), Schröder a. a. O. Anm. 33—35 zu § 84, S. 32—33 (Rechtsbeständigkeit, also auch Unanfechtbarkeit des Vertrags voraussetzend). Trinkhaus I S. 79—80 erklärt fälschlich die Vorschrift des § 88 II HGB für begriffsverwirrend und spricht ihr jede rechtliche Bedeutung ab.

Die unwiderlegbare Vermutung gilt nur bei faktischer Unselbständigkeit, nicht für den umgekehrten Fall: Wer de facto als Selbständiger tätig sein will, gilt nicht schlechthin als selbständiger Handelsvertreter — auch gegen den auf Unselbständigkeit gerichteten Willen. Hier entscheiden vielmehr die allgemeinen Grundsätze über Dissens und Anfechtbarkeit.

Über unselbständige Vsvertreter im einzelnen Anm. 424—500.

[166] δ) Arbeitsrechtliche Besonderheiten.

αα) Prozeßrechtliche Fragen.

Im Rahmen der Arbeitsgerichtsbarkeit sind dem Arbeitnehmer Personen gleichgestellt, „die wegen ihrer wirtschaftlichen Unselbständigkeit als arbeitnehmerähnliche Personen anzusehen sind" (§ 5 I 2 ArbGerG). Hierunter fallen auch selbständige Handelsvertreter, die wirtschaftlich unselbständig sind.

Über den Begriff der wirtschaftlichen Unselbständigkeit können zahlreiche Zweifel bestehen. Hick a. a. O. S. 42—66 hat unter besonderem Eingehen auf die Vsvertreter dargetan, wie schwierig es ist, die arbeitnehmerähnlichen Agenten klar zu erfassen. Vgl. ferner RArbG 18. II. 1933 RAG Bd 12 S. 254 = JW 1933 S. 1852, 6. XI. 1935 JW 1936 S. 1257—1258, 9. III. 1938 JW 1938 S. 1847—1848, OLG Nürnberg 27. II. 1953 VersR 1953 S. 204, Rohrbeck-Durst-Bronsich S. 20—21.

Die schwierige Grenzziehung ist seit Art. 3 HandelsvertreterG (Anm. 134) überflüssig geworden.

Es kommt hiernach auf die tatsächliche Festsetzung der unteren Grenze nicht an (Schröder a. a. O. Anm. 3 zu Art. 3, S. 276). Für wen sie festgesetzt werden kann, ergibt sich aus Anm. 416—417. — Solcher Handelsvertreter darf aber auf Grund des Vertragsverhältnisses während einer gewissen Zeitspanne des Vertragslaufes im Durchschnitt nicht mehr als 500 DM monatlich bezogen haben (eine VO nach Art. 3 II HandelsvertreterG ist nicht erlassen). Es kommt auf die tatsächlichen Bezüge an: Ist ein Mehrbetrag streitig, so hebt das die — ausschließliche (§ 2 I Ziff. 2 ArbGerG) — Zuständigkeit der Arbeitsgerichte nicht auf; ebensowenig handelt es sich um Bezogenes, wenn verdiente Provisionen noch nicht ausgezahlt sind. Die Bezüge sind Bruttobezüge (Schröder a. a. O. Anm. 4 zu Art. 3, S. 276), und zwar „an Vergütung einschließlich Provision und Ersatz für im regelmäßigen Geschäftsbetrieb entstandene Aufwendungen". Merkwürdigerweise werden solche Aufwendungen (keine irregulären: Duden a. a. O. S. 293, Schröder a. a. O. Anm. 4 zu Art. 3, S. 276) mitgerechnet, obgleich sie nichts zu tun haben mit den für den allgemeinen Lebensunterhalt zur Verfügung stehenden

Mitteln. Sind einem Selbständigen 400 DM für Auto, Büro und Schreibkraft an Aufwendungen ersetzt, hat er aber nur 150 DM an Provisionen verdient, so gilt er nicht als Arbeitnehmer. Wohl aber gilt als Arbeitnehmer, wer keinen Aufwendungsersatz bekommen, vielleicht auch kaum Spesen gehabt, aber monatlich 450 DM Provision verdient hat.

[167] ββ) Materiellrechtliche Fragen.

Soweit die Arbeitsgerichte prozessual zuständig sind, zeigen sie sich geneigt, auch materiellrechtlich die arbeitnehmerähnlichen Handelsvertreter — trotz deren persönlicher und handelsrechtlicher Selbständigkeit — wie Arbeitnehmer zu behandeln.

So wird ihnen ein Zeugnisanspruch zugebilligt (dazu Hick a. a. O. S. 69—70, von Gierke II S. 119, RArbG 25. IV. 1936 RAG Bd 16 S. 272—276 = JW 1936 S. 2664 bis 2665 mit Anm. Oppermann, a. A. noch RG 7. I. 1916 RGZ Bd 87 S. 440—444). In vielen Agenturverträgen, auch völlig Selbständiger, ist heute ein Zeugnisanspruch vertraglich festgelegt (vgl. Ziff. 14 Hauptpunkte [Anm. 138]: „Tätigkeitsbescheinigung" und Anm. 365).

Über andere materiellrechtliche Ausstrahlungen des Arbeitsrechts: Hick a. a. O. S. 71—75.

Arbeitnehmer im Sinne von § 4 I BetriebsverfassungsG sind arbeitnehmerähnliche Vsvertreter nicht.

Zum Arbeitseinkommen, das Pfändungsschutz genießt (§ 850 ZPO), gehören die Einkünfte des selbständigen Vsvertreters nicht (Baumbach-Lauterbach, Zivilprozeßordnung, 23. Aufl., München-Berlin 1954, S. 1296, aber auch Würdinger in: RGR-Komm. HGB Bd 1 Anm. 6 zu § 92a, S. 769, OLG Frankfurt 18. X. 1935 JW 1936 S. 343—344).

Trinkhaus I S. 83 macht darauf aufmerksam, daß nach Länderurlaubsgesetzen arbeitnehmerähnliche Personen einen unabdingbaren Anspruch auf Mindesterholungsurlaub haben. Es fragt sich, ob trotz Art. 3 HandelsvertreterG hier der frühere Begriff der arbeitnehmerähnlichen Personen weiterhin anzuwenden ist, also auch z. B. bei gewissen Mehrfirmenvertretern (so Trinkhaus I S. 84). Das dürfte jedoch abzulehnen sein, sollte doch für Vsvertreter die unklare frühere Begriffsabgrenzung endgültig ihre Bedeutung verlieren.

[168] ε) Sozialversicherungsrechtliche Besonderheiten.

Die soziale Kranken-, Unfall-, Angestellten- und Arbeitslosenv erfaßt als Pflichtvte grundsätzlich nur Arbeitnehmer (§§ 165, I, II, 537 Ziff. 1 RVO, § 1 I AVG, § 69 AVAVG). Zwar sind in die Vspflicht auch gewisse Selbständige einbezogen (dazu Heyn, Die Vspflicht der Selbständigen, 2. Aufl., Weißenburg 1951, S. 19—37), aber dazu gehören die selbständigen Handelsvertreter und insbesondere Vsvertreter nicht, auch nicht als arbeitnehmerähnliche Personen (Dersch a. a. O. S. 67, Lohmüller Zentralblatt für Sozialv 1953 S. 295—296), jedoch wird für letztere zuweilen generell de lege ferenda die Vspflicht befürwortet (vgl. Albrecht Zentralblatt für Sozialv 1953 S. 243—244, Menkens RdA 1953 S. 97, Teutsch Wege zur Sozialv 1953 S. 295—296, Trinkhaus I S. 114).

Das neue Handelsvertreterrecht hat die Rechtslage in der Sozialv nicht geändert (Kühne, Handbuch der Krankenv, Teil 2, Stuttgart-Köln 1954, S. 35), aber die Neuabgrenzung des Begriffes Handelsvertreter in § 84 I HGB muß sich mittelbar auf die Sozialv auswirken. Darstellung der Sozialvsfragen bei Trinkhaus I S. 113—128, der darauf hinweist, daß die Einfirmenvertreter des § 92a HGB als selbständige Handelsvertreter der Sozialvspflicht nicht unterworfen werden können (S. 114).

Die Praxis der Sozialv zeigt bei der Abgrenzung die Tendenz, den Bereich der Unselbständigkeit — und damit der Vspflicht — recht weit abzustecken. So sagt Albrecht Zentralblatt für Sozialv 1949 S. 203: „Bei der Art der Arbeitsverhältnisse wird im Falle der Provisionsreisenden meist ein vspflichtiges Beschäftigungsverhältnis zu vermuten sein ... Namentlich wird auch die Höhe des Einkommens in Betracht zu ziehen sein. Wenn es in seiner wirtschaftlichen Bedeutung nicht über das von Arbeitnehmern hinausgeht, dürfte auch die rechtliche Stellung eines Arbeitnehmers, wenn nicht andere zwingende Merkmale vorliegen, anzunehmen sein." In Wahrheit gibt es keine Vermutung für Unselbständigkeit und die Entgelthöhe ist unerheblich. — Eine Besonderheit liegt auch darin, daß die Sozialv für den Arbeitnehmerbegriff sowohl persönliche wie auch wirtschaftliche Abhängigkeit verlangt (dazu Dersch a.a.O. S. 65, RdA 1950 S. 324—325, AP 1951 S. 11 Nr. 154, Trinkhaus I S. 118—120).

Aus der Rechtsprechung des Reichsvsamtes vgl. RVA Nr. 291 (Amtl. Nachr. Invaliditäts- und Altersv 1893 S. 145—147), Nr. 292 (a. a. O. S. 147), Nr. 1433 (Amtl. Nachr. 1909 S. 549), 29. IX. 1922 EuMitt. Bd 15 S. 28—33, 9. XII. 1942 Amtl. Nachr. 1944 S. 242—245, dazu die Anleitung Amtl. Nachr. 1912 S. 782—784.

Übersichten: Bommer VW 1951 S. 508—509, Kersting-Durst-Rohrbeck S. 23—25, Koch-Hartmann, Das Angestelltenvsgesetz, 2. Aufl., Bd I, Berlin 1952ff., S. 162—164, Teutsch Deutsche Vszeitschrift 1952 S. 278—281, Wege zur Sozialv 1953 S. 289—296.

Neuere Entscheidungen betreffend Vsvertreter: OVA Bremen 26. VIII. 1952 VA 1952 S. 128—129 = BetrBer 1952 S. 805, Freiburg 21. VIII. 1951 Breithaupt Bd 41 S. 287—291 Nr. 102, Hildesheim 23. XII. 1952 VersR 1953 S. 399—400 = Zentralblatt für Sozialv 1953 S. 293—295, Karlsruhe 11. VI. 1951 Breithaupt Bd 41 S. 434—439 Nr. 157, 8. XII. 1952 VW 1953 S. 199—200, Nürnberg 31. VII. 1951 Breithaupt Bd 42 S. 17—19 Nr. 2, 8. XII. 1953 VW 1954 S. 453—455, Schleswig 16. I. 1953 Rundschreiben des Gesamtverbandes GV Nr. 5/53 vom 10. III. 1953, Vsamt Bremerhaven 30. VIII. 1951 VW 1951 S. 427, Sozialvsamt Berlin 22. IV. 1952 VA 1952 S. 62, Sozialgericht Karlsruhe 25. XI. 1954 Rundschreiben des Gesamtverbandes GVa Nr. 32/55 vom 12. VII. 1955.

Eine freiwillige Selbstv ist für selbständige Handelsvertreter im Bereich der Krankenv möglich, wenn sie regelmäßig keine oder höchstens zwei Vspflichtige beschäftigen und ihr jährliches Gesamteinkommen 6000 DM nicht übersteigt (§ 176 I RVO; Trinkhaus S. 115 Anm. 353). Auch in der Unfallv ist Selbstv möglich, und zwar für alle Unternehmer und die im Unternehmen tätigen Ehegatten (§ 539 I, II RVO; Trinkhaus I S. 116). In der Angestelltenv gibt es die freiwillige Selbstv für alle deutschen Staatsangehörigen bis zum vollendeten 40. Lebensjahr (§§ 1 VI, 21 AVG, § 1243 RVO).

Über den Fall, daß ein Arbeitnehmer arbeitslos und sodann selbständiger Vsvertreter wird: § 87 a AVAVG (prinzipiell sind selbständige Gewerbetreibende nicht mehr als arbeitslos anzusehen; dazu Trinkhaus I S. 117). Über die Frage, ob ein Vsvertreter, der mit Angestellten des Vers Autofahrten zum Kundenbesuch ausführt, im Sinne der Unfallv wie ein Vter in dem Unternehmen des Vers tätig wird (§ 537 Ziff. 10 RVO), verneinend Landessozialgericht Bremen 25. III. 1955 BetrBer 1955 S. 804 =Breithaupt Bd 44 S. 1152—1155 Nr. 347.

Über Kindergeld bei selbständigen Vsvertretern: Trinkhaus I S. 462—465.

[169] ζ) Steuerrechtliche Besonderheiten.

Besonders wichtig ist die Unterscheidung zwischen Selbständigen und Unselbständigen für das Steuerrecht, zahlt doch der erstere Einkommen-, Gewerbe- und Umsatzsteuer, der letztere nur Lohnsteuer. Die Steuerpraxis ist ganz eigene Wege gegangen, besonders seit der Leitentscheidung RFH 15. XII. 1933 RFHE Bd 35 S. 214—219. Der Bundesfinanzhof hat die Judikatur des Reichsfinanzhofes aufrechterhalten (BFH 12. I. 1951 VW 1951 S. 190—191, 6. VIII. 1953 Vsvermittlung 1954 S. 7—8, 8. VII. 1954 VersR 1954 S. 519—520 mit Anm. Lange, 14. X. 1954 VersR 1955 S. 128, nicht für einen Vsagenten auch BFH 16. I. 1952 BStBl. 1952 III S. 79—80 = RdA 1953 S. 78—79 mit Anm. Hueck). Herangezogen hat der Bundesfinanzhof — außer der erwähnten Leitentscheidung — RFH 3. XI. 1933 RStBl 1934 S. 1207—1208, 23. VI. 1939 RStBl. 1941 S. 863, 7. VII. 1939 RStBl. 1941 S. 863—864, 24. I. 1941 RStBl. 1941 S. 271—272, 24. I. 1941 RStBl. 1941 S. 446—447, 13. II. 1942 RStBl. 1942 S. 437—438, 15. V. 1942 RStBl. 1942 S. 693—694, 28. V. 1943 RStBl. 1943 S. 533, 27. X. 1943 RStBl. 1944 S. 156—158. Weitere Entscheidungen des Reichsfinanzhofes bei Möller Vsvermittlung S. 29 Anm. 71.

Nach dieser Rechtsprechung „ist zwischen dem Agenten, der die V abschließt oder vermittelt (Spezialagent) und dem sog. Generalagenten, der eine rein verwaltende Tätigkeit ausübt, zu unterscheiden. Der Spezialagent wird als selbständig angesehen, der Generalagent ist Angestellter des VU. Entfaltet der Generalagent neben der verwaltenden Tätigkeit auch eine Vermittlungstätigkeit, so ist er teils selbständig, teils unselbständig" (BFH 12. I. 1951 VW 1951 S. 190 unter Berufung auf die Leitentscheidung des RFH). Die Frage der Selbständigkeit wird beim Spezialagenten allerdings jetzt entsprechend dem neuen Handelsvertreterrecht beurteilt (BFH 8. VII. 1954 VersR 1954 S. 519).

Es ist mißlich, daß der im Vswesen unübliche Ausdruck Spezialagent einem gleichfalls speziell steuerrechtlichen Begriff Generalagent gegenübergestellt wird. Unter Generalagent wird nämlich nicht nur ein Vsvertreter verstanden, dem eine Unterorganisation zugeordnet ist (Anm. 17; Beweis: BFH 6. VIII. 1953 Vsvermittlung 1954 S. 7—8: Kommissär öffentlichrechtlicher Anstalt ohne Untervertreter; vgl. auch Vsvermittlung 1955 S. 103—104), sondern ein Vsvertreter, der gewisse generelle Aufgaben verwaltender Art hat, die „sonst das Vsunternehmen geschäftsleitend selbst besorgen würde" (RFH 15. XII. 1933 RFHE Bd 35 S. 217). Da es wenige Vsvertreter gibt, die nur vermitteln, und noch weniger, die nur verwalten, ist eigentlich jeder Agent General- und Spezialagent zugleich.

Verwirrend ist es auch, daß unklar bleibt, wo „Verwaltung" vorliegt. Bei einem Spezialagenten sollen Inkasso, Teilzahlungsbewilligung, Stundung, auch Regulierung kleinerer Schäden zu seinem selbständigen Vermittlergewerbe gehören (RFH 15. XII. 1933 RFHE Bd 35 S. 217, 28. IX. 1938 RStBl. 1939 S. 89, 28. V. 1943 RStBl. 1943 S. 533). Andererseits sollen bei einem Generalagenten gerade das Inkasso, die Schadensregulierung sowie die Propaganda und die Betreuung, insbesondere Beaufsichtigung der etwaigen Unterorganisation den Bereich der Unselbständigkeit ausmachen (RFH 15. XII. 1933 RFHE Bd 35 S. 217). Eine gewisse Klärung versuchte RFH 15. II. 1939 RStBl. 1939 S. 544, indem darauf abgestellt wurde, ob die Inkassoeinnahmen Zubehör zu Einnahmen aus Vermittlungstätigkeit sind. Davon könnte man wohl sprechen, falls ein Vsvertreter nur Prämien aus Ven kassiert (und er Schäden aus Ven reguliert), die er selbst (oder seine Unterorganisation) vermittelt hat. Aber der BFH 12. I. 1951 VW 1951 S. 191 hat dargelegt, es sei „gleichgültig, ob die Inkassotätigkeit auf die Prämie für die vom Vsagenten selbst vermittelten Ven beschränkt ist oder ob auch Prämien für solche Ven eingehoben werden, die von anderen Vsvertretern vermittelt worden sind. Es kann auch nicht darauf ankommen, ob die Inkassoprovisionen höher sind als die Abschlußprovisionen oder umgekehrt" (auf das Überwiegen hatte abgestellt RFH 28. IX. 1938 RStBl. 1939 S. 89).

Um eine Definition des Generalagentenbegriffs hat sich der Reichsminister der Finanzen in einem Erlaß vom 20. II. 1943 (RStBl. 1943 S. 234) bemüht: „Als Generalagenten sind die Personen des Vs-Außendienstes anzusehen, die der Direktion einer Vsunternehmung unmittelbar unterstellt sind, eine vorwiegend verwaltende, organisatorische und beaufsichtigende Tätigkeit ausüben und einem Stab von Vertretern übergeordnet sind, die der Vsunternehmung als Agenten verpflichtet sind. Dafür, ob die verwaltende, organisatorische und beaufsichtigende Tätigkeit überwiegt, ist das Gesamtbild der Tätigkeit maßgebend." Hiernach soll es doch wieder auf die Zuordnung einer Unterorganisation ankommen, und zwar sollen die Untervertreter namens des Vers verpflichtet sein, so daß der Typ des echten Generalagenten mit eigener Unterorganisation (Anm. 17) Spezialagent sein soll; sagt doch der Erlaß: „Ich bitte andere Personen des Vs-Außendienstes, die eine werbende Tätigkeit ausüben, als Spezialagenten anzusehen. Ihre steuerliche Selbständigkeit ist auch dann gegeben, wenn sie neben Provisionsbezügen auch ein mäßiges festes Gehalt bekommen. Soweit ein Spezialagent nebenbei auch Verwaltungsaufgaben und die Einziehung von Prämien oder Beiträgen übernommen hat, sind die Einnahmen daraus als Entgelte für selbständige Nebentätigkeit zu behandeln. Es ist dabei gleichgültig, ob sich zum Beispiel Inkassoprovisionen auf Ven beziehen, die der Spezialagent selbst geworben hat, oder auf andere Ven."

Die Verwirrung wird auch deutlich, wenn der Bundesminister für Finanzen in einem Erlaß vom 20. VI. 1955 VW 1955 S. 371 sagt: „Werden Generalagenten für mehrere KFZ-VU tätig, ohne daß zwischen den Gesellschaften Vereinbarungen über die Art der Verteilung eingebrachter Vsverträge durch den Generalagenten bestehen, dann ist seine Tätigkeit nach der ständigen Rechtsprechung des RFH (vgl. Urteil vom 24. I.

1941 in RStBl. 1941 S. 446) als ausschließlich selbständige Tätigkeit eines Spezialagenten anzusehen", auch hinsichtlich der Verwaltungsprovisionen. Das betont für einen Mehrfachagenten (bei Fehlen solcher Zuweisungsbindungen) auch der BFH 14. X. 1954 VersR 1955 S. 128, „auch wenn seine Tätigkeit weitaus überwiegend eine verwaltende ist". Vgl. Anm. 178.

Die Rechtsunsicherheit ist groß. Alle Versuche zur Systematisierung der Rechtsprechung müssen angesichts der Unfolgerichtigkeit der Judikatur vergeblich bleiben. Immerhin sei verwiesen auf Borchert VersR 1952 S. 220—221, Hemmes a.a.O. S. 41—70, Mölders ZfV 1952 S. 57—58, 77—78, 169—170, Strietholt Steuerfragen a.a.O. S. 5—18.

Entscheidungen von Finanzgerichten, in denen die Steuerfreiheit der Inkassoprovision bei „Generalagenten mit gemischter Tätigkeit" anerkannt ist: FG Düsseldorf 16. VII. 1952 Vsvermittlung 1953 S. 17—18, Freiburg 9. VIII. 1954 Vsvermittlung 1954 S. 97—98, 5. V. 1955 Vsvermittlung 1955 S. 72—75, Hannover 22. VI. 1954 Vsvermittlung 1954 S. 85—86, Karlsruhe 22. I. 1954 Vsvermittlung 1954 S. 40—41, 23. III. 1954 VersR 1954 S. 264 (mit Anm. Borchert) = Vsvermittlung 1954 S. 60, Münster 27. IV. 1953 Vsvermittlung 1953 S. 65—67, Nürnberg 29. I. 1954 Vsvermittlung 1954 S. 59—60, 10. V. 1955 VW 1955 S. 384—385 = Vsvermittlung 1955 S. 75—76. Dagegen sind die Vsvertreter unterlegen beim FG Düsseldorf 12. V. 1954 Vsvermittlung 1954 S. 96—97, Kassel 9. XI. 1954 Vsvermittlung 1955 S. 82—85, Münster 25. VII. 1955 Vsvermittlung 1955 S. 93—94 (vgl. die Übersicht Vsvermittlung 1955 S. 93).

Die vielschichtige Kasuistik geht von den tatsächlichen Verhältnissen des Einzelfalles aus, von den Vertragsklauseln nur, wenn die tatsächliche Handhabung mit den getroffenen Vereinbarungen übereinstimmt (BFH 12. I. 1951 VW 1951 S. 190—191, übersehen von Flick VW 1951 S. 191, Gertner VW 1951 S. 461, dagegen Borchert VersR 1952 S. 220).

Die Finanzämter sind bestrebt, in Fällen handelsrechtlicher Unselbständigkeit die Vsvertreter wenigstens zu „gemischten Generalagenten" zu stempeln, so daß die Vermittlungsprovisionen als Einnahmen aus selbständiger Arbeit gelten. Die handelsrechtlich selbständigen Vsvertreter dagegen bemühen sich verständlicherweise darum, hinsichtlich ihrer Inkassoprovisionen als unselbständig angesehen zu werden; Flick VW 1951 S. 191 setzt sich dafür ein, auch bei Spezialagenten eine gemischte Tätigkeit anzuerkennen (vgl. Hemmes a. a. O. S. 59, 70). Besser wäre es, „die groteske Rechts- und Steuerfigur des gemischten Generalagenten" (Hagen Deutscher Vs-Dienst 1941 S. 219) ganz fallen und die handelsrechtliche Zuordnung auch für das Steuerrecht maßgebend sein zu lassen (zur Reform auch Borchert VersR 1952 S. 221, Strietholt VW 195 2 S. 20).

[170] Über die steuerrechtliche Behandlung der Provisionen in der Kraftfahrtv vgl. Erlaß des Bundesministers für Finanzen vom 20. VI. 1955 VW 1955 S. 371 = BetrBer 1955 S. 693 und dazu Vsvermittlung 1955 S. 34—35.

Innendienstangestellte sind auch insoweit, als sie Vsverträge für ihren Prinzipal vermitteln, unselbständige Handlungsgehilfen (Anm. 159, 165), selbst wenn sie außerhalb der Dienstzeit und ohne Bestehen einer Betätigungspflicht tätig werden. Dennoch sind die dabei verdienten Provisionen neuerdings steuerrechtlich nicht als Einnahmen aus dem Dienstverhältnis angesehen, wenn zwischen Haupt- und Nebentätigkeit kein Zusammenhang besteht (BFH 7. X. 1954 BStBl. 1955 III S. 17 = VW 1955 S. 29 und dazu VW 1955 S. 164, kritisch Vsvermittlung 1955 S. 42—43). Vgl. auch Schulz VW 1949 S. 158—159.

Abschnitt 8 Ziff. 2 Lohnsteuer-Richtlinien (BStBl. 1955 I S. 492 = Vsvermittlung 1955 S. 105) besagt:

> „Vsgesellschaften zahlen oft ihren im Innendienst beschäftigten (beschäftigt gewesenen) Angestellten für die gelegentliche Vermittlung von Ven besondere Vergütungen (Provisionen). Diese besonderen Vergütungen (Provisionen) sind Teile des Arbeitslohns, wenn die Vermittlungstätigkeit im Rahmen des Dienstverhältnisses des Angestellten ausgeübt wird (Bescheid des BFH vom 8. VII. 1954 und BFH-Urteil vom 7. X. 1954, BStBl. 1955 III S. 17). Das gleiche gilt, wenn Arbeitnehmer von Kreditinstituten gelegentlich den Abschluß von Lebensvsverträgen oder Bausparverträgen vermitteln."

[171] η) **Konkursrechtliche Besonderheiten.**

Im Konkurse des Unternehmers waren die selbständigen Handelsvertreter bislang gewöhnliche Konkursgläubiger. Ihre Bezüge gehören nicht zu den „Dienstbezügen der Personen, welche sich dem Gemeinschuldner . . . zur Leistung von Diensten verdungen hatten" (Jaeger, Kommentar zur Konkursordnung, 6. und 7. Aufl., 2 Bände, Berlin-Leipzig 1931, 1936, Anm. 14a zu § 61, S. 176, RG 3. XI. 1905 RGZ Bd 62 S. 229 bis 232).

Jetzt aber hat das neue Handelsvertreterrecht in Art. 4 HandelsvertreterG (Anm. 134) das Lidlohnprivileg auf gewisse Handelsvertreter erstreckt, nachdem schon früher diesbezügliche Bestrebungen zu verzeichnen waren (Jaeger a. a. O. Anm. 14a zu § 61, S. 176). Danach werden nunmehr bestimmte Forderungen von Handelsvertretern als bevorrechtigte Konkursforderungen des ersten Ranges (innerhalb dieses Ranges nach Verhältnis ihrer Beträge) berichtigt.

Hiernach stehen also gewisse Handelsvertreter den Arbeitnehmern gleich. Der in Betracht kommende Kreis der Handelsvertreter ist prinzipiell ebenso umrissen wie in Art. 3 I HandelsvertreterG (vgl. deshalb Anm. 166). Es ist hier jedoch — wohl auf Grund eines Versehens — nicht wie in Art. 3 II HandelsvertreterG vorgesehen, daß der Monatsbetrag von 500,— DM den jeweiligen Lohn- und Preisverhältnissen angepaßt wird (Schröder a. a. O. Anm. zu Art. 4, S. 277). Es bestehen jedoch keine Bedenken, Art. 3 II HandelsvertreterG analog auch auf den Fall des Art. 4 HandelsvertreterG anzuwenden. Im ganzen handelt es sich um die wirtschaftlich schwächeren Einfirmen- oder Konzernvertreter. Ein Unterschied gegenüber der Fassung des Art. 3 I HandelsvertreterG liegt darin, daß es nach der letztgenannten Vorschrift auf die tatsächlichen Bezüge ankommt, während Art. 4 HandelsvertreterG darauf abstellt, was den Handelsvertretern an Bezügen zugestanden hat oder noch zusteht. Es kommt also nicht auf die Auszahlungen (HandelsvertreterGBegr. S. 50, Knapp a. a. O. Anm. 5 zu Art. 4, S. 70), sondern nur auf die Fälligkeit der Bezüge an.

Bevorrechtigt im Konkurse sind „Ansprüche von Handelsvertretern auf rückständige Vergütung einschließlich Provision aus dem letzten Jahr vor der Eröffnung des Verfahrens oder dem Ableben des Gemeinschuldners". Während bei den Dienstbezügen der Arbeitnehmer entscheidend ist, ob sie „für das letzte Jahr" geschuldet werden, heißt es bei den Handelsvertretern, es komme auf die Vergütung „aus dem letzten Jahr" an. Damit wird in eindeutiger Weise bei den Handelsvertretern auf die Fälligkeit abgestellt (vgl. zur Parallelvorschrift des § 61 Ziff. 3 KO: Jaeger a. a. O. Anm. 24 zu § 61, S. 187). Bevorrechtigt sind nur Ansprüche auf Vergütung einschließlich Provision. Es kommen alle Arten der Provisionen (Erfolgsvergütungen) in Betracht, daneben aber auch Ansprüche auf Festbezüge. Da Art. 4 HandelsvertreterG nur am Schlusse (bei der Umreißung des Personenkreises) den Ersatz für im regelmäßigen Geschäftsbetrieb entstandene Aufwendungen nennt, fragt es sich, ob auch ein (konkreter oder pauschalierter) Aufwendungsersatz zu den bevorrechtigten Vergütungen zählt. Unter den weiten Begriff der Vergütung läßt sich aber auch solcher Aufwendungsersatz bringen (Duden a. a. O. S. 294, a. A. Knapp a. a. O. Anm. 4 zu Art. 4, S. 69—70, Trinkhaus I S. 491), wobei es dann wohl nicht darauf ankommt, ob die Aufwendungen im regelmäßigen Geschäftsbetrieb entstanden sind oder nicht (der Begriff Dienstbezüge umfaßt allerdings Ersatz von Auslagen nicht: Jaeger a. a. O. Anm. 16 zu § 61, S. 180). Nicht zu den Vergütungen zählt die Forderung auf Rückgewähr einer Kaution, wie sie besonders Untervertreter dem Generalagenten öfters leisten müssen (vgl. Jaeger a. a. O. Anm. 16 zu § 61, S. 181). War das Agenturverhältnis bereits beendet, so gehören die nachwirkenden Ansprüche auf ein Ruhegehalt nicht zu den konkursrechtlich bevorrechtigten (Jaeger a. a. O. Anm. 16a zu § 61, S. 181). Entsprechendes muß auch gelten für einen Ausgleichsanspruch (§ 89 b HGB, Duden a. a. O. S. 294, Trinkhaus I S. 491) und für die angemessene Entschädigung, die auf Grund einer Wettbewerbsabrede gezahlt werden muß (§ 90a HGB, Jaeger a. a. O. Anm. 16 zu § 61, S. 180—181; es fehlt an einer Vorschrift, wie sie für Handlungsgehilfen § 75e HGB bringt). Bestand zwischen dem Handelsvertreter und dem Unternehmer ein Kontokorrentverhältnis, und ist eine bevorrechtigte Forderung in einem festgestellten Saldo aufgegangen, dann kann der

Handelsvertreter fortab für ihren Betrag das Vorrecht nicht mehr geltend machen (Jaeger a. a. O. Anm. 12 zu § 61, S. 173).

Im übrigen ist wichtig, daß gemäß § 23 II KO ein Agenturvertrag durch die Eröffnung des Konkursverfahrens erlischt (Jaeger a. a. O. Anm. 7 zu § 23, S. 417 bis 418, RG 16. III. 1906 RGZ Bd 63 S. 73). Die Frage, ob dem Handelsvertreter angesichts dieses Erlöschens ein Schadensersatzanspruch zusteht, ist umstritten. Sie wird allgemein verneint vom RG 16. III. 1906 RGZ Bd 63 S. 74, allgemein bejaht von Jaeger a. a. O. Anm. 6 zu § 23, S. 416—417; dagegen stellt Schmidt-Rimpler a. a. O. S. 308—310 darauf ab, ob der Unternehmer den Konkurs verschuldet hat.

[172] bb) Unternehmer als Beteiligter.

Dem selbständigen Vsvertreter steht als Kontrahent des Vsvertretervertrages ein anderer Unternehmer gegenüber, für den § 84 I 1 HGB im Wege einer Legaldefinition die Bezeichnung „Unternehmer" primär verwendet.

Nach § 84 I HGB a. F. mußte ein Handlungsagent „für das Handelsgewerbe eines anderen" Geschäfte vermitteln. Nach dem neuen § 84 I 1 HGB braucht der Unternehmer nicht mehr Kaufmann zu sein; das ergibt sich auch aus § 91 I HGB. Unternehmer können vielmehr auch Nichtkaufleute sein, die nicht ausschließlich in der Privatsphäre handeln (HandelsvertreterGBegr. S. 16). Die Neuerung hat den Rahmen des früheren Handelsrechts, das ganz auf dem subjektiven System beruhte, gesprengt: Der Handelsvertreter ist nicht mehr selbständige Hilfsperson eines Kaufmannes. Immerhin ist aber der Zusammenhang mit dem Handelsrecht dadurch gewahrt, daß nach § 1 I, II Ziff. 7 HGB der Handelsvertreter selbst stets Kaufmann ist.

Als Unternehmer kommen bei einem Vsvertreter in erster Linie Vsunternehmen und Generalagenten in Betracht, ausnahmsweise aber auch andere Personen.

[173] aaa) Versicherungsunternehmen.

Grade für die Vswirtschaft ist der neue § 84 I 1 HGB bedeutungsvoll, da manche Ver keine Kaufleute sind. Die §§ 84—92 c HGB sind nicht nur anwendbar auf Vsvertreter, die von Vsaktiengesellschaften (§ 6 I HGB, § 3 AktienG) oder von großen Vsvereinen auf Gegenseitigkeit (§§ 16, 53 I 1 VAG) betraut sind, sondern auch auf Vsvertreter, die für Ver anderer Unternehmungsformen tätig werden, z. B. für einen kleineren Gegenseitigkeitsverein (§ 53 I 1 VAG), für öffentlichrechtliche Vseinrichtungen (Körperschaften oder Anstalten) oder für ausländische Ver aller Rechtsformen. Alle diese Ver stellen sich als Unternehmen dar. Es ist künftig nicht mehr notwendig, im Kreise der Vsvertreter eine Unterscheidung danach zu treffen, für welche Unternehmungsform sie tätig werden.

Die Vsvertreter werden Kaufleute gemäß § 1 I, II Ziff. 7 HGB, leben also auch als Vsvertreter eines Nichtkaufmanns nach Handelsrecht. Kommt es auf das Vorliegen eines beiderseitigen Handelsgeschäftes an, so wird man im Verhältnis Ver/Vsvertreter ein solches stets annehmen müssen, auch wenn der Ver kein Kaufmann ist, z. B. hinsichtlich der Maßgeblichkeit des Handelsbrauchs (§ 346 HGB), der Fälligkeitszinsen (§ 353 HGB), des kaufmännischen Zurückbehaltungsrechts (§§ 369—372 HGB) (ähnlich wohl Duden a. a. O. S. 289—290, a. A. Schröder a. a. O. Anm. 13 zu § 84, S. 24, Würdinger in: RGRKomm. HGB Bd 1 Anm. 33 zu § 84, S. 699). Das ist eine wirtschaftlich notwendige Konsequenz daraus, daß die fraglichen Agenturverträge dem Handelsrecht unterstellt sind. Wer als Unternehmer Handelsvertreter betraut, muß sich selbst wie ein Kaufmann behandeln lassen.

[174] bbb) Generalagenten.

Zahlreiche Vsvertreter sind nicht von einem Ver, sondern ihrerseits von einem Vsvertreter ständig betraut. § 84 III HGB stellt klar, daß solche von Generalagenten im eigenen Namen betrauten Untervertreter ihrerseits dem Handelsvertreterrecht unterstehen.

Manche der Fälle, in denen die Praxis von Generalagenten spricht, gehören allerdings nicht hierher. Das gilt zunächst für die bloßen Titulargeneralagenten, denen Untervertreter überhaupt nicht zugeordnet sind. Ein General muß eine Truppe haben, wo sie fehlt, verdient er nicht diesen Titel. Weiterhin gehören solche Generalagenten nicht hierher, die zwar einer Agentenorganisation übergeordnet sind, die jedoch mit dem Unteragenten nicht im eigenen Namen, sondern in Vertretung des Vers Vsvertreterverträge abgeschlossen haben. Hier handelt es sich nicht um Untervertreter im echten Sinne, nicht um echte Generalagenten mit einer eigenen Organisation. Vgl. zu alledem bereits Anm. 17, ferner Möller Vsvermittlung S. 37—40, Trinkhaus I S. 91 bis 98.

Echte Vsgeneralagenten schließen Vsvertreterverträge nicht im Namen des Vers, sondern im eigenen Namen mit Untervertretern ab. Sie sind also, wie es § 84 III HGB vorsieht, zwar im Verhältnis zum Ver Handelsvertreter, aber im Verhältnis zum Untervertreter Unternehmer. Als Unternehmer stehen sie allein in Rechtsbeziehungen zum Untervertreter: Der Untervertreter hat seinerseits keinerlei Rechte und Pflichten im Verhältnis zum Ver, sondern Schuldner (insbesondere Provisionsschuldner) und Gläubiger ist ihm gegenüber ausschließlich der Generalagent.

Der Untervertreter muß selbständig sein, damit die §§ 84—92 c HGB Anwendung finden. Ist der Untervertreter unselbständig, so ist er bloßer Handlungsgehilfe des Generalagenten (Anm. 153). Ein Generalagent mit eigenen Untervertretern ist in aller Regel im Verhältnis zum Ver selbständig (Anm. 158). (Selbst wenn es im Einzelfall ausnahmsweise vorkommen sollte, daß ein Generalagent, der im Verhältnis zum Ver unselbständig ist, dennoch im eigenen Namen Untervertreter betraut, so wird man doch annehmen müssen, daß er in der Sphäre dieser Betrauung, also im Verhältnis zu den Untervertretern, als Selbständiger zu behandeln ist.) Dagegen kann ein Generalagent, der einer dem Ver „durch Revers verpflichteten" Agentenorganisation übergeordnet ist, entweder unselbständig oder selbständig sein (Anm. 161).

Ein echter Generalagent arbeitet durchweg auf Provisionsbasis, man nennt ihn deshalb auch Provisionsgeneralagent. In jenen Fällen jedoch, in denen die Agentenorganisation vom Ver betraut ist (wenn auch vielleicht durch den Generalagenten als Bevollmächtigten des Vers), pflegt man von Verwaltungsgeneralagenten zu sprechen (Anm. 14). Die Unterscheidung zwischen Provisions- und Verwaltungsgeneralagenten ist jedoch keine juristische.

In den Fällen des § 84 III HGB kann es zweifelhaft sein, wessen Geschäfte der echte Untervertreter vermittelt. Scheidet man zunächst die Vollmachtsfrage aus, so muß man logischerweise feststellen, daß der Untervertreter nicht im Interesse des Vers, sondern des Generalagenten tätig wird. „Der Untervertreter nimmt die Aufgaben wahr, die an sich dem Generalvertreter obliegen; er erfüllt dessen Pflichten. Der Untervertreter wird deshalb nicht im Sinne des Absatzes 1 für den Unternehmer tätig, von dem bzw. in dessen Namen die Geschäfte geschlossen werden. Der Tatbestand des Absatzes 1 ist daher insoweit nicht gegeben. Da die Tätigkeit des Untervertreters wirtschaftlich gesehen aber dieselbe ist wie die eines Handelsvertreters, muß auch für ihn das Handelsvertreterrecht gelten" (HandelsvertreterGBegr. S. 17). Der Untervertreter ist also für den Generalagenten tätig, er vermittelt Geschäfte für diesen, damit der Generalagent Erfolgsvergütungen verdient. Genau genommen vermittelt der Untervertreter keine Geschäfte des Vers, also keine Vsverträge, sondern Geschäfte des Generalagenten, d. h. Vermittlungen. Das schließt nicht die Feststellung aus, daß im Verhältnis Ver/Generalagent der Untervertreter als Erfüllungsgehilfe des Generalagenten wirkt.

Das Problem ist sehr schwierig. Am ausführlichsten befaßt sich mit ihm Dönhoff, Der Unteragent im Warenhandel und in der Vsvermittlung, ungedr. Hamburger Diss., Hamburg 1947. Danach stehen die meisten Unteragenten begrifflich zwischen den Gehilfen, welche einen Vsvertreter nur mitwirkend unterstützen, und den Ersatzsubstituten, welche den Vsvertreter von seinen gesamten Pflichten befreien würden (S. 18—31). Als gewöhnlicher Substitut befreit der Unteragent den Generalagenten nicht von seinen Verpflichtungen gegenüber dem Ver, es wird vielmehr die Ausführung des Geschäftsbesorgungsvertrages (Anm. 197) dem Unteragenten nur für dessen Bereich übertragen (S. 23—26). Hierfür müsse eine Substitutionsbefugnis gegeben sein, die ausdrücklich erteilt werden, sich aber auch aus den Umständen ergeben könne (S. 27, unter Hinweis auf Clasen JRPV 1925 S. 204). Bei unbefugter Substitution hafte der Generalagent gemäß § 276 I 1 BGB für eigenes Verschulden (S. 28), bei befugter Substitution dagegen müsse der Generalagent für den Untervertreter wie für einen Erfüllungsgehilfen (§ 278[1] BGB) einstehen (S. 30). Konstruiert wird ein unechter Vertrag zugunsten Dritter, also zugunsten des Vers, wonach der Untervertreter dem Generalagenten verpflichtet werde, für den Ver tätig zu werden (S. 32). „Der Unteragent wird unmittelbar für das Gewerbe desjenigen tätig, der den Oberagenten betraut hat. Dessen Geschäfte werden besorgt. Seine Interessen sind zu wahren. Ihm ist in erster Linie Nachricht zu geben. ... Die Rechte und Pflichten aus dem Agenturvertrag hat dagegen nur der Vertragschließende, der Oberagent. Insbesondere muß er dem Unteragenten die Provision zahlen. Der Umstand, daß der Oberagent den Unteragenten zur Geschäftsbesorgung verpflichtet hat, ändert nichts daran, daß ‚Geschäftsherr' ... allein der ist, dessen Geschäfte durch die Agententätigkeit gefördert werden sollen. Wer lediglich einen Auftrag zur Führung fremder Geschäfte erteilt und daraus einen vertraglichen Anspruch gegen den Beauftragten erwirbt, wird dadurch noch keineswegs zum ‚dominus negotii' ... Die Besonderheit des Unteragenturverhältnisses besteht eben darin, daß der den Unteragenten Betrauende und der Nutznießer seiner Dienstleistungen, der ‚Geschäftsherr', nicht identisch sind" (S. 32—33).

Auch Duden a. a. O. S. 290 sagt (zögernd), der Untervertreter vermittle Geschäfte für das vertretene Unternehmen, nicht für den Hauptvertreter, jedenfalls schließe der Abschluß-Untervertreter im Names jenes, nicht dieses ab. Der Untervertreter sei Erfüllungsgehilfe des Hauptvertreters in dessen Vertragsverhältnis zum vertretenen Unternehmen. Demgegenüber muß darauf hingewiesen werden, daß der Untervertreter in Wahrheit für den Generalagenten tätig ist, und daß die Abschlußuntervollmacht nicht irreführen darf. Knapp a. a. O. Anm. 10 zu § 84, S. 11 betont mit Recht, daß der Untervertreter nicht unmittelbar für den primären Unternehmer (Ver) tätig werde. Soweit die Vorschriften des Handelsvertreterrechts beim Untervertreter keine unmittelbare Anwendung finden könnten (z. B. bezüglich des Zeitpunkts, in dem der Untervertreter Anspruch auf Provision habe), sei die nähere Ausgestaltung der Parteivereinbarung überlassen. Abweichend geht Würdinger in: RGRKomm. HGB Bd 1 Anm. 8 zu § 84, S. 684 davon aus, daß der Untervertreter für den primären Unternehmer Geschäfte vermittle, und zwar als Erfüllungsgehilfe des Generalvertreters.

Schröder a. a. O. Anm. 36—44 zu § 84, S. 34—39 bringt ausführliche Erläuterungen zu § 84 III HGB. Seine Auffassung steht der hier vertretenen nahe: „der Untervertreter vermittelt ... für den ihn beauftragenden Handelsvertreter Geschäfte, die dessen Auftraggeber abschließen soll" (Anm. 37, S. 34). Zur Frage der Substitutionsbefugnis wird dargelegt, grundsätzlich könne ein Handelsvertreter sich der Mithilfe anderer selbständiger Gewerbetreibender bedienen; der Grundsatz finde nur dann keine Anwendung, wenn der Unternehmer mit dem Handelsvertreter vereinbart habe, daß dieser keine Untervertreter hinzuziehen dürfe (Anm. 39, S. 36).

Man kann die Aufgabe des Untervertreters auch dadurch kennzeichnen, daß man mit Capelle, Handelsrecht, 4. Aufl., München-Berlin 1955, S. 61, Schmidt-Rimpler a.a.O. S. 94 von „Vorvermittlung" spricht.

Über die Frage der Vertretungsmacht eines Untervertreters vgl. Anm. zu § 43. Ein Sonderproblem liegt darin, ob ein Generalagent, der Abschlußvertreter ist, seine Abschlußvollmacht als Untervollmacht einem Untervertreter weiter übertragen kann (dazu Anm. zu § 45).

Provisionsschuldner des Untervertreters ist der Generalagent (Anm. 278). Daraus ergibt sich, daß umsatzsteuerrechtlich bei einem echten Generalagenten die weiterzuleitenden Provisionen keine nur durchlaufenden Posten sind. Der Generalagent vereinnahmt eine einheitliche Vermittlungsprovision im eigenen Namen und verausgabt die Vermittlungsprovision für den Untervertreter gleichfalls im eigenen Namen, da er selbst Schuldner dieser Erfolgsvergütung ist (RFH 15. XII. 1933 JW 1934 S. 1133 bis 1134, wo hervorgehoben wird, daß sich nichts ändere, wenn der Ver den für den Untervertreter bestimmten Teil der Gesamtprovision errechne und feststelle; vgl. auch Möller Vsvermittlung S. 165 mit Hinweis darauf, daß im Falle unechter Untervertretung beim Generalagenten nur ein durchlaufender Posten vorliege, es sei denn, daß der Hauptvertreter es übernommen habe, die unechten Unteragenten aus seiner Provision zu entlohnen: RFH 6. X. 1939 RStBl. 1940 S. 175).

[175] ccc) Restfälle.

Unternehmer kann nicht nur ein Ver oder Handelsvertreter sein, sondern ausnahmsweise auch ein Vsmakler, sei er Handels-, sei er Zivilmakler. Wenn nämlich ein solcher Vsmakler einen Selbständigen ständig damit betraut, für ihn Geschäfte zu vermitteln, so hat infolge der ständigen Betrauung dieser Selbständige die Rechtsstellung eines Handelsvertreters. Unternehmer ist auch in diesem Falle nicht der Ver. Vielmehr richten sich alle Ansprüche des Betrauten gegen den Vsmakler.

Lemke VW 1953 S. 478 leugnet, daß die fraglichen Hilfspersonen der Vsmakler Handlungsagenten seien. Es liegt im Wesen eines Untervermittlers, daß er mit dem primären Unternehmer — hier dem Ver — oft nicht in Verbindung tritt. Auch der Selbständige, der vom Vsmakler ständig betraut ist, übt eine Vermittlungstätigkeit aus, jedoch nicht für den Ver oder Vmer, sondern für den Vsmakler, dem er dazu verhilft, Courtage zu verdienen. Es ist nicht einzusehen, warum der vom Vsmakler ständig betraute Handelsvertreter keinen Ausgleichsanspruch gemäß § 89b HGB erlangen soll. Mit dem Begriff des Erfüllungsgehilfen läßt sich die Rechtsbeziehung Vsmakler/ständig betraute Hilfspersonen nicht erschöpfend klären. Richtig ist zwar, daß die Hilfsperson im Verhältnis zum Ver und Vmer Erfüllungsgehilfe des Vsmaklers ist. Aber im Innenverhältnis zum Vsmakler ist die Hilfsperson Handelsvertreter i. S. des § 84 I 1 HGB. Wie hier Trinkhaus I S. 96—97.

[176] cc) Ständigkeit der Betrauung.

aaa) Kriterium der Dauer.

Der Handelsvertreter ist vom Unternehmer „ständig damit betraut", eine bestimmte Aufgabe zu erfüllen (§ 84 I 1 HGB).

Der Agenturvertrag soll den Rahmen bieten für die Vermittlung einer unbestimmten Vielzahl von Geschäften; ein Handelsvertreterverhältnis liegt nicht vor, wenn nur ein einzelnes oder bestimmte einzelne Geschäfte vermittelt werden sollen (Schröder a. a. O. Anm. 11 zu § 84, S. 23). Das unterscheidet den Handelsvertreter- vom Maklervertrag, welcher mit jeder Vermittlung neu zustande kommt (Anm. 38).

Die unbestimmte Vielzahl in Betracht kommender Vermittlungen macht den Vsvertretervertrag zum Dauerschuldverhältnis, meistens kontrahiert auf unbestimmte Zeit (§ 89 I 1 HGB), möglicherweise aber auch auf bestimmte Zeit eingegangen. Wie jedes Dauerschuldverhältnis ist auch das Vsvertreterverhältnis aus wichtigem Grunde kündbar (§ 89a HGB). Überhaupt ist die Kündigung die adäquate Auflösungsform von Dauerschuldverhältnissen.

[177] bbb) Einseitigkeit der Betrauung.

Anders als beim Vsmakler (Anm. 37—39) entsteht kein Doppelrechtsverhältnis, sondern das Betrauungsverhältnis des Vsvertreters besteht einseitig im Verhältnis zum Unternehmer (also regelmäßig Ver oder Generalagenten). Insofern erklärt es sich auch, daß der Vsvertreter primär Sachwalter des Unternehmers, nicht des Vmers ist (Anm. 13).

Zum Vmer steht der Vsvertreter nicht in Vertragsbeziehungen. Zwar bezeichnet auch er die Vmer als seine „Kunden", die er gut bedienen möchte und die er beim Vertragsabschluß, in Schadensfällen und sonstwie berät, aber er tut das im Zuge seiner Tätigkeit für den Ver (Anm. 217). Wird dabei der Vmer geschädigt, so können Schadensersatzansprüche grundsätzlich nur gegen den Ver geltend gemacht werden, z. B. unter dem rechtlichen Gesichtspunkt einer culpa in contrahendo des Vers, der für den Vsvertreter aus seinen Erfüllungsgehilfen einzustehen hat (Anm. 90 zu § 1). Über die Haftung des Vers für Aufklärungen und Belehrungen vgl. Anm. zu § 43, über arglistige Täuschung seitens des Vsvertreters vgl. Anm. 3 zu § 22, Anm. zu § 43. Für die eigene Haftung des Vsvertreters hat es sein Bewenden bei § 676 BGB, wonach für eine Raterteilung nicht gehaftet wird. Gerät der empfohlene Ver in Konkurs oder in Zahlungsschwierigkeiten, so ist der Vsvertreter gegenüber dem Vmer vertraglich nicht zur Mitteilung verpflichtet (OLG Hamburg 29. IV. 1924 HGZ 1924 Hptbl. S. 157—159 Nr. 91). Eine vertragliche Haftung kann sich jedoch ergeben, falls der Vsvertreter dem Vmer gegenüber eine besondere Aufgabe übernimmt, entgeltlich oder unentgeltlich (oft im Hinblick auf möglicherweise zu verdienende Provision). Wenn z. B. ein Vsvertreter es übernommen hat, sämtliche Vsscheine eines Unternehmens einer Durchsicht zu unterziehen, um etwaige Lücken des Vsschutzes zu ermitteln, so haftet er aus dem Beratungsvertrage, wenn er schuldhaft Lücken übersieht oder den Abschluß einer V veranlaßt, die sich später als Doppelv herausstellt (OLG Hamburg 11. V. 1937 JRPV 1937 S. 185 bis 186). Eine deliktische Haftung kann gegenüber dem Vmer nur in den seltenen Fällen Platz greifen, in denen der Vsvertreter ein Schutzgesetz schuldhaft verletzt (§ 823 II BGB) oder dem Kunden sittenwidrig und vorsätzlich Schaden zufügt (§ 826 BGB). Beide Tatbestände zugleich wären erfüllt, wenn ein Vsvertreter einem Lebensvskandidaten im Provisionsinteresse vorspiegelt, bei Kündigung des Vertrages werde jederzeit die volle Prämie verzinst zurückgezahlt. Ein Verstoß gegen die guten Sitten ist verneint vom OLG Hamburg 29. IV. 1924 HGZ 1924 Hptbl. S. 158—159 Nr. 91 (Nichtmitteilung der Konkurseröffnung). Zu allem Möller HansRGZ 1941 A Sp. 119—120, auch Schröder a. a. O. Anm. 19 zu § 86, S. 54—55.

[178] ccc) Ständigkeit auch beim Mehrfachvertreter.

Die Ständigkeit der Betrauung schließt es für den Vsvertreter als Selbständigen nicht aus, zugleich mit mehreren Vern (oder Generalagenten) Agenturverträge abzuschließen (HandelsvertreterGBegr. S. 16; Duden a. a. O. S. 290, Knapp Anm. 8 zu § 84, S. 8). Auch der Mehrfachvertreter bleibt Handelsvertreter. Der Vsvertreter bedarf hierzu nicht der Zustimmung der übrigen vertretenen Ver. Das muß — jedenfalls im Vswesen, wo Mehrfachvertreter sehr verbreitet sind und der Risikoaufteilung dienen — auch gelten, wenn die mehreren Ver im Konkurrenzverhältnis stehen, also die gleichen Vszweige und Vsarten bearbeiten (Rohrbeck-Durst-Bronisch S. 100—101, a. A. für das allgemeine Handelsvertreterrecht Froehlich-Wagner a. a. O. S. 15, 21—22, Schröder a. a. O. Anm. 42 zu § 86, S. 64, Würdinger in: RGRKomm. HGB Bd 1 Anm. 20 zu § 84, S. 692—693). Sagt ein Agenturvertrag nichts Gegenteiliges, fehlt es also an Beschränkungen, so kann hiernach der Vsvertreter als Mehrfachvertreter wirken; er könnte auch einzelne Vsverträge keinem jener Ver bringen, die ihn betraut haben, sondern insoweit als Vsmakler vermitteln (Makleragent: Anm. 26). Seine Verpflichtungen aus dem Agenturvertrag verletzt er damit nicht (Anm. 216).

Solchem Mehrfachvertreter steht diametral der Einfirmenvertreter gegenüber, der sich vertraglich einem Ver gegenüber verpflichtet hat, nur für ihn tätig zu sein (Ausschließlichkeitsklausel). Solche Klausel verbietet in den weitestgehenden Fassungen nicht nur den Abschluß weiterer Agenturverträge, sondern überhaupt, für eigene oder fremde Rechnung anderweitige Geschäfte zu machen, auch als Makler, auch in anderen Vszweigen und Vsarten und in anderen Branchen.

Zwischen diesen beiden Polen steht eine Fülle von weiteren Gestaltungsmöglichkeiten, welche folgende Punkte betreffen können:

Verbot oder Gestattung von weiteren Agenturverträgen außerhalb der Vswirtschaft, außerhalb eines Vskonzerns oder einer Organisationsgemeinschaft, außerhalb der vom Ver betriebenen Vszweige und Vsarten;

Verbot oder Gestattung von anderweitiger Geschäftstätigkeit, insbesondere Vermittlungstätigkeit (Maklertätigkeit);

Verbot oder Gestattung der Vermittlung von Ven, welche der Ver des Agenturvertrages nicht abschließen kann oder will (Gefährlichkeit des Risikos, Überschreitung der Maxima, Ablehnung aus anderen Gründen) oder welche der Vmer nicht mit dem Ver des Agenturvertrages abschließen kann oder will (Kündigung seitens Vers, ausdrücklicher Wunsch des Vmers).

Zwischen Verbot und Gestattung steht ein Verbot mit Zustimmungsvorbehalt des Vers, wobei außer der vorherigen Einwilligung auch die nachträgliche Genehmigung in Frage kommt (§§ 183^1, 184 I BGB). Ziff. 6 Hauptpunkte (Anm. 138) stellt mehrere Fassungen zur Wahl, wobei von unmittelbarer und mittelbarer Tätigkeit für ein anderes Vsunternehmen die Rede ist (bei mittelbarer Tätigkeit dürfte an Vermittlung über einen anderen Vsvermittler, vielleicht auch an stille Vermittlung gedacht sein). Wer sich verpflichtet, nur für den Ver X tätig zu sein, darf auch außerhalb der Vswirtschaft keine Agentur übernehmen. Wer sich verpflichtet, nicht ohne Zustimmung des Vers für einen anderen Ver tätig zu werden, darf ohne Zustimmung z. B. eine Warenvertretung übernehmen. Eine Zustimmung gilt analog § 60 II HGB als erteilt, wenn dem Ver bei dem Abschluß des Agenturvertrages bekannt ist, daß der Vsvertreter schon andere Verträge abgeschlossen hat. Der Zustimmungsvorbehalt eines ersten Vers macht einen ohne Zustimmungsvorbehalt mit einem zweiten Ver abgeschlossenen Agenturvertrag nicht schwebend unwirksam. Der erste Ver kann die Zustimmung ohne Begründung versagen; eine unzulässige Rechtsausübung kann nur in seltenen Fällen angenommen werden (vgl. § 226 BGB).

Ein Vsvertreter, der einer Ausschließlichkeitsklausel zuwiderhandelt, macht sich bei Verschulden schadensersatzpflichtig, er muß seine Mitarbeiter von der Klausel unterrichten und haftet auch für deren Verstöße. Ein Schaden kann vom Ver jedoch schwer dargetan werden, wenn es sich um eine Tätigkeit außerhalb der Vswirtschaft oder der von ihm betriebenen Branchen oder hinsichtlich eines von ihm abgelehnten Risikos handelt. Bei Geschäften, die auch der Ver gemacht hätte, ist deren Verlauf abzuwarten. § 61 I HGB gilt hier nicht, d. h. der Ver kann nicht verlangen, daß der Vsvertreter die anderweit bezogenen Vergütungen herausgebe oder seinen Anspruch darauf abtrete (a. A. Schröder a. a. O. Anm. 43 zu § 84, S. 64—65).

§ 92a I HGB stellt primär darauf ab, ob der Vsvertreter „vertraglich nicht für weitere Unternehmer tätig werden darf". Volle Ausschließlichkeitsklauseln schaffen sonach Einfirmenvertreter (vgl. Ziff. 6 Vorschlag 1. Hauptfassung Hauptpunkte [Anm. 138]), nicht aber Klauseln, welche die Tätigkeit in anderen Wirtschaftszweigen oder vom Ver nicht betriebenen Vszweigen nicht verwehren (vgl. Ziff. 6 Vorschlag 1 Alternativfassung, Vorschlag 2 Hauptpunkte [Anm. 138]). Einfirmenvertreter, für welche Mindestarbeitsbedingungen festgesetzt werden können, sind gemäß § 92a I HGB ferner Vsvertreter, denen es nach Art und Umfang der von ihnen verlangten Tätigkeit nicht möglich ist, für weitere Unternehmer tätig zu sein. Rechtlich wäre hier mangels Ausschließlichkeitsklausel gegen weitere Agenturverträge usw. nichts einzuwenden, nur könnte sich ergeben, daß der Vsvertreter seine übrigen Pflichten aus dem Agenturvertrag wegen Überlastung schuldhaft verletzt (Anm. 216). Im Vswesen wird der Begriff des Einfirmenvertreters durch § 92a II 1 HGB im wirtschaftlichen Sinne noch mehr erweitert, sofern ein Vsvertreter in Betrauungsverhältnissen zu mehreren Vern steht, die in einem Vskonzern oder durch eine Organisationsgemeinschaft verbunden sind, und sofern außerdem diese Betrauungsverhältnisse miteinander verkoppelt sind, sei es durch die Einheit des Agenturvertrags (Kontrahent kann ein Ver sein, der zugleich zugunsten des Konzernvers kontrahiert, oder können die mehreren Ver in einem Gesamtvertrage sein), sei es bei Mehrheit der Agenturverträge durch eine juristisch-bedingungsweise oder eine wirtschaftlich-faktische Verknüpfung dergestalt, daß „die Beendigung des Vertragsverhältnisses mit einem dieser Ver im Zweifel auch die Beendigung des Vertragsverhältnisses mit den anderen Vern zur Folge haben würde". Auch hier ist eine Konzern-Ausschließlichkeitsklausel nicht erforderlich, falls es dem Vsvertreter nach Umfang und Art seiner Tätigkeitspflichten nicht möglich ist, für weitere Nichtkonzernunternehmer tätig zu sein. § 92a II 1 HGB ist analog anzuwenden auf Untervertreter, die für selbständige Generalagenten eines Vskonzerns tätig sind.

Ein Mehrfachvertreter kann ausnahmsweise im Verhältnis zu einem Ver selbständig, zu einem anderen Ver unselbständig sein (Schröder a. a. O. Anm. 4 zu § 84, S. 20). Durchweg ist er aber in jeder Richtung selbständig (Anm. 159).

In der Steuerrechtsprechung wird bei Mehrfachagenten (der gleichen Branche) darauf abgehoben, ob Vereinbarungen darüber bestehen, welche Ven dem Ver A, welche dem Ver B zuzuführen sind. Allein solche — in der Praxis wohl ganz seltenen — Abreden unter den Vern oder zwischen einem Ver und seinem Vsvertreter sollen für Unselbständigkeit, bei gemischten Generalagenten für teilweise Unselbständigkeit sprechen (dazu Bundesminister der Finanzen Erlaß vom 20. VI. 1955 VW 1955 S. 371 [Anm. 169], vgl. RFH 4. V. 1923 RStBl. 1923 S. 217, 3. XI. 1933 RStBl. 1934 S. 1207—1208 [Vsvertreter für 7 Ver], 24. I. 1941 RStBl. 1941 S. 446—447 [Hamburger Vsvertreter für zahlreiche Ver], 24. I. 1941 RStBl. 1941 S. 271—272 = StuW 1941 Nr. 215 Sp. 167—169 [Transportvsvertreter für 10 Ver], 13. II. 1942 RStBl. 1942 S. 437—438 [Hagelvsvertreter für mehrere Ver], 15. V. 1942 RStBl. 1942 S. 693—694 [Unfall-, Haftpflicht- und Feuervsvertreter für rund 15 Ver], auch Funck Vsvermittlung 1941 S. 171—172, Anonym Vsvermittlung

1955 S. 15). Eine Erstanbietungspflicht oder eine Bindung an Maximaltabellen soll aber nicht genügen (BFH 14. X. 1954 VersR 1955 S. 128: Vsvertreter für 2 Ver der gleichen Sparte, anders noch RFH 6. X. 1939 RStBl. 1940 S. 174: Vsvertreter für 2 Transportver).

[179] ddd) Ständigkeit auch beim Nebenberuflichen.

Die Ständigkeit der Betrauung macht es auch nicht erforderlich, daß der Vsvertreter seine volle Kraft der Vsvermittlung widmet. Er kann vielmehr Vsvertreter im Nebenberuf sein (§ 92b IV HGB). Zum Begriff der Haupt- und Nebenberuflichkeit Anm. 15.

Mit gewissen Berufen ist die Nebentätigkeit als Vsvertreter unvereinbar, z. B. den Berufen eines Vsberaters (Anm. 8), Wirtschaftsprüfers (Vsvermittlung 1940 S. 215, 1952 S. 63), Wirtschaftstreuhänders (Vsvermittlung 1937 S. 375, 1939 S. 14—15, 1940 S. 215, VA 1927 S. 95), Buchprüfers (Vsvermittlung 1952 S. 63), Steuerberaters (Vsvermittlung 1938 S. 210, 1940 S. 215, 1952 S. 63), Rechtsanwalts (Vsvermittlung 1939 S. 15), Tierarztes (Vsvermittlung 1937 S. 192, 1942 S. 122), Bezirksschornsteinfegermeisters (Vsvermittlung 1937 S. 259). Vgl. auch Finke A 181, VA 1949 S. 31, 131—132. Über eine freiwillige Verpflichtung des Zentralverbandes des Deutschen Handwerks: Vsvermittlung 1955 S. 86. Die Rechtsfolgen der Verletzung der maßgebenden Normen sind von Fall zu Fall zu prüfen. Durchweg wird zivilrechtlich der Vsvertretervertrag nicht unwirksam sein.

[180] Die nebenberuflichen Vsvertreter können im Hauptberuf Unselbständige, gewerbetreibende Selbständige und sonstige Personen sein.

Bei im Hauptberuf Unselbständigen fragt es sich, ob ihr Arbeitsverhältnis die Nebentätigkeit als Vsvertreter gestattet, vgl. z. B. für Handlungsgehilfen §§ 60, 61 HGB, für Handlungslehrlinge § 76 I 1 HGB. Für Vorstandsmitglieder einer Aktiengesellschaft vgl. § 79 AktG. Über Vsangestellte als nebenberufliche Vsvertreter vgl. Anm. 170. Über Vorstands- und Aufsichtsratsmitglieder eines Vsunternehmens oder Vertrauensärzte als Vsvertreter vgl. Anm. 201.

Zu den Unselbständigen lassen sich auch die Beamten zählen. Für ihre nebenberufliche Tätigkeit als Vsvertreter kommt es zunächst darauf an, ob sie Bundesbeamte sind, zu denen auch die Beamten der Bundesbahn und der Bundespost zählen (Fischbach, BundesbeamtenG, Köln-Berlin 1954, S. 59). Ihre Tätigkeit als Vsvertreter fällt unter § 65 I Ziff. 2 BundesbeamtenG und bedarf deshalb der „vorherigen Genehmigung“. Denn es handelt sich um eine „Nebenbeschäftigung gegen Vergütung“, aber auch um den Fall einer „gewerblichen Tätigkeit“: Der Gewerbebegriff ist hier nicht im sonstigen rechtstechnischen Sinne (Anm. 149), sondern „im weiteren Sinne dahin zu verstehen, daß jemand, auch ohne ein selbständiges Gewerbe auszuüben, eine auf gelegentlichen Erwerb abzielende Tätigkeit für einen bestimmten Personenkreis ausübt“ (Fischbach a. a. O. S. 317). Ergänzend gilt die VO über die Nebentätigkeit der Beamten vom 6. VII. 1937 in der Fassung vom 24. I. 1951 (BGBl. I S. 87, 94), 26. VIII. 1953 (BGBl. I S. 1034). Danach soll die Genehmigung z. B. nicht erteilt werden „für eine Tätigkeit, durch die der Beamte in einen den Handel, das Gewerbe, den Arbeitsmarkt oder die freien Berufe ... nachteilig beeinflussenden Wettbewerb mit anderen geeigneten Personen tritt“ oder wenn dienstliche Belange entgegenstehen, z. B. „wenn zu befürchten ist, daß der Beamte durch die Tätigkeit mit seinen dienstlichen Pflichten in Widerstreit geraten könnte“ (Ziff. 1 II VO). In Fällen, in denen sie erteilt werden darf, gilt sie als erteilt bei Nebenbeschäftigung geringen Umfangs, für die Vergütungen im Werte bis zu 50 DM monatlich gewährt werden (Ziff. 4 I VO). — Für Angestellte und Arbeiter im öffentlichen Dienst gilt die Regelung: „Nebentätigkeit ist ohne Genehmigung des Führers der Verwaltung oder des Betriebes unzulässig. Durch die Dienstordnung können nähere Vorschriften gegeben werden“ (§ 21 TO. A., § 19 TO. B.: RArbBl. 1942 IV S. 838, 1943 IV S. 615, vgl. auch Trinkhaus I S. 106). — Auf das für die Länderbeamten maßgebende Landesrecht kann nicht eingegangen werden. In einzelnen Ländern gilt noch das Deutsche BeamtenG vom 26. I. 1937 (Bundesfassung vom 30. VI. 1950 BGBl. S. 279 ist aufgehoben durch § 199 I Ziff. 2 BundesbeamtenG).

Unter den gewerbetreibenden Selbständigen sind Banken, Reedereien, Spediteure, Kraftfahrzeughändler, Tankstelleninhaber, Kraftfahrzeughandwerker, Zigarrenhändler, Gastwirte, Friseure zu erwähnen. Auch bei Handelsvertretern, die sich überwiegend mit

Warenvermittlung oder als Schiffsagenten (vgl. Anm. 420) betätigen, muß die Sphäre der Vsvermittlung gesondert gesehen werden, sie können also nebenberufliche Vsvertreter sein (vgl. § 92b IV, II HGB). Entsprechendes gilt bei Waren-, Schiffs- oder sonstigen Maklern, nur beim Vsmakler ist eine Ausnahme zu machen: Wird er zugleich Vsvertreter, also Makleragent (Anm. 26), so ist er als hauptberuflicher Vsvertreter zu behandeln.

Zu der Restgruppe gehören in wachsendem Maße Verbände (vgl. Strietholt Vsvermittlung 1951 S. 91—93, 1955 S. 68—69), welche ihre Schlüsselstellung gegenüber ihren Mitglieder auszuwerten vermögen (über steuerliche Fragen: Strietholt Vsvermittlung 1954 S. 29—30, auch Vsvermittlung 1955 S. 25). Ferner gehören hierher Werkstudenten, Hausfrauen, Pensionäre (Anm. 15).

[181] Die nebenberuflichen Vsvertreter werden nicht selten von echten Generalagenten (Anm. 17, 174) betraut. Auch wenn sie unmittelbar zum Ver in Vertragsbeziehungen stehen, sind sie organisatorisch durchweg unechten Generalagenten unterstellt. Jedoch kommt es auch vor, daß Nebenberufliche, z. B. Verbände direkt mit der Direktion des Vers zusammenarbeiten.

Seit dem 1. XII. 1953 (Anm. 144, 146) ist es wichtig, ob der Nebenberufliche vom Ver oder Generalagenten ausdrücklich als Vsvertreter im Nebenberuf betraut ist. Trifft das zu (dazu Anm. 204, 210) oder ist der Vsvertreter vor dem 1. XII. 1953 betraut (Art. 6 III HandelsvertreterG), so finden gewisse Schutznormen auf Nebenberufliche keine Anwendung oder sind abdingbar: §§ 87a I 2 (Provisionsvorschuß), 89 (Kündigung), 89b HGB (Ausgleichsanspruch). Näheres Anm. 419.

Nebenberufliche Vsvertreter sind als solche durchweg selbständig jedoch gilt eine Ausnahme bei Vsangestellten des Innendienstes und Ruhegehaltsempfängern, sofern sie nebenberuflich Ven vermitteln (Anm. 159).

Über Steuerfragen nebenberuflicher Vsvertreter Anm. 170.

[182] **dd) Aufgaben des Versicherungsvertreters.**

Die bislang behandelten Merkmale des Vsvertretervertrages (Parteien, ständige Betrauung) sagen über die eigentlichen Aufgaben des Vsvertreters nichts aus. Diese Aufgaben lassen sich sachlich (Anm. 183—186) und örtlich (Anm. 187—191) umschreiben und ermöglichen eine Abgrenzung von gewissen anderen Aufgabenbereichen und Personen. (Anm. 192).

[183] **aaa) Sachlicher Aufgabenbereich (Vermittlung i. w. S., Verwaltung).**

Die §§ 84 I 1, 92 I HGB stellen als wesentlich heraus, daß der Vsvertreter ständig damit betraut sei, für den Unternehmer Vsverträge zu vermitteln oder abzuschließen. Häufig ist aber in praxi der Aufgabenbereich in doppelter Richtung erweitert, nämlich hinsichtlich des einzelnen Vsvertrages über das Zustandebringen hinaus auf die gesamte Vertragsdauer, und weiterhin derart, daß der Vsvertreter auch im Blick auf den ganzen Vsbetrieb gewisse Aufgaben übernimmt.

[184] **α) Aufgaben hinsichtlich des einzelnen Versicherungsvertrages.**

αα) Bei dem Vertragsabschluß.

Der Vsvertreter ist — ebenso wie jeder andere Handelsvertreter — in erster Linie Werber, Akquisiteur, Vermittler i. w. S. (Anm. 11). Wer diese Aufgabe nicht übernimmt, ist kein Vsvertreter (vgl. hinsichtlich solcher Personen Anm. 192). In Betracht kommt nach §§ 84 I 1, 92 I HGB nur eine Vermittlung i. e. S. und ein Mitwirken beim Abschluß. Es gibt also Vermittlungs- und Abschlußvertreter. Negativ erweist sich, daß der bloße Nachweis einer Gelegenheit nicht ausreicht, so daß ständig betraute derartige Vsvermittler keine Handelsvertreter, sondern Zivilagenten sind (Anm. 16, 422). Wer zwar zuweilen nur Gelegenheiten nachweist, im übrigen aber auch mit der Vermittlung i. e. S. betraut ist, muß im ganzen als Vsvertreter behandelt werden, also grundsätzlich z. B. die gleichen Provisionssätze unter den gleichen Voraussetzungen für einen Gelegenheitsnachweis erhalten wie für eine Vermittlung i. e. S. Überdies ist auch hinsichtlich der Vermittlung i. e. S. und der Tätigkeit als Abschlußvertreter provisionsmäßig nicht zu unterscheiden, woraus es sich erklärt, daß man von Abschlußprovisionen auch bei Vermittlungsvertretern, von Vermittlungsprovision auch bei Abschlußvertretern spricht (Anm. 16).

Die Akquisitionsaufgabe des Vsvertreters pflegt nicht auf einzelne Vszweige und -arten beschränkt zu sein, sondern bezieht sich im Zweifel auf alle vom Ver betriebenen Sparten. Bei Vermittlungsvertretern liegt es — was das Außenverhältnis anlangt (über das Innenverhältnis: Anm. 240) — in der Hand des Vers, ob er Anträge annimmt. Bei Abschlußvertretern kommt es auf den Umfang der Vollmacht an (Anm. zu § 45). Bei beiden können Weisungen des Vers den Geschäftsbereich einschränken, z. B. kann verlangt werden, daß der Vsvertreter in der Kraftfahrtv keine Lastzüge für die V werbe.

Es heißt in § 92 I HGB, der Vsvertreter vermittle Vsverträge, während § 84 I 1 HGB allgemein für den Handelsvertreter von der Vermittlung von „Geschäften" spricht. Bei einem vom Ver betrauten Vsvertreter (auch unechtem Untervertreter: Anm. 17) ist es zweifelsfrei, daß er Vsverträge vermittelt, sein Unternehmer ist der Ver. Bei einem von einem Generalagenten betrauten echten Untervertreter handelt es sich aber — genau genommen — um die Vermittlung von Geschäften des Generalagenten, und der Generalagent ist kein Ver, sondern sein Geschäft ist wiederum das Vermitteln, sodaß nicht eigentlich Vsverträge vom Untervertreter vermittelt werden, die dem Ver Prämie verschaffen, sondern Vermittlungsmöglichkeiten, die dem Generalagenten Provision verschaffen (Anm. 174: „Vorvermittlung"). Immerhin ist diese Betrachtungsweise juristisch überspitzt, deshalb ist auch ein echter Untervertreter wirtschaftlich Vsvertreter und § 92 HGB ist mindestens analog anzuwenden. Das wird besonders einleuchtend, falls der Generalagent Abschlußagent ist und dem Untervertreter Untervollmacht erteilt: Dann kann in der Tat auch der echte Untervertreter — trotz der Betrauung durch den Generalagenten — namens des Vers abschließen. Solcher Abschlußuntervertreter vermittelt für den Generalagenten Geschäfte, indem er im Namen des Vers Vsverträge abschließt.

Zur Aufgabe beim Vertragsabschluß gehört außer der vorbereitenden Arbeit die Entgegennahme von Anträgen (§ 43 Ziff. 1, wo auch die Entgegennahme des Widerrufes von Anträgen erwähnt wird), von vorvertraglichen Anzeigen (Anm. 7 zu § 16), bei Abschlußvertretern die Annahme von Anträgen (§ 45), sonst oft die Übermittlung der Annahmeerklärung des Vers. Man kann hierzu auch noch die Ausfertigung des Vsscheines zählen, falls sie der Ver dem Vsvertreter überläßt (Anm. 264), ferner die Aushändigung des ausgefertigten Vsscheines (§ 43 Ziff. 3), eventuell die Ausfertigung der Erstprämienrechnung und die Annahme der Erstprämie (§ 43 Ziff. 4).

[185] ββ) Während des Vertragslaufes.

Der Vsvertreter betreut oft die von ihm vermittelten und auch andere Vsverträge eines ihm zugewiesenen „Bestandes" während der ganzen Vsdauer.

Bleibt der Vsvertrag unverändert, so kommt oft das Inkasso der Folgeprämien nebst den dazugehörigen Aufgaben in Betracht (§ 43 Ziff. 4, Möller Vsvermittlung S. 107—108, Anm. 222, 262). Dabei handelt es sich nicht um ein gesondertes Inkassorechtsverhältnis, sondern um einen Vorgang im Rahmen des Vsvertretervertrages (vgl. §§ 87 IV, 91 I, 55 III HGB, RFH 17. IV. 1942 RStBl. 1942 S. 560). Das gilt auch, wenn der Vsvertreter das Delkredere übernimmt (§ 86b HGB, Anm. 227, 268).

Weiterhin geht es um die Entgegennahme von Willens- und Wissenserklärungen (Anzeigen) des Vmers (§ 43 Ziff. 2), z. B. von Gefahrerhöhungsanzeigen und beim Abschlußagenten auch um die Abgabe von Willenserklärungen des Vers (§ 45).

Bei Eintritt des Vsfalls wirkt der Vsvertreter nicht selten bei der Regulierung mit, auch das gehört dann von der Entgegennahme der Schadensanzeige über Schadensbesichtigung und Schadensverhandlungen bis zur Auszahlung einer Abschlagzahlung und der Vsleistung zu den Aufgaben des Vsvertreters aus seinem Betrauungsverhältnis (Möller Vsvermittlung S. 110—111; Anm. 223, 265). Auch mit der Auszahlung eines Bonus kann der Vsvertreter betraut werden.

Besonders in der Lebensv spielt die Aufgabe der Bestandserhaltung und Stornoverhütung für die Vsvertreter eine große Rolle (Möller Vsvermittlung S. 112—113, dazu Erman ZVersWiss 1933 S. 90, Frey, Die Bekämpfung des regelwidrigen Abganges in der Lebensv, Zürich 1937, S. 135—428).

Bei der laufenden V treten im Zusammenhang mit Deklarationen und Zertifikaten noch weitere Pflichten an den Vsvertreter heran.

Schwierige Aufgaben kommen auch bei Vertragsänderungen und -verlängerungen in Frage. Man denke an die Veräußerung vter Sachen, an Stillegung von Kraftfahrzeugen, Änderungen des Risikoumfangs, ferner an die Verlängerung von Vsverträgen. Dazu §§ 43 Ziff. 1, 3, 45, auch §§ 91 I, 55 II HGB, ferner Möller Vsvermittlung S. 111—112.

Obgleich auch Inkasso- und Schadensregulierung zur Verwaltung der Ven gehören, kann man doch im Hinblick auf die sonstigen Verwaltungsaufgaben neben Inkasso- und Schadensbearbeitungspflicht eine weitere Verwaltungspflicht stellen (Anm. 224, auch Anm. 263—267).

Ziff. 3 Hauptpunkte (Anm. 138) nennt die Aufgaben der Betreuung und Erhaltung des Bestandes, des Beitragseinzugs und der Ermittlung und Feststellung von Schäden, nachdem in Ziff. 2 der § 43 wiederholt und negativ gesagt ist, wozu der Vsvertreter ohne Vollmacht nicht befugt ist.

[186] β) Aufgaben hinsichtlich des ganzen Versicherungsbetriebes.

Schon in Anm. 185 ist von manchen Aufgaben die Rede gewesen, die nicht notwendig vom Vsaußendienst miterledigt werden, die ihm aber oft — unter Entlastung der inneren Verwaltung des Vsbetriebes — anvertraut werden (z. B. Ausfertigung der Vsscheine und der Prämienrechnungen, Inkasso, Schadensregulierung, Bestandserhaltung, alles zur Entlastung der Dokumenten-, Inkasso-, Schadens- und Stornoabteilungen der Direktion). Haben diese Aufgaben meistens noch einen konkreten Zusammenhang mit den vom Vsvertreter vermittelten oder ihm als Bestand zugewiesenen Vertragsabschlüssen, so treten zu ihnen nicht selten und in steigendem Maße Aufgaben genereller Natur hinzu, z. B. Aufgaben der Betreuung einer Unterorganisation bei Generalagenten, verstärkt bei Übernahme eines Delkredere seitens des Generalagenten. Diese Betreuung ist bei unechten Untervertretern, die dem Ver unmittelbar verpflichtet sind, eigentlich eine Aufgabe der Organisationsabteilung des Vers und ihrer Außendienstinspektoren und -revisoren. Typische Innendienstaufgaben übernehmen die Vsvertreter auch dann, wenn sie Akten verwahren, Arbeiten zur Entlastung der zentralen Buch-, Kartei- und Kassenführung übernehmen, Aufstellungen für Zwecke der Rückv und der Statistik liefern oder gar selbst Schadensreserven berechnen, die Rückv ordnen, Vermögensanlagen vornehmen. Solche Leistungen im Rahmen einer erweiterten Verwaltungspflicht (Anm. 224) rechtfertigen in besonderem Maße die Zubilligung von Festbezügen oder doch Aufwendungsersatz (Anm. 244—249) und können sogar dazu führen, daß der Vsvertreter als Unselbständiger anzusehen ist (Anm. 164), nicht nur steuerrechtlich (Anm. 169).

Auch hier ist aber davon auszugehen, daß diese Aufgaben in den Rahmen eines einheitlichen Vsvertretervertrages hineingehören, also nicht den Gegenstand eines besonderen Rechtsverhältnisses bilden. Trinkhaus I S. 20—23 unterscheidet kleine, mittlere und große Verwaltung sowie fakultative Vertreterverwaltung und obligatorische Direktionsverwaltung; wenn er letztere bei Überwälzung auf Vsvertreter als nicht mehr der Vsvermittlung dienend qualifiziert, so doch wohl mit der juristischen Folgerung, es liege ein gesonderter Vertrag neben dem Vsvertretervertrag vor.

[187] bbb) Örtlicher Aufgabenbereich (Bezirks-, Alleinvertretung).

Im Agenturvertrag pflegt dem Vertreter ein bestimmter Bezirk zugewiesen zu werden, der bei Generalagenten meistens größer ist als bei Untervertretern. Hinzutreten können Begrenzungen hinsichtlich des zu werbenden Personenkreises, z. B. kann vorgesehen werden die Werbung von Ärzten, Handwerkern, Mitgliedern eines Verbandes, Besuchern einer Ausstellung, Unternehmern, die für eine Gruppenv in Frage kommen. Aber auch ohne gebietliche Begrenzung kann dem Vsvertreter „ein bestimmter Kundenkreis zugewiesen" werden (vgl. § 87 I 1 HGB).

Die örtliche Begrenzung des Aufgabenbereiches kann (nach Schmidt-Rimpler a. a. O. S. 266—267) rechtlich eine mehrfache Bedeutung haben, selbst wenn man von der in § 46 geregelten Frage der Beschränkung der Vertretungsmacht absieht (dazu

Anm. zu § 46). Die Bestimmung des § 46 kann übrigens generell herangezogen werden zur Beurteilung der Frage, welche Ven zu einem Bezirk gehören (Möller Vsvermittlung S. 166).

Es ist erstens zu fragen, ob nur die Verpflichtung des Vsvertreters, sich um die Vermittlung zu bemühen, limitiert werden soll („wobei wieder die Tätigkeit außerhalb des Bezirkes entweder vertraglich unberücksichtigt bleiben oder ihm vertraglich anheimgestellt werden kann") oder ob auch das Recht zur Betätigung eine Einschränkung erfahren soll, etwa im Interesse der klaren Zuständigkeitsbegrenzung für die verschiedenen Bezirke.

Es ist zweitens zu untersuchen, ob dem Vsvertreter der Bezirk vorbehalten sein soll, derart daß er ihn allein bearbeiten kann. Trifft das zu, so kann der Vorbehalt eine verschiedene Tragweite haben, nämlich

entweder derart, daß sich der Ver verpflichtet, keine anderen Vsvertreter „oder sonstige Hilfspersonen in dem Bezirk für sich arbeiten zu lassen noch selbst für den Bezirk abzuschließen (rechtlich vorbehaltener Bezirk, sogenannte Alleinvertretung)"

oder derart, daß er den Vsvertreter „auch an den ohne seine Mitwirkung geschlossenen auf den Bezirk bezüglichen Geschäften verdienen läßt, wie an den durch seine Tätigkeit zustande gekommenen, ihm also insbesondere bei Provisionsentlohnung die Provision gewährt (wirtschaftlich vorbehaltener Bezirk)".

Drittens ist zu prüfen, welchen Einfluß Bezirksänderungen haben, sei es, daß Kunden den Bezirk wechseln, sei es, daß der Ver Bezirke anders abgrenzt.

[188] **α) Pflicht oder Recht.**

Die erste Frage läßt sich nicht einheitlich beantworten. Jedenfalls besteht aber für Vsvertreter niemals eine Verpflichtung, über den Bezirk hinaus tätig zu sein. Ist er aber andererseits berechtigt, die Bezirksgrenzen zu überschreiten? Das ist zu verneinen, falls der Agenturvertrag apodiktisch sagt: „Die Betätigung für die Gesellschaft außerhalb seines Bezirkes ist dem Vertreter nicht gestattet" (Strietholt a. a. O. S. 30). Bei solcher Formulierung bleibt eine Tätigkeit außerhalb des Bezirkes vertraglich unberücksichtigt, kann sich in Ausnahmefällen sogar als Pflichtverletzung darstellen, also einen wichtigen Grund für eine Kündigung bilden. Regelmäßig aber kann ein Recht zu bezirksfremder Betätigung nicht geleugnet werden: Die Ver sind so sehr auf die Vermittlung angewiesen, daß ein Recht der Vsvertreter, im Rahmen des Agenturvertrages auch außerhalb des Bezirkes zu arbeiten, nicht schlechthin verneint werden kann, zumal den übrigen Bezirksvertretern ihre Bezirke nicht rechtlich oder wirtschaftlich vorbehalten zu sein pflegen (Anm. 189). Andererseits darf die Bezirksorganisation nicht dadurch praktisch beseitigt werden, daß jeder Vsvertreter schließlich überall arbeitet und besonders den Kollegen der Nachbarbezirke die Rosinen aus dem Kuchen nimmt. In diesem Konflikt gilt es, eine Lösung zu finden.

Sie wird versucht in Vertragsklauseln, z. B. von Ziff. 5 Hauptpunkte (Anm. 138): „Dem Vertreter bleibt es unbenommen, persönliche Beziehungen außerhalb seines Arbeitsbereichs/bezirks für sich nutzbar zu machen". Hier werden also Beziehungen zu Vskandidaten vorausgesetzt, die vor Beginn der Werbearbeit bereits bestehen; nicht dagegen kommen Beziehungen zu anwerbbaren Untervertretern in Betracht, die dann im fremden Bezirk arbeiten könnten (Strietholt a. a. O. S. 31). Eine planmäßige Werbetätigkeit außerhalb des Bezirkes ist nicht erlaubt (Strietholt a. a. O. S. 31). Lagen präexistente persönliche Beziehungen zu Vskandidaten vor, so ist bei Abschlußvertretern die Abschlußvollmacht entgegen § 46[1] auf solche bezirksfremden Abschlüsse zu erstrecken; bei einem Vermittlungsvertreter steht es dem Ver — allerdings nur im Rahmen von Treu und Glauben — frei, ob er abschließt (Anm. 240). Schließt er ab, so muß er den Vsvertreter entsprechend dem Agenturvertrag entlohnen. — Viel weiter geht es, falls es in einem Bezirksvertretervertrage heißt: „Andererseits ist der Vertreter in seiner Tätigkeit für die Gesellschaft durch keine räumlichen Grenzen beschränkt, vielmehr ist ihm gestattet, auch seine auswärtigen Beziehungen für die Gesellschaft auszunutzen und überall, wo sich ihm Gelegenheit bietet, Ven zu vermitteln" (Strietholt a. a. O. S. 31).

Auch wenn es an einer solchen Regelung fehlt, wird man nicht sagen können, eine bezirksfremde Vermittlung falle ganz aus den Vertragsrahmen, bleibe vertraglich unberücksichtigt, es bedürfe von Fall zu Fall einer Sonderregelung (vgl. auch Schmidt-Rimpler a. a. O. S. 278—280). Allerdings bleibt § 46[1] zu beachten, wonach sich die Vertretungsmacht eines Abschlußvertreters auf den Bezirk beschränkt. Falls aber der Ver selbst abschließt, so ist das Geschäft im Rahmen des Agenturvertrages provisionspflichtig. Falls der Ver nicht abschließt, so widerstreitet das nie Treu und Glauben, sofern der Ver den Vsvertreter des Nachbarbezirkes nicht übergehen möchte. Wenn eine kausale Anbahnung durch einen bezirksfremden Vsvertreter erfolgt ist, der Ver erklärt, er sei mit der Bezirksausweitung nicht einverstanden, aber dennoch abschließt (direkt oder über den Vsvertreter des zuständigen Bezirkes), so ist die Rechtslage schwierig. Angesichts der erfolgreichen Tätigkeit des Vsvertreters, welche vom Ver nutzbar gemacht wird, und angesichts des bestehenden Agenturverhältnisses wird man den Vertrag für provisionspflichtig halten müssen. Der Ver hätte auf den Abschluß verzichten können. Er kann nicht einerseits die Vermittlungsarbeit des Vertreters auswerten diesem andererseits aber die Erfolgsvergütung versagen. Etwas anderes könnte gelten, falls der Ver dem bezirksfremden Vsvertreter zunächst vorgeschlagen hatte, die Provision mit dem zuständigen Bezirksvertreter zu teilen. Angemessen wäre es insbesondere, falls der Bezirksfremde die Vermittlungsprovision (Erst- und Folgeprovision) bezieht, der zuständige Bezirksvertreter die Inkasso- und Verwaltungsprovision. („Schließt der Agent Ven in einem anderen Bezirk ab, so erhält er lediglich Abschlußprovision": Strietholt a. a. O. S. 31). Über einen Fall der Provisionsteilung, vereinbart durch Schweigen des vermittelnden Vertreters auf entsprechenden Vorschlag des Unternehmers: OLG Celle 30. XI. 1955 BetrBer 1956 S. 61—62.

Die geschilderte Rechtslage läßt manche Konfliktsmöglichkeiten unter benachbarten Bezirksvertretern entstehen. Das kann im Agenturvertrag Niederschlag finden: „In seinem Verhältnis zu den anderen Vertretern der Gesellschaft verpflichtet sich der Vertreter zu strenger Innehaltung solcher Grundsätze, die ein kameradschaftliches Nebeneinanderarbeiten fördern" (dazu Strietholt a. a. O. S. 32). Es kann ein Verstoß gegen § 1 UWG darin liegen, daß sich ein Bezirksvertreter bemüht, einen Nachbarbezirksvertreter aus seinem Bezirk zu drängen (Gutachten der Industrie- und Handelskammer Hannover 21. X. 1952 in: Entscheidungen und Gutachten Nr. 41). Arbeiten im gleichen Bezirk zwei Vsvertreter des gleichen Vers, so ist ein Unterlassungsanspruch des einen gegen den anderen gegeben, falls der andere fälschlich zum Ausdruck gebracht hat, der Kunde könne mit einer Betreuung durch den einen nicht mehr rechnen; dieses zu Wettbewerbszwecken getätigte Verhalten verstößt gegen die guten Sitten und „widerspricht in grober Weise den Grundsätzen des erlaubten und fairen Wettbewerbs" (LG Stuttgart 24. V. 1955 Vsvermittlung 1955 S. 77).

[189] β) Rechtliches oder wirtschaftliches Monopol.

Nach § 87 II 1 HGB hat der Handelsvertreter Anspruch auf Provision auch für die Geschäfte, die ohne seine Mitwirkung mit Personen seines Bezirkes oder seines Kundenkreises während des Vertragsverhältnisses abgeschlossen sind, sofern dem Handelsvertreter ein bestimmter Bezirk oder ein bestimmter Kundenkreis zugewiesen ist. Dem Bezirksvertreter ist also — mindestens wirtschaftlich — sein Bezirk vorbehalten. Diese Vorschrift gilt gemäß § 92 III 2 HGB nicht für Vsvertreter. In der Vswirtschaft folgt aus der Zuweisung eines Bezirkes nicht, daß alle Bezirksgeschäfte provisionspflichtig seien (HandelsvertreterGBegr. S. 39; VA 1953 S. 167; Rohrbeck — Durst — Bronisch S. 19—20, 73, Trinkhaus I S. 100; AG Düsseldorf 29. VII. 1948 VW 1949 S. 37). Es kommt nicht selten vor, daß im gleichen Bereich, besonders in den Großstädten mehrere Vsvertreter nebeneinander eingesetzt werden, so daß von einem Monopol keine Rede sein kann. Ziff. 5 Hauptpunkte (Anm. 138) betont: „Der Vertreter hat in dem ihm übertragenen Arbeitsbereich/bezirk nicht die Alleinvertretung des VU. Diesem bleibt es vielmehr vorbehalten, darin weitere Vertretungen zu errichten oder ohne Mitwirkung des Vertreters direkt oder durch andere Personen Ven abzuschließen, ohne daß diese für ihn provisionspflichtig werden." Der Inhalt dieser Klausel würde auch ohne Vereinbarung gelten. Keinesfalls kann also in der Zubilligung der Bezeichnung Bezirksvertreter (Bezirksdirektor, Bezirksleiter, Filialdirektor, Subdirektor) die Einräumung eines Bezirksmonopols erblickt werden (Strietholt a. a. O. S. 31).

Jedoch kommen Ausnahmen vor, z. B. kraft der Abrede, wonach für alle „direkten und indirekten Geschäfte" Provision zu zahlen sei (BGH 20. X. 1955 BetrBer 1956 S. 95) oder kraft der Klausel: „Für diesen Bezirk hat der Vertreter das Recht auf alleinige Vertretung der Gesellschaft. Wenn die Gesellschaft mittelbar oder unmittelbar in diesem Bezirk ohne seine Mitwirkung selbst oder durch dritte Personen Ven abschließt, so verpflichtet sie sich, dem Vertreter die vertraglich vereinbarten Provisionen in voller Höhe zu zahlen" (Strietholt a. a. O. S. 30, 31). Nimmt der Ver trotz des Monopols einen anderen Vsvertreter in Anspruch, so handelt er nicht vertragswidrig, der Bezirksvertreter kann keine Unterlassungsklage (Schmidt-Rimpler a.a.O. S. 270) anstrengen, es liegt nur ein wirtschaftlicher, kein rechtlicher Vorbehalt vor. Dem Ver erwächst gegebenenfalls eine doppelte Provisionsbelastung. Nach der Klausel sind die Provisionen in voller Höhe zu zahlen, bestimmt also Vermittlungsprovisionen (Erst- und Folgeprovisionen), aber wohl auch Inkasso- und Verwaltungsprovisionen, wenn sie der Agenturvertrag vorsieht. Nicht selten sind Vereinbarungen, wonach der Vsvertreter aus den Bezirksgeschäften stets eine Superprovision bezieht, sei es generell, sei es soweit die Bezirksgeschäfte aus dem Bereich der eigenen Unterorganisation stammen (Josten-Lohmüller a. a. O. Anm. 9 zu § 87, Möller Vsvermittlung S. 166, Rohrbeck-Durst-Bronisch S. 20); VA 1953 S. 167; die Superprovision des Bezirksvertreters ist begrifflich nicht identisch mit der Superprovision eines Generalagenten für alle von den Untervertretern gebrachten Geschäfte). Die Provision des Bezirksvertreters wird zuweilen berechnet aus dem Gesamtumsatz des Bezirkes (KG 7. I. 1938 JRPV 1938 S. 234). Sehr umstritten ist die Rechtslage für den Fall, daß ein Bezirksvertreter mit Monopol eine eigene Tätigkeit nicht oder nicht mehr entfaltet. RG 28. XI. 1924 RGZ Bd 109 S. 254—258 war bei einem Bezirksagenten, der während des ersten Weltkrieges eingezogen war, der Auffassung, die Bezirksprovision müsse gezahlt werden, der Unternehmer habe es in der Hand, dem Agenturverhältnis durch Kündigung ein Ende zu bereiten. Duden a. a. O. S. 306 will sogar bei verschuldeter Untätigkeit die Provision verdient sein lassen, der Unternehmer könne nur Schadensersatz fordern und kündigen, evtl. fristlos. Schmidt-Rimpler S. 280—285, Schröder a. a. O. Anm. 36—38 zu § 87, S. 101—102 gehen weniger weit. Jedenfalls ist es unerheblich, ob der Vsvertreter Aufwendungen gemacht hat oder nicht.

Was über das Monopol von Bezirksvertretern gesagt ist, muß analog gelten, falls ein Kundenkreis dem Vsvertreter zugewiesen ist (vgl. § 87 II 1 HGB, Schmidt-Rimpler a. a. O. S. 270—271). Dieser Gesichtspunkt ist ungeprüft von KG 11. XI. 1938 JRPV 1940 S. 23 (Agentur „für die in anliegender Aufstellung aufgeführten Kunden in Groß-Berlin").

[190] γ) Änderungen des Bezirkes.

αα) Versicherungsnehmer verlassen Bezirk.

Falls ein vom Vsvertreter geworbener Vmer den Bezirk, z. B. wegen Wohnsitzwechsels, verläßt, so erhält dennoch weiterhin der bisherige Bezirksvertreter die Vermittlungsprovision (Erst- und Folgeprovisionen), und zwar auch für etwaige stillschweigende Verlängerungen des Vsvertrages (§ 8 I). Denn die kausale Vermittlungstätigkeit ist von ihm vollbracht, der Rechtsgedanke des § 46² läßt sich heranziehen. Dagegen verliert der bisherige Bezirksvertreter Ansprüche auf Inkasso- oder Verwaltungsprovision, da er für den neuen Bezirk nicht zuständig ist; insoweit kann der neu zuständige Bezirksvertreter zum Zuge kommen.

Für den bisherigen Bezirksvertreter wird die Rechtslage bedeutend verschlechtert, falls folgende Klausel (aus Ziff. 5 Anm. 9 Hauptpunkte [Anm. 138]) vereinbart wird: „Ist ein Vter aus dem Arbeitsbereich/bezirk des Vertreters verzogen oder die Leitung eines vten Betriebes in einen anderen Arbeitsbereich/bezirk verlegt worden und wird dort die Prämie bezahlt, so ist das VU berechtigt, solche Ven aus dem Bestand des Vertreters auszusondern, ohne daß dieser eine Weiterzahlung von Provisionen oder eine Entschädigung beanspruchen kann. — Diese Bestimmung findet keine Anwendung, wenn ein Vmer wünscht, daß seine V weiterhin in dem Bestand des bisherigen Vertreters bleiben soll." Bedenklich ist es, daß im Regelfalle der Vsvertreter Ansprüche auf Vermittlungsfolgeprovisionen, auch für stillschweigende Verlängerungen, ohne weiteres verlieren soll, obgleich die Vermittlungsarbeit von ihm geleistet ist und dem Ver weiter zugutekommt. Allein auf den Wunsch des Vmers kann nicht abgestellt werden. Es handelt sich um den Fall einer teilweisen Beendigung des Agenturvertragsverhältnisses und darum, daß infolge dieser Beendigung der Vsvertreter Ansprüche auf Provision verliert. Demnach kann — besonders bei Wegzug eines oder mehrerer Großkunden (Trinkhaus I S. 388) — ein Ausgleichsanspruch des bisherigen Bezirksvertreters zur Entstehung kommen (§ 89b HGB, Anm. 374).

[191] ββ) Versicherer ändert Bezirksgrenze.

Ist dem Vsvertreter vertraglich ein bestimmter Bezirk zugewiesen worden, so kann der Ver die Bezirksgrenze nicht einseitig verschieben oder gar dem Vsvertreter einen anderen Bezirk zuweisen. Das wäre eine Vertragsverletzung, die den Ver schadensersatzpflichtig macht und dem Vsvertreter eine Kündigung aus wichtigem Grunde ermöglicht, die durch ein vom Ver zu vertretendes Verhalten veranlaßt wäre (§ 89a II HGB; Trinkhaus I S. 366, 381—382).

Abweichende Vereinbarungen sind häufig, sie beziehen sich durchweg allerdings nicht auf Versetzungen des Bezirksvertreters, sondern nur auf Änderungen der Bezirksgrenze. Hart ist z. B. die Klausel: „Die Grenzen des Vertretungsbezirkes zu bestimmen bzw. zu verändern bleibt der zuständigen Geschäftsstelle jederzeit vorbehalten" (Strietholt a. a. O. S. 30). Die Klausel nimmt dem Vsvertreter allerdings nicht den Anspruch auf Vermittlungsprovision für bereits vermittelte Verträge; deshalb kommt ein Ausgleichsanspruch nicht in Betracht (vgl. §§ 89b I Ziff. 2, 92 III 1 HGB; a. A. Trinkhaus I S. 387, 427, 428, der jedoch auch auf die Verletzung des § 89 HGB hinweist). Etwas anderes gilt wegen der in der Bezirksänderung liegenden Teilbeendigung des Agenturverhältnisses nur, wenn sich in der Klausel eine Vorschrift findet, wonach Ansprüche auf laufende Vermittlungsprovision erlöschen sollen. Vgl. zum Problem auch Lohmüller VW 1955 S. 151—152, Schiff ZfV 1955 S. 384, generell Duden a. a. O. S. 329.

Die zwingenden Normen hinsichtlich der Kündigung (§ 89 HGB) und des Ausgleichsanspruches will offenbar beachten Ziff. 5 Hauptpunkte [Anm. 138]: „Unbeschadet etwaiger Ansprüche des Vertreters aus § 89b HGB bleiben dem VU Änderungen des Arbeitsbereichs/bezirks unter Wahrung einer Frist von 3 Monaten zum Quartalsschluß vorbehalten." Die Klausel gibt dem Ver ein Gestaltungsrecht nach Art eines befristeten Kündigungsrechtes zum Quartalsschluß. Bis zu diesem Zeitpunkt bleiben die Bezirksgrenzen — jedenfalls im Verhältnis zum Vsvertreter — unverändert, so daß bei Abschlußvertretern die Vertretungsmacht noch fortdauert und so daß auch bei Vermittlungsvertretern das Recht, im Bezirke zu vermitteln, bestehenbleibt. Die Klausel sagt auch nicht, daß dem Vsvertreter Vermittlungsfolgeprovisionen, auch für stillschweigende Verlängerungen, nicht mehr zustehen sollen, sobald der Bezirk wirksam geändert ist. Aus dem Hinweis auf § 89b HGB läßt sich nicht ausreichend deutlich entnehmen, daß diese Rechtsfolge entgegen der gesetzlichen Rechtslage (Trinkhaus I S. 267) gewollt sei. Allerdings bleibt bei der hier vertretenen Ansicht für einen Ausgleichsanspruch kein Raum mehr, weil der Vsvertreter keine Ansprüche auf Vermittlungsprovision verliert (künftig zustande kommende Geschäfte mit vom Vsvertreter geworbenen Kunden müssen wegen § 92 III 1 HGB außer Betracht bleiben, verlorene Inkasso- und Verwaltungsprovisionen sind für den Ausgleichsanspruch nicht zu berücksichtigen: Anm 377).

[192] γγ) Verwandte Aufgabenbereiche (Inkassanten, Schadensbüros).

Zum sachlichen Aufgabenbereich eines Vsvertreters gehört notwendigerweise die Vermittlung von Vsverträgen, und zwar kraft ständiger Betrauung durch einen Ver oder Generalagenten (§§ 84 I 1, 92 I HGB). Zu diesem essentiellen Aufgabenbereich können andere Aufgaben, auch während des Vertragslaufes hinzutreten, insbesondere das Inkasso, die Schadensregulierung, die Bestandserhaltung und — hinsichtlich des ganzen Vsbetriebes — gewisse Verwaltungsaufgaben, wie die Betreuung einer Unterorganisation (vgl. Anm. 183—186).

Nicht selten werden nun aber diese für den Vsvertreter zusätzlichen Aufgaben, die das Wesen des Agenturvertrages bei ihm nicht verändern, speziellen Hilfspersonen, sog. „Spezialbeamten" übertragen (Anm. 9), die entweder selbständig oder Angestellte des Vers oder Generalagenten sein können.

Handelt es sich um selbständige Unternehmer, so beziehen sie durchweg Erfolgsvergütungen, man denke an **Inkassanten,** die nach Maßgabe der eingezogenen Prämien entlohnt werden. Sofern solche selbständigen Inkassanten ständig betraut sind, werden sie doch wegen Fehlens der Vermittlungsaufgabe nicht zu Handels- oder Vsvertretern (Trinkhaus I S. 15 Anm. 4), der Ausdruck Inkasso-Agent ist also juristisch fehlsam. Auch ein Zivilvermittlerverhältnis nach § 652 I 1 BGB liegt nicht vor, da es nicht um die Vermittlung eines Vertrags geht. Da durchweg der Inkassant verpflichtet sein wird, das Inkasso durchzuführen, handelt es sich bei ihm um einen Werkvertrag (§ 631 BGB), der eine Geschäftsbesorgung zum Gegenstand hat (§ 675 BGB). Mit der steuerlichen Behandlung des Kassierers eines Bezirksvertreters befaßt sich RFH 16. II. 1939 RStBl. 1939 S. 608 (mit dem Ergebnis steuerlicher Unselbständigkeit, das auch hinsichtlich gelegentlicher Vermittlertätigkeit gewonnen wird). Ähnlich RFH 8. XII. 1938 RStBl. 1939 S. 197—198 für Kassierer einer Ersatzkasse. Vgl. auch Strietholt Steuerfragen a. a. O. S. 8. Tarifvertraglich wird der Prämieneinzugsdienst besonders behandelt (Möller Vsvermittlung S. 107 Anm. 74). Trinkhaus I S. 80—81, 120—122 will Inkassanten, wenn sie unselbständig sind, nicht als Angestellte, sondern als Gewerbegehilfen betrachten.

Neben den Inkassanten gibt es auch andere spezielle Hilfspersonen der Ver, z. B. für die Schadensfeststellung und -regulierung, sog. **Schadensbüros.** Möglicherweise arbeiten „Schadenskontore" zugleich für mehrere Ver, die sie ständig oder von Fall zu Fall betrauen; in der Seev spricht man von Havariekommissaren (Möller Vsvermittlung S. 119 Anm. 23). Näheres über Probleme der Schadenregelung von Sachvsunternehmen bei Piert Vswissenschaftliches Archiv 1955 Heft 3.

Während durchweg die Generalagenten die Betreuung der Unterorganisation auch dann übernehmen, wenn die Untervertreter namens des Vers betraut sind, kommt es doch gelegentlich auch vor, daß spezielle Außendienstinspektoren für die Direktion und an Stelle eines Generalagenten die Organisationsbetreuung übernehmen, durchweg allerdings wiederum als Unselbständige (Möller Vsvermittlung S. 119 Anm. 28).

Über weitere Spezialkräfte Anm. 9.

Alle diese Hilfspersonen mit Spezialaufgaben außerhalb der Vsvermittlung sind keine Vsvertreter; die Vorschriften des Handelsvertreterrechtes können auch analog regelmäßig nicht angewendet werden.

[193] c) Rechtsstellung des Versicherungsvertreters.

Ein selbständiger Vsvertreter ist Gewerbetreibender und Kaufmann (Anm. 194). Öffentlichrechtlich ist die Frage seiner Zulassung und Beaufsichtigung (Anm. 195), besonders wettbewerbsrechtlich sind seine Titelführung und seine Berufsbezeichnung (Anm. 196) von Interesse (vgl. zum Wettbewerbsrecht der Vsvertreter außerdem Anm. 188, 201, 221). Bürgerlichrechtlich handelt es sich um eine Geschäftsbesorgung und ein Dauerschuldverhältnis (Anm. 197). Für die Streitigkeiten und den Gerichtsstand beim Agenturverhältnis gelten einige Besonderheiten (Anm. 198). Speziell über die arbeits-, sozialvs-, steuer- und konkursrechtliche Behandlung vgl. Anm. 166—171, über das Verhältnis zum Vmer vgl. Anm. zu § 43.

[194] aa) Gewerbetreibender und Kaufmann.

Wie in Anm. 149—153 dargetan, **betreiben** Vsvertreter ein **Gewerbe.** Es handelt sich (trotz der notwendigen Beweglichkeit der Vsvertreter) um einen stehenden Gewerbebetrieb, so daß z. B. die Anzeigepflichten des § 14 I, II 1 GewO zu erfüllen sind:

> Wer den selbständigen Betrieb eines stehenden Gewerbes anfängt, muß der für den Ort, wo solches geschieht, nach den Landesgesetzen zuständigen Behörde gleichzeitig Anzeige davon machen. Das gleiche gilt, wenn der Gegenstand des Gewerbebetriebes gewechselt oder auf Waren oder Leistungen ausgedehnt wird, die bei Gewerbebetrieben dieser Art nicht geschäftsüblich sind, oder wenn der Gewerbebetrieb aufgegeben wird.
>
> Außerdem hat, wer Versicherungen für eine Mobiliar- oder Immobiliar-Feuerversicherungsanstalt als Agent oder Unteragent vermitteln will, bei Übernahme der Agentur, und derjenige, welcher dieses Geschäft wieder aufgibt, oder welchem die Versicherungsanstalt den Auftrag wieder entzieht, innerhalb der nächsten acht Tage der zuständigen Behörde seines Wohnortes davon Anzeige zu machen.

Das Gewerbe eines Vsvermittlers, also nicht nur eines Vsvertreters, sondern auch eines Vsmaklers, erlegt gewisse Pflichten auf, bei deren grober Verletzung strafgerichtlich ein **Berufsverbot** unter den Voraussetzungen des § 42 l StGB ausgesprochen werden kann. § 42 l I, II StGB lautet:

> **Wird jemand wegen eines Verbrechens oder Vergehens, das er unter Mißbrauch seines Berufs oder Gewerbes oder unter grober Verletzung der ihm kraft seines Berufs oder Gewerbes obliegenden Pflichten begangen hat, zu Freiheitsstrafe von mindestens drei Monaten verurteilt, so kann ihm das Gericht zugleich auf die Dauer von mindestens einem und höchstens fünf Jahren die Ausübung des Berufs, Gewerbes oder Gewerbezweiges untersagen, wenn dies erforderlich ist, um die Allgemeinheit vor weiterer Gefährdung zu schützen.**
>
> **Solange die Untersagung wirksam ist, darf der Verurteilte den Beruf, das Gewerbe oder den Gewerbezweig auch nicht für einen anderen ausüben oder durch eine von seinen Weisungen abhängige Person für sich ausüben lassen.**

Wer trotz des Berufsverbotes den Beruf ausübt, wird nach § 145c StGB bestraft. Näheres über Berufsverbote Bronisch ZfV 1951 S. 146, VersR 1952 S. 7, von Laun Vsvermittlung 1953 S. 107—108, BAA Geschäftsbericht 1952/53 S. 26. Beispiele: Vsvermittlung 1955 S. 9, 17, 27, 37, 47, 60, 79, 88—89, 98, 106—107, 121, 1956 S. 7. Über Meldungen an das BAA: VA 1952 S. 33, auch VA 1950 S. 130.

Obgleich nach dem neuen Handelsvertreterrecht der Kontrahent des Vsvertreters kein Kaufmann zu sein braucht (Anm. 172), ist doch der Handelsvertreter selbst stets **Kaufmann** nach § 1 I, II Ziff. 7 HGB. Deshalb können sich auch mehrere Vsvertreter zum Betrieb einer offenen Handelsgesellschaft zusammenschließen (§ 105 I HGB). Bedient man sich der Form einer juristischen Person, so ergibt sich die Kaufmannseigenschaft aus § 13 III GmbHG, § 3 AktG.

Während es sich bei den Handelsgesellschaften und Formkaufleuten notwendig um Vollkaufleute handelt (vgl. §§ 4 II, 6 II HGB), ist bei den Einzelkaufleuten zu prüfen, ob sie Voll- oder Minderkaufleute sind. Nach § 4 I HGB finden die Vorschriften über Firmen, Handelsbücher und Prokura keine Anwendung auf Personen, deren Gewerbebetrieb nach Art oder Umfang einen in kaufmännischer Weise eingerichteten Geschäftsbetrieb nicht erfordert. Solchen Minderkaufleuten ist das Handelsregister nicht zugänglich, auch finden gewisse Vorschriften aus dem Recht der Handelsgeschäfte auf Minderkaufleute keine Anwendung (vgl. z. B. § 351 HGB). Die Abgrenzung von Voll- und Minderkaufleuten ist nicht einfach. Bei Vollkaufleuten machen Art und Umfang des Gewerbebetriebs einen in kaufmännischer Weise eingerichteten Geschäftsbetrieb erforderlich, d. h. der Gewerbebetrieb muß einigermaßen verwickelt und umfänglich sein. Bei Vsvertretern, welche lediglich vermitteln und nicht abschließen, auch keine Inkasso- und sonstigen Verwaltungsaufgaben übernommen haben, kann sich aus der Einfachheit der Geschäftsvorgänge, besonders in den nichtkaufmännischen Vszweigen ergeben, daß sie Minderkaufleute sind, man denke an Vermittlungsagenten aus dem Bereiche der Kleinlebens- oder Hausratversicherung. Durchweg sind aber doch die Geschäftsvorgänge bei Vsvertretern einigermaßen kompliziert, so daß nach der Art des Gewerbebetriebs ein in kaufmännischer Weise. d. h. mit Buchhaltung und Korrespondenz eingerichteter Geschäftsbetrieb erforderlich ist. Damit Vollkaufmannseigenschaft anzunehmen sei, muß aber außerdem, also zusätzlich ein gewisser Umfang des Gewerbebetriebs gegeben sein. Für den Umfang ist weniger die Höhe der Umsätze als die Anzahl der Geschäftsvorfälle maßgebend. Eine klare Grenzziehung ist zahlenmäßig schwierig. Wer jedoch durchschnittlich täglich eine Vermittlung tätigt, kann möglicherweise schon Vollkaufmann sein. Mancher Nebenberufliche, mancher Untervertreter gehört dagegen zu den Minderkaufleuten. Entscheidend ist nicht das wirkliche Vorhandensein, sondern die Erforderlichkeit eines in kaufmännischer Weise eingerichteten Geschäftsbetriebes. Immerhin spricht das Vorhandensein eines eigenen Büros und unselbständiger Hilfspersonen dafür, daß ein solcher Geschäftsbetrieb erforderlich ist. Hat überdies der Vsvertreter die Eintragung einer Firma im Handelsregister beantragt und erreicht, so greift § 5 HGB ein: Wer sich auf die Eintragung beruft, braucht sich nicht entgegenhalten zu lassen, in Wahrheit handle es sich doch nicht um einen Voll-, sondern um einen Minderkaufmann. Ein Vsvertreter, der sich in das Handelsregister hat eintragen lassen, kann also nicht geltend machen, eine mündlich von ihm erklärte Bürgschaft sei formnichtig (vgl. §§ 351, 350 HGB).

Jeder Kaufmann, also jeder selbständige Vsvertreter, kann Handlungsbevollmächtigte, nur ein Vollkaufmann kann Prokuristen bestellen. Die unselbständigen Hilfspersonen jedes Vsvertreters sind Handlungsgehilfen, sofern sie zur Leistung kaufmännischer Dienste angestellt sind (Anm. 153).

Das Rechtsverhältnis Vsvertreter/Unternehmer ist auch dann als beiderseitiges Handelsgeschäft zu behandeln, wenn der Unternehmer kein Kaufmann ist (Anm. 173).

[195] bb) Zulassung und Beaufsichtigung.

Einer **Zulassung,** also einer Konzession bedürfen Vsvertreter nicht mehr. Über die Regelung der Kriegs- und Nachkriegszeit sowie über Reformpläne: Bronisch a. a. O. S. 214—215, SchweizVersZ 1948/49 S. 124—128, Hatzfeld Vswissenschaft und Vspraxis 1948 S. 175—176, Hitzler VW 1949 S. 242—244, Möller Vsvermittlung S. 83—89 und in: Härle, Nachkriegsprobleme der Vertragsv, Teil II, Hamburg 1948, S. 65—69, Müller-Lutz VW 1947 S. 50—52, 1948 S. 22—23, Vswissenschaft und Vspraxis 1947 S. 160—162, 1948 S. 49—52, Schnürer VW 1947 S. 217, Wimmer VW 1947 S. 128—130, 1948 S. 111 bis 112, Vsvermittlung 1952 S. 68—70, 1953 S. 101—103, ferner Anonym VW 1948 S. 167, 231, 416, Vswissenschaft und Vspraxis 1948 S. 340—342.

Die selbständigen Vsvertreter unterliegen als solche nicht der **Beaufsichtigung.** Aber mittelbar, nämlich über die Vsunternehmen, kann sich die Vsaufsicht mit den Vsvertretern beschäftigen, insbesondere kann sie die Ver anhalten, bei der Gewinnung der Vsvertreter sorgsam zu verfahren (Anm. 201), Vertreterverträge in bestimmter Weise auszugestalten und notfalls zu kündigen oder im Rahmen der Agenturverträge gewisse Weisungen zu geben. Überblick über aufsichtsrechtliche Maßnahmen bei Bronisch a. a. O. S. 209—245.

Gewisse Sondernormen gestatten ein Vorgehen gegen Vsvertreter selbst, so § 81 II 3 VAG (Untersagung von Sondervergütungen und Begünstigungsverträgen; vgl. Anm. 86—87, 310), § 83 II VAG (Pflicht zur Vorlegung von Büchern, Belegen usw. und zur Auskunfterteilung), § 140 II, IV VAG (Strafvorschriften bei Vermittlung für nichtkonzessionierte Ver oder Verletzung einer Anordnung nach § 81 II 3 VAG; vgl. Anm. 21).

Unter Berufung auf § 81 (IV) VAG ist die Anordnung über V und Zeitschrift nebst Erläuterungen (VA 1954 S. 181—182) vom BAA erlassen, obgleich die Vorschrift den Fall im Auge haben dürfte, daß der Verlag Vmer ist (Prölss VAG S. 523), nicht also als Agent wirkt. Ziff. III besagt:

> Vereinbarungen zwischen Versicherern und Verlegern oder Zeitschriftenhändlern über die Vermittlung oder Verwaltung von Versicherungen neben der Lieferung von Druckschriften bedürfen der Genehmigung der Aufsichtsbehörde, die in der Vereinbarung vorzubehalten ist. Bereits abgeschlossene Vereinbarungen sind der Aufsichtsbehörde vorzulegen. Diese Regelung gilt auch für Personen, Personenvereinigungen und Kapitalgesellschaften, die mit Verlagen oder Zeitschriftenhandlungen in wirtschaftlichem oder rechtlichem Zusammenhang stehen.

Die Erläuterungen zu III führen aus:

1. Die Regelung gilt u. a. auch für Lesezirkel.
2. Die Genehmigung von Agenturvereinbarungen kann nur in Aussicht gestellt werden, wenn der Inhalt der Vereinbarungen mindestens den nachstehenden Richtlinien entspricht:
   a) Es ist vertraglich festzulegen, daß die Geschäftsführung und das Geschäftsgebaren der Verleger und Zeitschriftenhändler als Versicherungsagenten mit den Vorschriften des Versicherungsaufsichts- und Versicherungsvertragsgesetzes sowie den Anordnungen und allgemeinen Verwaltungsgrundsätzen der Versicherungsaufsichtsbehörde und den Grundsätzen der Versicherungswirtschaft in Einklang zu stehen haben. Die Verleger und Zeitschriftenhändler sind insbesondere zu verpflichten, den Versicherungsbestand zu pflegen und das Inkasso fortzuführen, auch wenn der Versicherungsnehmer keine Druckschrift bezieht.
   b) Ein Verfügungsrecht der Verleger und Zeitschriftenhändler über den Versicherungsbestand ist in dem Vertrag auszuschließen.
   c) Der Versicherer muß sich vorbehalten, Versicherungsfälle selbst zu regulieren. Er darf dies nicht den Verlegern und Zeitschriftenhändlern überlassen.
   d) Die Verleger und Zeitschriftenhändler sind zu verpflichten, den Versicherern die Unterlagen für eine ausreichende statistische Erfassung des Bestandes zur Verfügung zu stellen.
   e) Werbedrucksachen und für den Verkehr mit den Versicherten bestimmte Druckstücke einschließlich Beitragsrechnungen dürfen nur durch den Versicherer oder mit dessen ausdrücklicher Genehmigung durch die Verleger oder Zeitschriftenhändler hergestellt werden.
   f) Der Aufwand für Leistungen an die Versicherten und die Vergütungen an den Außendienst müssen in einem angemessenen Verhältnis zueinander stehen. Außerdem dürfen Vergütungen

an den Außendienst von vornherein nur in einer solchen Höhe eingeräumt werden, daß sie einschließlich aller sonstigen Verwaltungskosten die in die Beiträge eingerechneten Verwaltungskostenzuschläge für die mutmaßliche Laufzeit der Verträge nicht überschreiten.
Wird die vereinbarte Abschlußprovision ganz oder zu einem Teilbetrag diskontiert, so ist zur Vermeidung von Stornoverlusten des Versicherers eine Rückrechnung bei vorzeitigem Storno in einer Höhe auszubedingen, die dem Versicherer stets einen ausreichenden Anteil an den Beitrageinnahmen aus stornierten Versicherungen gewährleistet.

g) Werden Verträge zwischen Versicherern und Verlegern oder Zeitschriftenhändlern über die Vermittlung von Versicherungen nach einem von der Aufsichtsbehörde genehmigten Muster abgeschlossen, so bedürfen sie keiner Genehmigung.
Der Abschluß von Verträgen mit Verlegern ist innerhalb eines Monats der Aufsichtsbehörde anzuzeigen. Verträge mit Zeitschriftenhändlern sind erst dann anzuzeigen, wenn der Zeitschriftenhändler eine Jahresprämie von insgesamt 250 000 DM erreicht hat.
Verträge, die von dem genehmigten Muster abweichen, unterliegen der Einzelgenehmigung durch die Aufsichtsbehörde.

h) Es dürfen nur die im Geschäftsplan festgelegten Gebühren und Kosten erhoben werden. Sie sind im Versicherungsantrag und im Versicherungsschein aufzuführen.

i) In den Agenturvertrag ist eine Bestimmung aufzunehmen, daß der Vertragspartner des Versicherers sich verpflichtet, einer Änderung des Agenturvertrages zuzustimmen, wenn es die Aufsichtsbehörde verlangt.

[196] cc) Berufsbezeichnung und Titel.

Falls der Vsvertreter Vollkaufmann ist (Anm. 194), ist ihm das Handelsregister zugänglich, und er ist gemäß § 29 HGB verpflichtet, seine **Firma** zur Eintragung anzumelden. § 18 II HGB behandelt die Firmenzusätze. Gemäß § 18 II 1 HGB darf der Firma kein Zusatz beigefügt werden, der geeignet ist, eine Täuschung über die Art des Geschäftes herbeizuführen.

Unbedenklich ist ein Firmenzusatz, der auf die Vsvermittlung oder auf den Beruf als Vsvertreter hinweist, wobei in der Firma der Name des betrauenden Vers (oder Generalagenten) erscheinen darf, auch in verkürzter oder zusammenfassender Form, z. B. Vsvertreter, Agent, Bezirksvertreter, Generalagent der X-Vsgesellschaften. Es bestehen auch keine Bedenken dagegen, daß sich ein Mehrfachagent firmenmäßig als solcher bezeichnet, z. B. mit dem Firmenzusatz „Vertretung in- und ausländischer Vsunternehmen". Auch ein Hinweis auf die Frage der Vertretungsmacht, z. B. durch den Zusatz „Abschlußagent" oder „bevollmächtigter Generalagent" ist zulässig. Jedoch müssen alle Firmenzusätze der Wahrheit entsprechen: einem Bezirksvertreter muß also wirklich ein Bezirk zugewiesen sein; wer als Mehrfachagent firmiert, muß wirklich von mehreren Vern betraut sein. Schwierig ist allerdings die Frage zu beantworten, ob einem „Generalagenten" eine Unterorganisation unterstehen muß, mindestens von unechten Untervertretern (Anm. 17). Die Frage ist zu verneinen, denn leider hat sich der Begriff des Titulargeneralagenten eingebürgert, dem Untervertreter nicht zugeordnet sind (Anm. 17, 174).

Unzulässig sind irreführende Zusätze. — Ein Vsvertreter darf nicht den Irrtum hervorrufen, er sei Ver. Eine Vsvermittlungsaktiengesellschaft darf sich deshalb nicht „N Versicherungs-Aktien-Gesellschaft" nennen (VA 1929 S. 86), eine Vsvermittlungsgesellschaft auch nicht „Beamten-Feuer-Kasse" (VA 1938 S. 88). Über ein Vermittlungs- und Transportvsunternehmen vgl. VA 1939 S. 89. Manche Vsvertreter bezeichnen sich als Assekuradeure, es gibt den Verband der bevollmächtigten Generalagenten und Assekuradeure. Assekuradeur ist primär jemand, der im eigenen Namen Vsschutz zusagt. Aber auch Bevollmächtigte nennen sich seit alters her Assekuradeure (Möller ZfV 1951 S. 241), so daß firmenrechtlich keine Bedenken bestehen, falls Abschlußvertreter diesen Firmenzusatz wählen. — Vsvertreter dürfen sich nicht als Treuhänder bezeichnen, zumal sie in die Sphäre des Vers, nicht des Vmers gehören. Eine Vsvermittlungsgesellschaft mit beschränkter Haftung darf sich also keinesfalls „Treuhand-Vsgesellschaft" nennen (VA 1925 S. 24, vgl. auch VA 1926 S. 102, 1938 S. 85—86). Wenn allerdings eine echte Treuhandgesellschaft nebenbei Ven vermittelt, ist der Firmenzusatz „Vsvermittlung und Treuhandgesellschaft" für unbedenklich erklärt (OLG Dresden 12. X. 1926 VA 1927 S. 95). — Eine Vsvermittlungsgesellschaft darf sich auch nicht als „Gesellschaft für Vswesen" bezeichnen (VA 1933 S. 193). — Eine Agentur darf sich nicht „Steuerspezialagentur" nennen (VA 1949 S. 23). — Die Bezeichnung „Vsberater und -vermittler" ist zu beanstanden (Anm. 8).

Bei unzulässiger Firmenführung kommt ein Einschreiten des Registergerichtes, der Vsaufsichtsbehörden und zivilrechtlich des in seinen Rechten Verletzten in Betracht. Über registergerichtliche Maßnahmen vgl. § 37 I HGB (Ordnungsstrafen), §§ 142 bis 143 FFG (Löschung von Amts wegen). Aufsichtsrechtlich ist zu beachten, daß selbständige Vsvertreter nicht der Aufsicht unterstehen (Anm. 195), jedoch kann die Aufsichtsbehörde auf dem Wege über den Ver Einfluß nehmen. Außerdem hat die Aufsichtsbehörde sich schon mehrfach an die Registergerichte gewandt und deren Einschreiten erreicht, oft unter Beteiligung der Handelskammern (VA 1925 S. 24, 1926 S. 102, 1933 S. 193). Vgl. auch Bronisch a. a. O. S. 219—220. Zivilrechtlich kommen Rechtsbehelfe aus § 37 II HGB, §§ 12, 823 I, 826 BGB, § 16 UWG in Frage. Ist ein Agenturverhältnis erloschen und dadurch ein Firmenzusatz des Vsvertreters, der auf dieses spezielle Agenturverhältnis hinwies, unrichtig geworden, so kann der betroffene Ver die Unterlassung des weiteren Gebrauchs der Firma (trotz des Prinzips der Firmenerhaltung) verlangen. Ein Ver kann auch während bestehenden Agenturverhältnisses fordern, daß die Briefbogen und sonstigen Drucksachen des Vsvertreters nicht zu Verwechslungen mit dem Vsunternehmen selbst führen. Deshalb darf ein Firmenzusatz, der auf das vertretene Vsunternehmen hinweist, nicht fetter gedruckt werden als der Firmenkern, also der Name des Vsvertreters (Möller Vsvermittlung S. 79). Vgl. VA 1936 S. 58—59, 1938 S. 88, 1949 S. 23, auch VA 1949 S. 43.

Duden a. a. O. S. 287 weist darauf hin, die Berufsbezeichnung Handelsvertreter sei nicht speziell gesetzlich geschützt, allerdings komme bei Vorspiegelung einer besonderen Qualifikation ein wettbewerbsrechtliches Einschreiten in Frage. Jedoch dürfte es firmenrechtlich beanstandbar sein, wenn ein Kaufmann, der in Wahrheit keine Agenturen hat, sich in einem Firmenzusatz als Handels- oder Vsvertreter bezeichnet.

Bei den Vsvertretern spielt neben der Berufsbezeichnung die **Titelführung** eine bedeutsame Rolle. Die Titel werden entweder von den Vern vergeben oder die Vsvertreter legen sie sich sogar selbst bei. Erstrebt wird ersterenfalls eine Anspornung der Vsvertreter, im übrigen eine Repräsentationswirkung und Verstärkung des Werbeerfolges.

Außerhalb der Vswirtschaft hat es sich eingebürgert, daß sich die Vorstandsmitglieder einer Aktiengesellschaft Direktor nennen. Bei den Vsvertretern, nicht nur bei den unselbständigen, nennen sich zahlreiche andere Personen gleichfalls Direktor (Landesdirektor, Bezirksdirektor, Filialdirektor, Spezialdirektor, Subdirektor). Mit Rücksicht darauf, daß die Bezeichnung Direktor in anderen Wirtschaftszweigen vertretungsberechtigten Vorstandsmitgliedern vorbehalten ist, kommt ein Außenstehender auch für das Vswesen auf den Gedanken, jeder Direktor habe Vertretungsmacht. Es ist also einerseits irreführend, wenn sich ein reiner Vermittlungsvertreter als Direktor bezeichnet, andererseits notwendig, das Publikum solchenfalls mindestens dann zu schützen, wenn die Titelführung auf Grund einer Verleihung oder doch mit Duldung des Vers erfolgt (Rechtsschein: Anm. zu § 45). — Wird die Bezeichnung Generalagent als bloßer Titel geführt, ohne daß von einer Unterstellung einer Unterorganisation die Rede sein kann (Titulargeneralagenten; Anm. 17, 174), so wird doch der Anschein erweckt, als habe der Vsvertreter die üblichen Vollmachten eines wirklichen Generalagenten (auch hier kommt eine Rechtsscheinshaftung in Frage: Anm. zu § 45). — Auch abgesehen von den genannten Fällen kann es Tatbestände geben, bei denen ein Titel irreführend ist, man denke an den Begriff Generalrepräsentant (dazu Kersting-Durst-Rohrbeck S. 26) oder Direktor und Abteilungsleiter (VA 1930 S. 91) oder an die Einführung beamtenrechtlicher Begriffe in die Privatv i. e. S. („Oberinspektor", „Inspektor") oder gar an den Ausdruck „Dienststelle" (VA 1938 S. 88).

Verhältnismäßig harmlos sind Titel, bei denen jedermann erkennt, daß es sich nur um einen Schmuck handelt, z. B. gibt es bei öffentlichrechtlichen Vseinrichtungen möglicherweise selbständige „Sozietätskommissare", „Oberkommissare", „Kommissare".

Näheres über das Titelunwesen in der Vswirtschaft Möller Vsvermittlung S. 78—83.

[197] dd) Geschäftsbesorgung und Dauerschuldverhältnis.

Der Vsvertretervertrag schafft — anders als der Handelsmaklervertrag (Anm. 37—39) — kein Doppelverhältnis, sondern lediglich Rechtsbeziehungen des Vsvertreters zum Unternehmer (Ver, Generalagent). Näheres Anm. 176.

Es handelt sich um einen zweiseitig verpflichtenden schuldrechtlichen Vertrag mit zahlreichen Rechtspflichten sowohl des Vsvertreters (Anm. 215—239) als auch des Unternehmers (Anm. 240—336). Aber dieser Vertrag ist kein gegenseitiger Vertrag (a. A. Würdinger in: RGRKomm. HGB Bd. 1 Anm. 15 zu § 84, S. 689—690), so wie auch der Vsmaklervertrag kein gegenseitiger Vertrag ist (Anm. 38). Denn die Vermittlungsprovision wird zwar für Vermittlungserfolge versprochen, aber letztere werden nicht geschuldet, der Vsvertreter ist nicht verpflichtet, den Vermittlungserfolg herbeizuführen, dieser Erfolg ist nicht in obligatione, wie es ein gegenseitiger Vertrag voraussetzt, sondern nur in condicione. Zwar ist der Vsvertreter verpflichtet, sich um Vermittlungen zu bemühen (Anm. 216), aber nicht hierfür, sondern nur für seine Erfolge wird er entlohnt. Näheres Möller in: Festschrift für Leo Raape, Hamburg (1948), S. 347 bis 348. Der Vsvertretervertrag ist zwar kein gegenseitiger, aber doch ein entgeltlicher Vertrag (für die Entgeltlichkeit reicht das Konditionalverhältnis Erfolg/Provision aus), zuzurechnen den unvollkommen zweiseitig verpflichtenden Verträgen.

Unter den Verpflichtungen des Vsvertreters steht die Bemühungspflicht (Anm. 216) im Vordergrund. Sie nähert den Vsvertretervertrag den Dienstverträgen, denn die Bemühungen sind Dienste eines Selbständigen, konkretisiert durch Weisungen, denen gefolgt werden muß (Anm. 219). Aber der Vsvertretervertrag ist deshalb kein echter Dienstvertrag, weil es an der Gegenseitigkeit des § 611 I BGB fehlt: Für das bloße Bemühen wird keine Vergütung gewährt (wenn man von etwaigen Festbezügen [Anm. 244] absieht, die das Agenturverhältnis zum echten Dienstvertrag machen: VA 1953 S. 166). Dem Werkvertrag steht der Agenturvertrag noch näher als dem Dienstvertrag. Denn Provisionen sind Erfolgsvergütungen, Vergütungen für Vermittlungserfolge (vgl. § 631 II BGB). Aber ein echter Werkvertrag liegt nicht vor, weil der Erfolg nicht geschuldet, sondern nur in condicione ist.

Zum Stand der Meinungen: Die herrschende Auffassung konstruiert einen Dienstvertrag über selbständige Dienste, so Duden a. a. O. S. 295—296, Josten-Lohmüller a. a. O. Anm. 4 vor § 84, Knapp a. a. O. Anm. 5 zu § 84, S. 8, Rohrbeck-Durst-Bronisch S. 14, Schmidt-Rimpler a. a. O. S. 14, Schröder a. a. O. Anm. 1 zu § 86, S. 45—46, Trinkhaus I S. 98—99, Würdinger in: RGRKomm. HGB Bd. 1 Anm. 16 zu § 84, S. 690. Die Verwandtschaft mit dem Werkvertrag ist betont bei Möller in: Festschrift für Leo Raape, Hamburg (1948), S. 347—348 m. w. N.

Immerhin erlaubt es die Verwandtschaft des Vsvertretervertrages mit Dienst- und Werkverträgen, einen Geschäftsbesorgungsvertrag anzunehmen, also mindestens analog § 675 BGB jene Normen anzuwenden, auf welche diese wichtige Vorschrift verweist:

§ 675 BGB

Auf einen Dienstvertrag oder einen Werkvertrag, der eine Geschäftsbesorgung zum Gegenstande hat, finden die Vorschriften der §§ 663, 665 bis 670, 672 bis 674 und, wenn dem Verpflichteten das Recht zusteht, ohne Einhaltung einer Kündigungsfrist zu kündigen, auch die Vorschriften des § 671 Abs. 2 entsprechende Anwendung.

§ 663 BGB

Wer zur Besorgung gewisser Geschäfte öffentlich bestellt ist oder sich öffentlich erboten hat, ist, wenn er einen auf solche Geschäfte gerichteten Auftrag nicht annimmt, verpflichtet, die Ablehnung dem Auftraggeber unverzüglich anzuzeigen. Das gleiche gilt, wenn sich jemand dem Auftraggeber gegenüber zur Besorgung gewisser Geschäfte erboten hat.

§ 665 BGB

Der Beauftragte ist berechtigt, von den Weisungen des Auftraggebers abzuweichen, wenn er den Umständen nach annehmen darf, daß der Auftraggeber bei Kenntnis der Sachlage die Abweichung billigen würde. Der Beauftragte hat vor der Abweichung dem Auftraggeber Anzeige zu machen und dessen Entschließung abzuwarten, wenn nicht mit dem Aufschube Gefahr verbunden ist.

§ 666 BGB

Der Beauftragte ist verpflichtet, dem Auftraggeber die erforderlichen Nachrichten zu geben, auf Verlangen über den Stand des Geschäfts Auskunft zu erteilen und nach der Ausführung des Auftrags Rechenschaft abzulegen.

§ 667 BGB

Der Beauftragte ist verpflichtet, dem Auftraggeber alles, was er zur Ausführung des Auftrags erhält und was er aus der Geschäftsbesorgung erlangt, herauszugeben.

§ 668 BGB

Verwendet der Beauftragte Geld für sich, das er dem Auftraggeber herauszugeben oder für ihn zu verwenden hat, so ist er verpflichtet, es von der Zeit der Verwendung an zu verzinsen.

§ 669 BGB

Für die zur Ausführung des Auftrags erforderlichen Aufwendungen hat der Auftraggeber dem Beauftragten auf Verlangen Vorschuß zu leisten.

§ 670 BGB

Macht der Beauftragte zum Zwecke der Ausführung des Auftrags Aufwendungen, die er den Umständen nach für erforderlich halten darf, so ist der Auftraggeber zum Ersatze verpflichtet.

§ 671 II BGB

Der Beauftragte darf nur in der Art kündigen, daß der Auftraggeber für die Besorgung des Geschäfts anderweit Fürsorge treffen kann, es sei denn, daß ein wichtiger Grund für die unzeitige Kündigung vorliegt. Kündigt er ohne solchen Grund zur Unzeit, so hat er dem Auftraggeber den daraus entstehenden Schaden zu ersetzen.

§ 672 BGB

Der Auftrag erlischt im Zweifel nicht durch den Tod oder den Eintritt der Geschäftsunfähigkeit des Auftraggebers. Erlischt der Auftrag, so hat der Beauftragte, wenn mit dem Aufschube Gefahr verbunden ist, die Besorgung des übertragenen Geschäfts fortzusetzen, bis der Erbe oder der gesetzliche Vertreter des Auftraggebers anderweit Fürsorge treffen kann; der Auftrag gilt insoweit als fortbestehend.

§ 673 BGB

Der Auftrag erlischt im Zweifel durch den Tod des Beauftragten. Erlischt der Auftrag, so hat der Erbe des Beauftragten den Tod dem Auftraggeber unverzüglich anzuzeigen und, wenn mit dem Aufschube Gefahr verbunden ist, die Besorgung des übertragenen Geschäfts fortzusetzen, bis der Auftraggeber anderweit Fürsorge treffen kann; der Auftrag gilt insoweit als fortbestehend.

§ 674 BGB

Erlischt der Auftrag in anderer Weise als durch Widerruf, so gilt er zugunsten des Beauftragten gleichwohl als fortbestehend, bis der Beauftragte von dem Erlöschen Kenntnis erlangt oder das Erlöschen kennen muß.

Einen Geschäftsbesorgungsvertrag nehmen gleichfalls an: Duden a. a. O. S. 295- Josten-Lohmüller a. a. O. Anm. 4 vor § 84, Knapp a. a. O. Anm. 5 zu § 84, S. 8, Rohrbeck-Durst-Bronisch S. 14, Schmidt-Rimpler a. a. O. S. 14, Schröder a. a. O. Anm. 1 zu § 86, S. 46, Trinkhaus I S. 98—99, Würdinger in: RGRKomm. HGB Bd. 1 Anm. 16 zu § 85, S. 690.

Die Geschäftsbesorgung erstreckt sich auf längere Zeit, so daß der Agenturvertrag ein Dauerschuldverhältnis begründet (Anm. 176) mit den adäquaten Beendigungsgründen des Zeitablaufes (Anm. 340), besonders aber der Kündigung (Anm. 353—357), speziell der Kündigung aus wichtigem Grunde (Anm. 354—355).

Gerade infolge des Dauercharakters, der Ständigkeit der Betrauung schafft ein Agenturvertrag ein besonderes Vertrauens- und Treueverhältnis (Eichler, Die Rechtslehre vom Vertrauen, Tübingen 1950, S. 45—46, Schmidt-Rimpler a. a. O. S. 71, Trinkhaus I S. 371, Würdinger in: RGRKomm. HGB Bd 1 Anm. 17 zu § 84, S. 690 bis 691, BGH 20. X. 1955 BetrBer 1956 S. 95). Viele normierte Rechtspflichten des Handelsvertreters und Unternehmers würden sich auch aus Treu und Glauben ableiten lassen, z. B. die Geheimhaltungspflicht des § 90 HGB (Anm. 220, vgl. Duden a. a. O. S. 332) oder die Benachrichtigungspflicht (Anm. 218, vgl. Trinkhaus I S. 53). Aus Treu und Glauben ergeben sich über die normierten Fälle hinaus weitere ergänzende Leistungspflichten der Parteien des Agenturvertrages. Z. B. ist die Geheimhaltungspflicht in § 90 HGB zu eng umschrieben, sie läßt sich nicht auf die dort erwähnten Tatbestände beschränken (Anm. 220). Aus Treu und Glauben ergibt sich ferner eine Verpflichtung des Handelsvertreters, Schmiergelder weder zu fordern noch anzunehmen (Schröder a. a. O. Anm. 38 zu § 86, S. 63, unten Anm. 231 mit Erwähnung weiterer vertraglicher Pflichten aus Treu und Glauben). Schon bei den Vertragsverhandlungen besteht eine Offenbarungspflicht des Handelsvertreters, deren schuldhafte Verletzung als culpa in contrahendo ersatzpflichtig macht (Schröder a. a. O. Anm. 30 zu § 86, S. 59). Sogar ergänzende Pflichten zugunsten Dritter kommen vor (Anm. 230). Je länger ein Agenturverhältnis besteht, desto stärker werden die Treubindungen der Parteien (Trinkhaus I S. 371). Die Dauer kann nach Treu und Glauben auch eine Rolle bei der Beurteilung der Frage spielen, ob ein wichtiger Grund zu fristloser Kündigung gegeben ist (vgl. Trinkhaus I S. 372—374 mit der Tendenz, auch befristete Kündigungen für nichtig zu erachten).

Die Existenz des Vertrauens- und Treueverhältnisses und die Bedeutung von Treu und Glauben für die rechtliche Behandlung des Agenturvertrages rechtfertigen jedoch nicht die Konstruktion einer besonderen Treuepflicht des Unternehmers oder Handelsvertreters. Treue kann nicht selbständiger Inhalt einer Leistungspflicht sein; diese richtet sich vielmehr auf ein anderes, objektiv umreißbares Verhalten; aus Treu und Glauben können sich sehr wohl ergänzende Leistungspflichten ergeben, nicht aber kann die Treue selbst Gegenstand einer selbständigen Obligation sein (Näheres im Blick auf die sog. vsrechtliche Treuepflicht: Möller HansRGZ 1929 A Sp. 133—142). Wenn Schröder a. a. O. Anm. 29—44 zu § 86, S. 58—65, Anm. 21—23 zu § 86a, S. 76—77 die Treupflicht des Handelsvertreters einerseits, des Unternehmers andererseits behandelt, so erwähnt er dabei teilweise gesetzlich ausdrücklich normierte spezielle Vertragspflichten, z. B. die Weisungsfolge- und Rechenschaftspflicht, teilweise behandelt er sich aus Treu und Glauben ergebende, inhaltlich genau umschreibbare ergänzende Leistungspflichten.

[198] ee) Streitigkeiten und Gerichtsstand.

Aus Vsvertreterverträgen können leicht Streitfragen zwischen den Beteiligten entstehen, zumal das Handelsvertreterrecht geändert ist, noch keine längere Rechtspraxis erwachsen konnte und in manchen Grundfragen die Ansichten der Ver und Vsvertreter stark voneinander abweichen. Zur Klärung dieser Grundfragen ist ein „Gemeinschaftsausschuß Vs-Außendienst" von den Verbänden beider Beteiligtengruppen eingesetzt, auch die Aufstellung der Hauptpunkte (Anm. 138) ist hier zu erwähnen. Näheres Trinkhaus I S. 491—492.

Sachlich zuständig für die Entscheidung von Streitigkeiten zwischen selbständigen Vsvertretern und Unternehmern (Vern, Generalagenten) können Arbeitsgerichte, ordentliche Gerichte oder Schiedsgerichte sein.

Während früher für die Zuständigkeit der Arbeitsgerichte der vage Begriff der arbeitnehmerähnlichen Personen bedeutungsvoll war, stellt Art. 3 HandelsvertreterG heute auf den Begriff der Einfirmenvertreter sowie die Vergütungshöhe ab (Näheres Anm. 166).

Fehlt es an den Voraussetzungen des Art. 3 HandelsvertreterG, so sind für Streitigkeiten die ordentlichen Gerichte zuständig. Im einzelnen kommt es in vermögensrechtlichen Streitigkeiten auf den Streitwert an. Bei Streitwerten über DM 1000,— ist das Landgericht, also nicht das Amtsgericht in erster Instanz zuständig (§ 71 I GVG). Sind beim Landgericht Kammern für Handelssachen gebildet worden (§ 93 I GVG), so fragt es sich, ob die Agenturstreitigkeiten Handelssachen sind. Das sind nach § 95 Ziff. 1 GVG besonders Rechtsstreitigkeiten, in welchen durch die Klage ein Anspruch gegen einen Kaufmann geltend gemacht wird aus Geschäften, welche für beide Teile Handelsgeschäfte sind. Für den Handelsvertreter, der immer Kaufmann ist (Anm. 194), ist der Agenturvertrag stets Handelsgeschäft. Der Unternehmer braucht dagegen kein Kaufmann zu sein (Anm. 172). Da jedoch auch in diesem Falle das Handelsvertreterrecht der §§ 84 bis 92c HGB anwendbar ist, wird man die Konsequenz ziehen müssen, auch Agenturverhältnisse mit nichtkaufmännischen Unternehmern als beiderseitige Handelsgeschäfte anzusehen, so daß sich bei Landgerichtsprozessen die Zuständigkeit der Kammer für Handelssachen stets ergibt (Anm. 173, speziell Duden a. a. O. S. 290, 292, a. A. Schröder a. a. O. Anm. 2 zu Art. 3, S. 276). Die Verhandlung erfolgt vor der Kammer für Handelssachen, wenn entweder der Kläger dies in der Klageschrift beantragt hat (§ 96 I GVG) oder wenn vor der Zivilkammer der Beklagte beantragt, den Rechtsstreit an die Kammer für Handelssachen zu verweisen (§ 98 I 1 GVG). Ein Beklagter, welcher nicht in das Handelsregister eingetragen ist, z. B. ein kleinerer Vsverein auf Gegenseitigkeit, kann zwar gemäß § 98 I 2 den Antrag nicht darauf stützen, daß er Kaufmann sei, wohl aber wird er sich darauf berufen können, daß alle Agenturverhältnisse wie beiderseitige Handelsgeschäfte anzusehen sind.

Während die Zuständigkeit der Arbeitsgerichte nicht durch Vereinbarung wegbedungen werden kann (Trinkhaus I S. 498), können die Parteien bei Zuständigkeit der ordentlichen Gerichte hiervon abweichend einen Schiedsvertrag schließen, also die Zuständigkeit eines Schiedsgerichts vereinbaren. Näheres Trinkhaus I S. 498—503. Ziff. 15 Hauptpunkte (Anm. 138) betont: „Bei Rechtsstreitigkeiten aus diesem Vertrag, die nicht durch gütliche Verständigung oder ein schiedsgerichtliches Verfahren erledigt werden können, sind nur die Gerichte des Ortes der vorgesetzten Geschäftsstelle/Bezirksdirektion des Vertreters zuständig." Der in der Vorschrift enthaltene Hinweis auf das schiedsgerichtliche Verfahren bedeutet noch keinen Abschluß eines Schiedsvertrages, auch nicht eines Handelsschiedsvertrages, der von Vollkaufleuten nicht in einer besonderen Urkunde, überhaupt nicht ausdrücklich und unter Wahrung der Schriftform geschlossen zu werden braucht (vgl. § 1027 ZPO). Eine gütliche außergerichtliche Verständigung soll ermöglicht werden durch die von den Verbänden der Ver und Vsvertreter eingesetzte „Gutachterstelle für Fragen aus dem Recht der Handelsvertreter", die kein Schiedsgericht ist (Näheres Trinkhaus I S. 491—494).

Die örtliche Zuständigkeit ist von der sachlichen zu unterscheiden. Durch Vereinbarung kann der Gerichtsstand für vermögensrechtliche Ansprüche festgelegt werden (§§ 38—40 ZPO). Solche Prorogation enthält die soeben angeführte Ziff. 15 Hauptpunkte („Gerichte des Ortes der vorgesetzten Geschäftsstelle/Bezirksdirektion des Vertreters"), vgl. auch die Klausel bei Strietholt a.a.O. S. 52—53 („Gerichte des Ortes der vorgesetzten Geschäftsstelle"). Fehlt es an der Vereinbarung solcher ausschließlichen örtlichen Zuständigkeit, so kommen die allgemeinen und besonderen Gerichtsstände in Betracht. Der Vsvertreter muß also verklagt werden beim Gericht seines Wohnsitzes (§ 13 ZPO), eine juristische Person, also auch der Ver, oder ein parteifähiges Gebilde wie z. B. die offene Handelsgesellschaft an ihrem Sitze, d. h. im Zweifel am Orte der Verwaltungsführung (§ 17 I 2 ZPO), daneben aber auch an dem statutarisch bestimmten Orte (§ 17 III ZPO). Als besondere Gerichtsstände seien erwähnt jener des dauernden Aufenthalts, bedeutsam, falls ein Vsvertreter für längere Dauer sich an einem Orte aufhält (§ 20 I ZPO), ferner jener der gewerblichen Niederlassung, soweit es sich um Klagen handelt, welche auf den Geschäftsbetrieb der Niederlassung Bezug haben (§ 21 I ZPO; wichtig besonders für Vsvertreter, die einer Zweigniederlassung eines Vers zugeordnet sind, aber auch für Ver, falls der Vsvertreter seine gewerbliche Niederlassung nicht an seinem Wohnsitzorte hat). Besonders bei ausländischen Vern oder Vsvertretern kann auch der Gerichtsstand des Vermögens ($§ 23^1$ ZPO) Bedeutung gewinnen; hat der ausländische Ver eine Prämienforderung gegen einen deutschen Vmer, so ist dessen Wohnsitz entscheidend ($§ 23^2$ ZPO).

Die größte Bedeutung hat als besonderer Gerichtsstand jener des Erfüllungsortes (§ 29 ZPO). Für den Erfüllungsort beim Agenturvertrag ist der Leistungshandlungsort der Parteien entscheidend, also regelmäßig der Schuldnerwohnsitz bzw. der Ort der gewerblichen Niederlassung des Schuldners (§§ 269 I, II, 270 IV BGB; dazu hinsichtlich des Vsvertreters Anm. 215). Wird in einem Vertretervertrag der Erfüllungsort durch Vereinbarung fixiert, so wird dabei durchweg primär an den Gerichtsstand gedacht.

Die Beteiligung eines Vsvertreters hat auch Einfluß auf den Gerichtsstand für Klagen, die aus dem Vsverhältnis gegen den Ver erhoben werden: § 48.

[201] **d) Zustandekommen des Versicherungsvertretervertrages.**

aa) Aufsichts- und Wettbewerbsrecht.

Betriebswirtschaftlich ist der Aufbau einer Agentenorganisation, insbesondere die Gewinnung von Vsvertretern eine wichtige und schwierige Aufgabe, mit der sich ausführlich befaßt: Gasser, Die Außenorganisation der Vsgesellschaften, Bern (1955), S. 28—75.

Die **Vsaufsichtsbehörden** bemühen sich um die Beseitigung von Mißständen beim Zustandekommen der Agenturverträge (§ 81 II 1 VAG), und zwar durch Anordnungen gegenüber den Vern, bei der Abonnentenv auch gegenüber den Verlegern (§ 81 III, IV VAG). Gemäß Ziff. III Anordnung über V und Zeitschrift (VA 1954 S. 181—182, abgedruckt Anm. 195) bedürfen Vereinbarungen zwischen Vern und Verlegern oder Zeitschriftenhändlern über die Vermittlung oder Verwaltung von Ven der aufsichtsbehördlichen Genehmigung. In Erläuterungen zu Ziff. III sind — auch für Lesezirkel — genaue Richtlinien für den Inhalt der zu genehmigenden Agenturvereinbarungen aufgestellt; ein Mustervertrag ist vorgesehen.

Weitere Anordnungen der Vsaufsichtsbehörden befassen sich z. B. mit der Anwerbung von Vsvertretern durch Zeitungsinserate (keine Chiffreanzeigen, keine Nennung von Provisionssätzen und Mindesteinkommen, keine Zusätze wie: ,,Fachkenntnisse nicht erforderlich": VA 1947 S. 27, 1949 S. 90, auch Vsvermittlung 1956 S. 4 und Serain Vsvermittlung 1955 S. 21—22). Die Versendung von allgemeinen Rundschreiben an Behörden durch Ver oder Agenturen ist unzulässig, wenn diese sich dadurch Adressenmaterial über Vsvertreter zu beschaffen suchen; Entsprechendes gilt, wenn ein Ver wahllos Werbeschreiben versendet, mit denen er die Übernahme von Vertretungen Personen anbietet, von denen ihm bekannt ist, daß sie bereits für andere Ver tätig sind (VA 1948 S. 35). Solche Ausspannung von Vsvertretern ist auch aufsichtsrechtlich zu beanstanden.

Vor Abschluß eines Agenturvertrages muß der Ver bzw. Generalagent Zuverlässigkeit, Eignung und Sachkunde des Bewerbers prüfen. Zunächst hat das RAA solche Prüfung mehr empfohlen als verfügt (VA 1912 S. 100—101, 1931 S. 83). Sodann ist zuerst für Bausparvertreter ausgesprochen worden, ein Unternehmen, das einen von einem anderen Unternehmen entlassenen Vertreter einstellen wolle, müsse sich über die Person des Vertreters bei dem entlassenden Unternehmen unterrichten (VA 1938 S. 143). Allgemeiner ist die Formulierung des R 52 vom 5. X. 1940, das weiter gilt, obgleich die darin angeführte Anordnung des Leiters der Reichsgruppe Versicherungen nicht mehr gültig ist:

> ,,Wie sich herausgestellt hat, haben in vielen Fällen Vsunternehmungen bei Anstellung von Vsvertretern . . . es unterlassen, sich vorher von der Vertrauenswürdigkeit und Zuverlässigkeit des Vertreters zu überzeugen. Insbesondere haben Vsgesellschaften Vertreter angestellt, ohne vorher ein polizeiliches Führungszeugnis zu verlangen und haben alsdann die Vorlage des Zeugnisses auch nicht mit dem nötigen Nachdruck gefordert. So ist es verschiedentlich vorgekommen, daß Vertreter wieder entlassen werden mußten, nachdem sich nach einer Tätigkeit von mehreren Monaten ergeben hatte, daß sie vielfach vorbestraft waren.
>
> In einem solchen Verhalten ist ein Mißstand zu erblicken, der mit den guten Sitten im Widerspruch steht und auch geeignet ist, die Belange der Versicherten zu gefährden. Vor allem trägt ein derartiges Verfahren dazu bei, das Vertrauen der Öffentlichkeit zu den Vsunternehmungen und zum Vsgedanken im allgemeinen erheblich zu erschüttern.
>
> Wir werden, falls uns solche Fälle in Zukunft nochmals bekannt werden, mit den gesetzlich möglichen Maßnahmen gegen die in Frage kommenden Vsgesellschaften einschreiten. Für die Durchführung . . . machen wir in erster Linie die Vorstände der Vsunternehmungen verantwortlich. Wir ersuchen, die Bezirksdirektionen und Verwaltungsstellen anzuweisen, daß die Anordnung . . . nach jeder Richtung hin zu beachten ist. Wir behalten uns vor, im Einzelfall auch gegen die verantwortlichen Unterorgane der Gesellschaften die uns erforderlich erscheinenden Maßnahmen zu treffen."

Als Prüfungsmaßnahmen werden nur die polizeilichen Führungszeugnisse genannt (dazu auch Vsvermittlung 1955 S. 53, 107), es kommen weiterhin in Frage: Verlangen von Lebenslauf und Zeugnissen, Befragung von Auskunfteien und speziellen Auskunftstellen, geschaffen z. B. durch Verbände der Ver (für Bausparkassen: VA 1938 S. 142—143).

Für Vsvertreter ist die Auskunftsstelle für den Vsaußendienst, Hamburg (**AVAD**) eingerichtet, mit der das BAA zusammenarbeitet (Geschäftsberichte BAA 1952/53 S. 26, 1954/55 S. 16; VA 1938 S. 33—34, 1952 S. 33). Der AVAD können Verbände von Vsunternehmen und Vsvermittlern beitreten, die sich verpflichten, vor Einstellung von hauptberuflichen Vsvertretern Auskunft bei der AVAD einzuholen und die AVAD von jedem Ausscheiden zu unterrichten. Auf eine „B-Liste" werden besonders solche Vsvertreter gesetzt, denen aus wichtigem Grunde gekündigt ist; ein Anhang zur monatlichen „B-Liste" gibt Berufsverbote (Anm. 194) bekannt. Über die Rechtsbedeutung „schwarzer Listen" allgemein: BGH 28. XI. 1952 BGHZ Bd. 8 S. 142—146, speziell der AVAD OLG Nürnberg 17. II. 1950 VW 1950 S. 152, LG Hamburg 6. V. 1952 VersR 1952 S. 285 bis 286, Würzburg 20. VI. 1952 VersR 1952 S. 373—374 und einer entsprechenden früheren Einrichtung LAG Frankfurt 28. V. 1934 NeumannsZ 1936 S. 453.

Ein Ver oder Generalagent, welcher die aufsichtsbehördlich vorgeschriebenen Prüfungsmaßnahmen unterläßt, kann zivilrechtlich einem Vmer schadensersatzpflichtig sein, und zwar nicht unter dem Gesichtspunkt eines etwaigen Verschuldens des Vsvertreters, sondern demjenigen eigenen Verschuldens (vgl. von Laun Vsvermittlung 1953 S. 108).

Aufsichtsrechtlich verboten sind Vertreterverträge mit bestimmten Personen, in erster Linie mit Mitgliedern des Vorstandes oder Aufsichtsrates von Vsunternehmen (Richtlinien: VA 1950 S. 35—36, dazu Starke VA 1950 S. 42—43, Bronisch a. a. O. S. 216—218; für Bausparkassen vgl. schon VA 1934 S. 90). Für durchaus unerwünscht ist es erklärt, wenn in der Lebensv der Vertrauensarzt gleichzeitig als Vermittler auftritt (VA 1929 S. 103, dazu Bronisch a. a. O. S. 223—224). Über Fälle, in denen nicht aus aufsichtsrechtlichen, sondern aus sonstigen Gründen mit bestimmten Personen keine Agenturverträge abgeschlossen werden sollen, vgl. Anm. 179, 180 (Standes-, Arbeits-, Beamtenrecht). Keine Bedenken bestehen aufsichtsrechtlich gegen Agenturverträge mit Tierheilkundigen in der Tierv (VA 1919 S. 165—166, speziell hinsichtlich der Tierärzte vgl. Anm. 179, auch VA 1907 S. 8) und mit Wach- und Schließgesellschaften in der Einbruchdiebstahlv (VA 1949 S. 52).

Mit dem Inhalt der Agenturverträge befaßt sich die Vsaufsicht grundsätzlich nicht, jedoch gelten Ausnahmen insoweit, als sich ungünstige Rückwirkungen auf die Zusammensetzung des Vsbestandes ergeben können, z. B. bei ungesund gesteigerter Werbetätigkeit (VA 1909 S. 168). Solche ungesunde Steigerung ist zu befürchten bei Pensaverträgen (Anm. 203, 289; VA 1905 S. 40). Beanstandet ist unter bestimmten Voraussetzungen auch die Kolonnenwerbung (VA 1951 S. 115) und die Veranstaltung von Wettbewerben unter den Agenten eines Unternehmens (VA 1905 S. 39—40, 1926 S. 119; Aufsichtspraxis inzwischen gelockert).

Wettbewerbsrechtlich kann das Ausspannen von Vsvertretern gemäß § 1 UWG beanstandbar sein, falls noch qualifizierende Momente hinzukommen, etwa die Planmäßigkeit des Vorgehens oder die Anwendung unlauterer Mittel, z. B. Verleitung zum Vertragsbruch (RG 25. X. 1935 RGZ Bd 149 S. 114—121, Möller in: Aus der Privat- und Sozialv des In- und Auslandes, Berlin 1951, S. 19).

Wichtig sind auch die Wettbewerbsnormen des Verbandsrechtes, welche sich weitgehend die aufsichtsbehördlichen und wettbewerbsrechtlichen Grundsätze zu eigen machen, teilweise über sie auch hinausgehen (Möller a. a. O. S. 16—17). Verwiesen sei auf Ziff. B I 1 a), b) Zusammenstellung der im Wettbewerb der Sach-, Unfall-, Haftpflicht- und Kraftverkehrsv zu beachtenden Grundsätze und Vorschriften (Abdruck: Finke A 73, Prölss VAG S. 526—532), Ziff. 3—4 Richtlinien für die Führung des Wettbewerbs in der Krankenv (Abdruck: Finke A 74, Prölss VAG S. 532—536), Ziff. II 5 Richtlinien für Wettbewerb und Werbung in der Lebensv (Abdruck: Finke A 75).

Das Verbandsrecht betrifft zunächst nur das Verhältnis der Ver untereinander. Für die Vsvertreter wird es dann bedeutsam, wenn der Agenturvertrag eine Bezugnahme auf die Wettbewerbsregelungen enthält und die Beachtung zur Pflicht macht. Auf solche Weise werden die Wettbewerbsregelungen in die Agenturverträge transponiert (Möller a. a. O. S. 16—17; Anm. 221).

[202] bb) Antrag und Annahme.

Zivilrechtlich setzt das Zustandekommen des Vsvertretervertrages Antrag und Annahme voraus, wobei regelmäßig der Ver als Offerent, der Vsvertreter als Annehmender auftreten wird. Nicht nur ausdrückliche Willenserklärungen, sondern auch konkludentes Verhalten lassen Agenturverträge zustandekommen. Jedoch schafft eine mehrfache Beauftragung eines Vsmaklers durch einen Ver noch keinen Agenturvertrag, auch dann nicht, wenn ein Zivilmakler nur für den Ver, also nicht auch für den Vmer tätig wird (vgl. Anm. 38, 121, auch Schmidt-Rimpler a. a. O. S. 65, Schröder a. a. O. Anm. 2 zu § 85, S. 40, RG 12. III. 1919 RGZ Bd 95 S. 134—135, wo darauf hingewiesen wird, daß ein Maklervertrag den Vermittler vielfach besser stellt als ein Agenturvertrag). Nach § 151[1] BGB braucht die Annahme des Antrags möglicherweise dem Antragenden gegenüber nicht erklärt zu werden. Eine unwiderlegliche Vermutung der Annahme gemäß § 362 I HGB kommt bei Agenturverträgen nicht in Betracht. Dagegen könnte ausnahmsweise bei Stillschweigen eines Vsvertreters eine Schadensersatzpflicht aus den §§ 663[2], 675 BGB in Betracht kommen, falls sich der Vsvertreter einem Ver gegenüber zur Übernahme einer Agentur erboten hatte, dann aber auf einen Antrag des Vers schweigt.

Über den Abschluß von Agenturverträgen mit Ehefrauen, Geschäftsunfähigen und beschränkt Geschäftsfähigen vgl. Anm. 151, mit gewissen anderen Personen vgl. Anm. 179, 180, 201.

[203] cc) Nichtigkeit und Anfechtbarkeit.

Ein Vsvertretervertrag kann z. B. wegen Sittenwidrigkeit (§ 138 I BGB), Gesetzeswidrigkeit (§ 134 BGB) oder anfänglicher Unmöglichkeit (§ 306 BGB) nichtig sein.

Sittenwidrigkeit kommt in Betracht bei Pensaverträgen, bei denen die Bezüge des Vsvertreters vereinbarungsgemäß herabgesetzt oder gestrichen werden, falls ein gewisses Pensum nicht erreicht wird. Diese Vereinbarung gilt entweder während der gesamten Vertragsdauer oder doch während des Laufes der Kündigungsfrist nach erklärter Kündigung (Näheres Möller, Vsvermittlung S. 200—201, Trinkhaus I S. 63—64, 198—199). Sittenwidrigkeit ist angenommen vom Kaufmannsgericht Frankfurt 18. VI. 1909 VA 1909 Anh. S. 84 Nr. 474 (dazu Serini ZVersWiss 1910 S. 366—371, Rohrbeck-Durst-Bronisch S. 43—44, 53, Trinkhaus I S. 198). Infolge aufsichtsbehördlichen Einschreitens (VA 1905 S. 40, vgl. Anm. 201) spielen heute Pensaverträge praktisch keine Rolle mehr. Schröder a. a. O. Anm. 4 zu § 85, S. 41 erwähnt „Knebelungsverträge, bei denen der voll ausgelastete Handelsvertreter nur Hungerprovisionen erzielen kann", vgl. auch Duden a. a. O. S. 300. Sittenwidrigkeit eines Provisionsgarantievertrages ist verneint vom LAG Baden 3. XII. 1954 VA 1955 S. 21—23, ferner für einen Agenturvertrag, geschlossen unter der auflösenden Bedingung der Nichterreichung eines Mindestumsatzes, vom LAG Frankfurt 30. X. 1951 RdA 1951 S. 439.

Der Gesichtspunkt des Gesetzesverstoßes, nämlich gegen § 140 II VAG und der anfänglichen (rechtlichen) Unmöglichkeit kommt bei Agenturverträgen mit nichtkonzessionierten Vern in Betracht (zu § 306 BGB vgl. OLG München 4. II. 1927 VA 1927 S. 14 Nr. 1669, vgl. aber auch Anm. 149). Auch ein Agenturvertrag, der beiderseits vorsätzlich entgegen einem Berufsverbot (Anm. 194) abgeschlossen wird, ist nichtig. Über Verstöße gegen zwingende Vorschriften des HandelsvertreterG vgl. Anm. 142—143.

Anfechtbar kann ein Agenturvertrag z. B. wegen Irrtums (§§ 119, 120 BGB), Täuschung oder Drohung (§ 123 BGB) sein. Gemäß § 119 II BGB kann ein Ver anfechten, falls er sich hinsichtlich der Zuverlässigkeit, Eignung oder Sachkunde des Vsvertreters geirrt hat.

[204] dd) Regel der Formlosigkeit.

Der Vsvertretervertrag kann formlos abgeschlossen werden. Das gilt auch in folgenden Punkten: Wenn § 92b II HGB verlangt, der Nebenberufliche müsse „ausdrücklich als Handelsvertreter im Nebenberuf" betraut sein, so ist die Ausdrücklichkeit nicht mit der Schriftlichkeit gleichzustellen. Wenn die §§ 89 I 2, III, 92b I 2 HGB besondere Kündigungsvereinbarungen vorsehen, so brauchen diese gleichfalls nicht schriftlich zu sein; das gilt auch für andere Abreden, z. B. jene, wonach ein Einfirmenvertreter „vertraglich nicht für weitere Unternehmer tätig werden darf" (§ 92a I 1 HGB). Ein Ausschluß nach § 87a I 4 HGB setzt gleichfalls keine Schriftform voraus. Das gilt auch für die Zuweisung eines bestimmten Bezirkes oder Kundenkreises nach § 87 II 1 (Duden a. a. O. S. 306).

[205] ee) Ausnahme der Schriftform.

Nur zwei Einzelpunkte erheischen kraft Gesetzes die Wahrung der Schriftform, so daß gemäß § 125[1] BGB die Abrede, welche der Form ermangelt, nichtig ist. Das gilt für die Übernahme des Delkredere nach § 86b I 3 HGB; bei der Übernahme handelt es sich nur um die diesbezügliche Willenserklärung des Vsvertreters. Das gilt ferner für eine Vereinbarung einer nachvertraglichen Wettbewerbsabrede nach § 90a I 1 HGB; bei der Vereinbarung handelt es sich um die Willenserklärung beider Vertragsteile. Wird ein Agenturvertrag mit Übernahme des Delkredere oder Vereinbarung einer nachvertraglichen Wettbewerbsabrede formlos geschlossen, so wird man nie annehmen können, daß gemäß § 139 BGB der ganze Agenturvertrag nichtig sei. Zur gesetzlichen Schriftform vgl. § 126 BGB.

Gerade bei Vsvertreterverträgen handelt es sich — zumal bei Berücksichtigung der Provisionsfragen — um so zahlreiche und verwickelte Punkte, daß es zweckmäßig erscheint, zur Vermeidung künftiger Meinungsverschiedenheiten und angesichts der vorgesehenen langen Dauer die Schriftform zu vereinbaren (vgl. Leuze a. a. O. S. 12, Schröder a. a. O. Anm. 3 zu § 85, S. 40—41). Liegt solche Vereinbarung vor, so ist im Zweifel der Vertrag nicht geschlossen, bis die Beurkundung erfolgt ist (§ 154 II BGB). Bezieht sich die Vereinbarung auch auf Vertragsänderungen, so ist eine nur mündlich vereinbarte Änderung im Zweifel nichtig (§ 125[2] BGB). Zur gewillkürten Schriftform vgl. § 127 BGB. Ist die Schriftform vereinbart, so ist für die Anwendung des § 85 HGB kein Raum mehr (Schröder a. a. O. Anm. 11 zu § 85, S. 44).

[206] ff) Anspruch auf Beurkundung.

Von der gesetzlichen oder gewillkürten Schriftform (Anm. 205) ist die nachträgliche Beurkundung zu unterscheiden: Gemäß § 85 HGB kann — unausschließbar — jeder Teil verlangen, daß der Inhalt des Vsvertretervertrages sowie spätere Vereinbarungen in eine vom anderen Teil unterzeichnete Urkunde aufgenommen werden. Diese neue Vorschrift ändert an der grundsätzlichen Formlosigkeit des Agenturvertrages (Anm. 204) nichts.

[207] aaa) Rechtsnatur.

Es handelt sich um einen vertraglichen Anspruch sowohl des Vsvertreters als auch des Unternehmers, der von einem Verlangen abhängig, also ein verhaltener Anspruch ist (Schröder a. a. O. Anm. 12 zu § 85, S. 44 spricht von einer empfangsbedürftigen Willenserklärung des Verlangenden). Ist der Anspruch einmal erfüllt, so ist er konsumiert, jedoch kann sich aus Treu und Glauben eine Verpflichtung des anderen Teils ergeben, eine Abschrift einer verlorenen Urkunde zu liefern. Der Anspruch ist für sich allein grundsätzlich nicht abtretbar und pfändbar (Schröder a. a. O. Anm. 5 zu § 85, S. 41).

[208] bbb) Träger.

Obgleich jeder Teil das Verlangen stellen kann, ist doch davon auszugehen, daß zunächst der Anspruch ein einseitiger ist, hinführend zu einer vom anderen Teil unterzeichneten Urkunde. Es entsteht jedoch eine zweiseitig unterzeichnete Urkunde, oder es entstehen zwei Urkunden mit je einer Unterschrift, wenn auch der andere Teil von seinem Verlangen Gebrauch macht (Schröder a. a. O. Anm. 6 zu § 85, S. 42).

[209] ccc) Zeitpunkt.

Das Verlangen kann jederzeit nach dem Vertragsschluß oder einer Vertragsänderung gestellt werden, solange der Agenturvertrag besteht. Endet er durch Kündigung oder durch den Tod des Handelsvertreters, so kann bis zum Ende der Kündigungsfrist, aber nicht von den oder gegen die Erben das Verlangen erhoben werden (Schröder a. a. O. Anm. 5 zu § 85, S. 41). Das gilt, obgleich auch nach Vertragsbeendigung z. B. wegen des Ausgleichsanspruchs ein erhebliches Interesse an der Urkunde bestehen könnte.

§ 85 HGB gilt gemäß Art. 6 I HandelsvertreterG (Anm. 144) auch für bestehende Agenturverträge. Selbst wenn diese vor dem 1. XII. 1953 beurkundet waren, so sind sie doch durch die neue Gesetzgebung so stark modifiziert, daß jetzt jeder Teil erneute vollständige Beurkundung verlangen kann, wobei die in Anm. 146 zusammengestellten Regeln zu beachten sind (§ 85^1 HGB, der nur von späteren Vereinbarungen, nicht von Gesetzesänderungen spricht, ist analog anzuwenden, vgl. auch Duden a. a. O. S. 295).

Erfolgt eine Änderung eines Vsvertretervertrages, so kann jeder Teil nach deren Vornahme stets eine Beurkundung der bloßen Änderung verlangen. Eine Urkunde über sämtliche Abreden (ursprüngliche und geänderte) kann nur verlangt werden, falls (nach dem 1. XII. 1953) noch keine Urkunde erstellt war. Vgl. Schröder a. a. O. Anm. 10 zu § 85, S. 43.

[210] ddd) Inhalt.

§ 85 HGB sagt nichts darüber, ob der Verlangende mit seinem Verlangen den Entwurf der Urkunde vorzulegen hat. Die Frage ist bestritten. Knapp a. a. O. Anm. 3 zu § 85, S. 12 geht davon aus, daß der Verlangende nur die Unterzeichnung beanspruchen könne, also eine richtige und vollständige Urkunde dem anderen Teil übermitteln müsse. Umgekehrt meint Schröder a. a. O. Anm. 7 zu § 85, S. 42, der Anspruchsberechtigte sei nicht verpflichtet, die Urkunde zu erstellen, vielmehr richte sich sein Anspruch auf Erstellung und Unterzeichnung der Urkunde. Man wird das Problem nicht einheitlich entscheiden können, sondern darauf abheben müssen, wer nach dem Handelsbrauch die Urkunde zu erstellen pflegt. Das ist beim Vsvertretervertrag fraglos der Unternehmer, so daß ein Vsvertreter, der das Verlangen stellt, keinen Urkundenentwurf dem Ver oder Generalagenten vorzulegen braucht, während ein das Verlangen stellender Ver oder Generalagent seinerseits einen Entwurf vorlegen muß, den der Vsvertreter solange nicht zu unterzeichnen braucht, bis er objektiv richtig und vollständig ist. Umgekehrt braucht sich ein Vsvertreter mit einer vom Ver oder Generalagenten unterzeichneten Urkunde nicht zu begnügen, wenn das Beurkundete falsch oder unvollständig ist.

Aus § 85^1 HGB ergibt sich sonach möglicherweise eine Pflicht zur Urkundenerstellung, ferner stets eine Pflicht zur Unterzeichnung und selbstverständlich auch zur Aushändigung (Schröder a. a. O. Anm. 6 zu § 85, S. 41—42).

Schweigt der Empfänger einer vom anderen Teil unterzeichneten und ausgehändigten Urkunde — mag er sie verlangt haben oder nicht — so kann nach allgemeinen Rechtsgrundsätzen nach Treu und Glauben aus dem Schweigen die Zustimmung entnommen werden, d. h. durch das Schweigen des Kaufmanns kommt gegebenenfalls ein Agenturvertrag zustande, der von dem ursprünglich geschlossenen (und durch das HandelsvertreterG geänderten) Agenturvertrag abweicht. Es wird sogar anzunehmen sein, daß diese Vertragsänderung zurückzudatieren ist, mindestens auf den in der Urkunde genannten Beginn des Agenturverhältnisses. Zu alledem Leuze a. a. O. S. 12, Schröder a. a. O. Anm. 9 zu § 85, S. 42—43, Würdinger in: RGRKomm. HGB Bd 1 Anm. 1 zu § 85, S. 700.

Ein Vsvertreter kann aber verlangen, daß in der Urkunde der wirkliche Vertragsbeginn zum Ausdruck kommt, der z. B. wegen der Kündigungsregelung des § 89 II und für den Ausgleichsanspruch wegen § 89b II HGB Bedeutung hat. Auch mit einem sonstwie „gespaltenen" Vsvertretervertrag braucht sich der Vsvertreter nicht zufrieden zu geben (vgl. dazu Vsvermittlung 1955 S. 13, 1954 S. 37).

Der Inhalt der Urkunde muß richtig und vollständig sein. Ein Vsvertretervertrag umfaßt nicht auch die einseitig vom Unternehmer ausgehenden Vertreterinstruktionen (vgl. dazu Rohrbeck-Durst-Bronisch S. 42). In Ziff. 1 Hauptpunkte (Anm. 138) unterwirft sich der Vsvertreter „den diesem Vertrage beigefügten und den noch zu erlassenden schriftlichen Geschäftsanweisungen, soweit sie diesem Vertrag nicht zuwiderlaufen". Bestandteile des Agenturvertrages sind aber die äußerlich oft von ihm getrennten Provisionstabellen. Ziff. 4 Hauptpunkte verweist auf die „in der Anlage beigefügten Provisionsbestimmungen". Vollständigkeit bedeutet nicht, daß auch der volle Inhalt der gesetzlichen (zwingenden oder abdingbaren) Vorschriften in die Urkunde aufgenommen werden muß. Wohl aber sind die in Anm. 204 genannten Punkte notwendig in die Urkunde aufzunehmen, z. B. die Betrauung als Vsvertreter im Nebenberuf. Vgl. Schröder a. a. O. Anm. 6 zu § 85, S. 42.

[211] eee) Verletzung.

Der Anspruch aus § 85[1] HGB verjährt gemäß § 88 HGB in 4 Jahren (Trinkhaus BetrBer 1955 S. 1063). Der Verjährungsbeginn setzt jedoch Fälligkeit des Anspruches, die Fälligkeit die Entstehung des Anspruches (vgl. § 198[1] BGB) voraus. Als verhaltener Anspruch (Anm. 207) entsteht der hier fragliche Anspruch erst mit dem Verlangen. Solange dieses nicht gestellt ist, kommt also auch eine Verjährung nicht in Betracht (anders Duden a. a. O. S. 294—295, der die Verjährung erst vier Jahre nach Schluß des Jahres eintreten lassen will, in dem der Vertrag endete, da bis zum Vertragsende der Anspruch sich immer erneuere).

Wird der Anspruch nicht freiwillig ordnungsgemäß befriedigt, so ist er einklagbar. Der Antrag muß entsprechend Anm. 210 lauten auf Ausstellung, Unterzeichnung und Aushändigung oder auf Unterzeichnung und Aushändigung der (richtigen und vollständigen) Urkunde. Ist der Urkundenentwurf des Klägers nicht nachweislich richtig, so kommt teilweise Klagabweisung in Betracht (Schröder a. a. O. Anm. 12 zu § 85, S. 44).

Für die Vollstreckung kommt § 888 I ZPO zur Anwendung (Erzwingungsgeldstrafen oder -haft). Gibt das Urteil den Vertragstext wieder, so ist die Vollstreckung für den Kläger nicht mehr von großem Interesse (Duden a. a. O. S. 295). Es handelt sich aber nicht um die Verurteilung zur Abgabe einer Willenserklärung, so daß § 894 I 1 ZPO angewendet werden könnte (Erklärung gilt danach mit Rechtskraft des Urteils als abgegeben); denn die Urkunde enthält keine neuen Willenserklärungen, sondern formuliert nur bereits Vereinbartes. Hat ausnahmsweise der Beklagte die Urkunde schon unterzeichnet, so daß nur noch die Aushändigung erforderlich ist, so richtet sich die Vollstreckung nach § 883 ZPO (Schröder a. a. O. Anm. 12 zu § 85, S. 44).

Über die Frage der Möglichkeit einer Feststellungsklage (neben dem Anspruch aus § 85 HGB) vgl. §§ 256, 280 ZPO sowie Schröder a. a. O. Anm. 13 zu § 85, S. 44—45.

Die Verletzung der Forderung aus § 85[1] HGB kann so schwerwiegend sein, daß ein Grund zur fristlosen Kündigung, und zwar ein Fall des § 89a II HGB entsteht (Duden a. a. O. S. 295). Eine Schadensersatzpflicht kommt auch bei Vertragsfortbestand in Frage, z. B. dann, wenn ein Vsvertreter einen Rechtsanwalt mit der vom Ver nicht zu erlangenden Vertragsformulierung beauftragen muß.

[212] fff) Unabdingbarkeit.

Nach § 85[2] HGB kann der Anspruch nicht ausgeschlossen werden, außer für Auslandsvertreter (§ 92c I HGB, dazu Josten-Lohmüller a. a. O. Anm. 2 zu § 85, Würdinger in: RGRKomm. HGB Bd 1 Anm. 2 zu § 85, S. 700).

Jedoch besteht für beide Vertragsteile die Möglichkeit, den verhaltenen Anspruch nicht geltend zu machen (vgl. Schröder a. a. O. Anm. 11 zu § 85, S. 44).

Ist der Anspruch einmal erfüllt, so ist er konsumiert (Anm. 207). Schröder a. a. O. Anm. 11 zu § 85, S. 44 spricht hier zu Unrecht davon, daß der Anspruch ausgeschlossen sei.

[213] ggg) Urkunde.

Liegt eine vom anderen Teil unterzeichnete Vertragsurkunde vor, so hat sie Beweisfunktion, begründet nämlich für und gegen den Unterzeichner sowie denjenigen, der die unterzeichnete Urkunde ohne Beanstandung entgegengenommen hat, die Vermutung der Richtigkeit (Duden a. a. O. S. 295), also die Vermutung, daß ein Handelsvertretervertrag mit dem beurkundeten Inhalt zustandegekommen sei, auch fortbestehe. Wer das

Gegenteil behauptet, muß es beweisen, wobei zu beachten ist, daß in der stillschweigenden Entgegennahme der Urkunde eine Vertragsänderung liegen kann (Anm. 210). Eine Vermutung der Vollständigkeit, von der Duden a. a. O. S. 295, Würdinger in: RGR-Komm. HGB Bd 1 Anm. 1 zu § 85, S. 700 sprechen, kommt nur mit der Einschränkung zum Zuge, daß nicht der volle Inhalt der gesetzlichen Vorschriften in der Urkunde wiederzukehren braucht. Ist z. B. in der Urkunde nichts über eine Inkassoprovision gesagt, so gilt doch zusätzlich § 87 IV HGB, wonach der Handelsvertreter Anspruch auf Inkassoprovision für die von ihm auftragsgemäß eingezogenen Beträge hat.

Gemäß Würdinger in: RGRKomm. HGB Bd 1 Anm. 1 zu § 85, S. 700 sind unklare oder zweifelhafte Formulierungen der Vertragsurkunde zum Nachteil desjenigen auszulegen, der die Formulierung aufgestellt hat. Es handelt sich um die für allgemeine Vsbedingungen sehr umstrittene Unklarheitenregel (Einl. Anm. 69—75), deren Anwendung auf Agenturverträge jedenfalls nur dann in Betracht kommt, falls ein Vertragsteil den Wortlaut einseitig formuliert hat, und zwar für eine Mehrzahl von Fällen. In Frage kommen hier Agenturvertragsformulare der Ver oder ihrer Verbände, nicht aber die Hauptpunkte (Anm. 138), welche von Vern und Vsvertretern gemeinsam erarbeitet sind.

Standardisierte Agenturverträge, die über den Bezirk eines Oberlandesgerichts hinaus — von einem oder mehreren Vern oder einem Ververband — angewendet werden, können revisibel sein (wie allgemeine Vsbedingungen: Einl. Anm. 34). Im Einzelfall ist die Revisibilität geleugnet von RG 12. II. 1926 JRPV 1927 S. 161, vgl. auch Rohrbeck-Durst-Bronisch S. 42.

[214] gg) Änderung des Vertrages.

Ein zustandegekommener Vsvertretervertrag kann nachträglich formlos geändert werden. Nach § 90a II 1 HGB setzt nur der nachträgliche Verzicht des Unternehmers auf eine Wettbewerbsbeschränkung Schriftform voraus.

Sonderfälle der Vertragsänderung haben sich aus der Einführung des neuen Handelsvertreterrechtes ergeben (Anm. 146). Sie können ferner resultieren aus stillschweigender Entgegennahme einer Vertragsurkunde, die mit dem Vereinbarten nicht übereinstimmt (Anm. 210).

Regelmäßig setzen Vertragsänderungen eine Vereinbarung voraus (§ 305 BGB). Sie kann auch stillschweigend, insbesondere durch konkludentes Verhalten zustandekommen. Trinkhaus I S. 50—51 weist darauf hin, daß aus einem selbständigen Vsvertreter ein unselbständiger Arbeitnehmer werden kann, wenn entgegen dem ursprünglichen Zustand der Ver dem Vsvertreter die Freiheit der Tätigkeitsgestaltung und der Bestimmung der Arbeitszeit nimmt. Zwar „die einseitige Begründung persönlicher Abhängigkeit und damit eines Arbeitsverhältnisses ist an sich nicht möglich. Dieser Grundsatz findet aber seine Grenze an der Macht des Faktischen, an der ständigen Übung in der Wirklichkeit des Vertragsverhältnisses ... Der Vertreter kann sich gegen eine solche Entwicklung seines Vertragsverhältnisses zum Arbeitsverhältnis, die u. a. zum Verlust des Ausgleichsanspruchs nach § 89b HGB führen würde, nur damit wehren, daß er die Unterordnung im allgemeinen und die Ausführung mit seiner Selbständigkeit unverträglicher Weisungen im besonderen stets ablehnt“. Geschieht das nicht, so entsteht durch beiderseitiges konkludentes Verhalten im Wege der Vertragsänderung ein Arbeitsverhältnis. Entsprechend kann aus einem nebenberuflichen Vsvertreter, auch wenn er ausdrücklich als Handelsvertreter im Nebenberuf betraut ist (§ 92b II HGB), ein hauptberuflicher Vsvertreter werden. Der Handelsvertreter „kann sich jedoch auf Änderungen in seiner Beschäftigung, die diese zur Hauptbeschäftigung machen, nur dann berufen, wenn diese Änderungen mit dem Unternehmer vereinbart sind, wenigstens aber ihm bekannt geworden sind, ohne daß er Widerspruch erhoben hätte“ (Schröder a. a. O. Anm. 6 zu § 92b, S. 268). Ein Vsvertreter, der für weitere Ver tätig werden darf, kann im Laufe der Zeit zum Einfirmenvertreter werden, sobald es ihm „nach Art und Umfang der von ihm verlangten Tätigkeit nicht“ länger „möglich ist“, zusätzlich noch für weitere Unternehmer tätig zu sein (vgl. § 92a I 1 HGB).

Ausnahmsweise können Agenturverträge ohne Mitwirkung des Vsvertreters geändert werden, falls dies die Vereinbarungen vorsehen. So mußte in der Lebensv bei Agenturverträgen ein Vorbehalt dahin gemacht werden, „daß die vereinbarten Provisionen in dem Zeitpunkt und in dem Masse herabgesetzt werden, wie es durch eine neue Anordnung des Reichsaufsichtsamts bedingt wird" (VA 1926 S. 125, auch VA 1927 S. 123, 1929 S. 103; kritisch Bronisch a. a. O. S. 238—239, Prölss VAG S. 101). In Ziff. 2i zu III Anordnung über V und Zeitschrift (Anm. 195) heißt es: „In den Agenturvertrag ist eine Bestimmung aufzunehmen, daß der Vertragspartner des Versicherers sich verpflichtet, einer Änderung des Agenturvertrages zuzustimmen, wenn es die Aufsichtsbehörde verlangt."

Ist aus irgendeinem Grunde eine Vertragsänderung eingetreten, so entsteht erneut ein Anspruch aus § 85 HGB auf Beurkundung (dazu Anm. 209). Ist allerdings aus dem selbständigen Vsvertreter ein Unselbständiger geworden, so gilt § 85 nicht mehr.

[215] e) Pflichten des Versicherungsvertreters.

aa) Aufzählung der Pflichten.

Pflichten aus dem Agenturvertrage treffen den Vsvertreter nur gegenüber dem Unternehmer, mit dem er kontrahiert hat. Bei einem echten Unteragenten (Anm. 174) bestehen die Pflichten demnach lediglich gegenüber dem Generalagenten. Anders als beim Vsmakler (Anm. 37—39) kommt ein Doppelrechtsverhältnis auch mit dem Vmer nicht zustande; aus dem Agenturvertrag kann also der Vmer keine Rechte herleiten, er ist regelmäßig auf Deliktsansprüche gegen den Vsvertreter beschränkt (über Ausnahmen Anm. 176, 230).

Ähnlich wie den Handelsmakler (Anm. 52—68) trifft auch den Handelsvertreter eine Vielzahl von Rechtspflichten, die sich nur zum kleineren Teil aus dem eigentlichen Handelsvertreterrecht ergeben (§§ 86, 86b I, 90, 90a I 1 HGB). Weitere Obligationen folgen daraus, daß ein Geschäftsbesorgungsvertrag vorliegt (Anm. 197), so daß § 675 BGB den Handelsvertreter mit jenen Pflichten belastet, die den §§ 665—668, 673[2] BGB zu entnehmen sind. Analog §§ 157, 242 BGB treffen den Handelsvertreter ergänzende Leistungspflichten aus Treu und Glauben, wobei auf Verkehrssitte und Handelsbräuche (§ 346 HGB) Rücksicht zu nehmen ist; eine besondere Treuepflicht des Handelsvertreters gibt es nicht (Anm. 197). Auch aus Handelsgewohnheitsrecht können sich Pflichten aus dem Agenturvertrage ergeben. Soweit diese Verpflichtungen nach Vertragsbeendigung nachwirkend zu erfüllen sind (vgl. §§ 90, 90a I 1 HGB), soll später von ihnen die Rede sein (Anm. 362—364).

Der Vsvertreter muß im Zweifel die ihn belastenden Rechtspflichten persönlich erfüllen. Allerdings verweist § 675 BGB nicht auf § 664 BGB. Aber Duden a. a. O. S. 299 sagt mit Recht: „Kundenwerben ist Kunst, Künstler sind unvertretbar" (ähnlich Schröder a. a. O. Anm. 14 zu § 86, S. 52, jedoch unter irriger Heranziehung von § 664 BGB, Würdinger in: RGRKomm. HGB Bd 1 Anm. 18 zu 84, S. 691). Sind juristische Personen als Vsvertreter betraut, so kommt es hinsichtlich der handelnden natürlichen Personen auf die Höchstpersönlichkeit nicht an. Immer darf sich der Vsvertreter eines Erfüllungsgehilfen bedienen (vgl. § 664 I 3 BGB), Höchstpersönlichkeit verbietet nur volle Substitution. Über die Frage, ob ein Abschlußvertreter Untervollmacht erteilen kann, vgl. Anm. 174, Anm. zu § 45.

Erfüllungsort für die Pflichten des Handelsvertreters i. S. des Leistungshandlungsortes (Vollzugsortes) ist die gewerbliche Niederlassung, bei ihrem Fehlen der Wohnsitz des Handelsvertreters (§ 269 I, II BGB; Duden a. a. O. S. 300, Knapp a. a. O. Anm. 9 zu § 86, S. 15). Bei einem Bezirksvertreter (Anm. 187—191) muß angenommen werden, daß die Bemühungs- und Interessenwahrnehmungspflicht im gesamten Gebiet des Bezirks zu erfüllen sind. Hat der Vsvertreter Geld herauszugeben, so ist es nach § 270 I BGB dem Unternehmer zu übermitteln, Erfüllungsort i. S. des Leistungserfolgsortes wird also die gewerbliche Niederlassung des Vers oder Generalagenten. Der für Gerichtsstand, Handelsbräuche, internationales Privatrecht bedeutsame Schuldort ist im Zweifel mit dem Vollzugsort identisch; abweichend bestimmt Ziff. 15 Hauptpunkte (Anm. 138): „Bei Rechtsstreitigkeiten . . . sind nur die Gerichte des Ortes der vorgesetzten Geschäftsstelle/Bezirksdirektion des Vertreters zuständig", dazu vgl. Anm. 198.

[216] aaa) Bemühungspflicht.

Nach § 86 I HGB hat sich der Handelsvertreter um die Vermittlung oder den Abschluß von Geschäften zu bemühen. Duden a. a. O. S. 298 weist darauf hin, daß sich diese

Rechtspflicht schon aus dem Wesen des Handelsvertreters, nämlich seiner ständigen Betrauung (§ 84 I 1 HGB) ergebe. Während normalerweise ein Handelsmakler mit einer Betätigungspflicht nicht belastet ist, trifft das beim Vsmakler im Verhältnis zum Kunden, also zum Vmer nicht zu; hier besteht gewohnheitsrechtlich eine Betätigungspflicht (Anm. 53).

Ein Vermittlungs- und ein Abschlußvertreter haben sich um die Vermittlung zu bemühen, ein Abschlußvertreter muß obendrein Abschlüsse anstreben. Das bedeutet nicht, der Vsvertreter müsse die allgemeine Werbung in die Hand nehmen; nach RG 28. XI. 1924 RGZ Bd 109 S. 258 gehört die allgemeine Werbetätigkeit zu den Maßnahmen, die zum Bereich der Tätigkeit des Geschäftsherrn gehören. Der Vsvertreter hat sich also um einzelne Kunden zu bemühen; er verletzt seine Pflicht, wenn er keinerlei Zeit zugunsten dieser Aufgabe aufwendet (Schröder a. a. O. Anm. 15 zu § 86, S. 53). Der Vsvertreter darf sich auch nicht darauf verlassen, daß er Adressenmaterial vom Ver oder Generalagenten erhält, er muß dies vielmehr selbst beschaffen (dazu Gasser, Das Adreßmaterial, Bern 1950). Sind keine besonderen Vereinbarungen getroffen, so steht dem Vsvertreter die Methode der Werbung frei, insbesondere die Wahl zwischen schriftlicher und persönlicher Werbung (zu letzterer: Gasser, Das Vorbereiten des Besuches, Bern 1951). Leistet der Ver oder Generalagent durch Überlassung von Adressenmaterial oder sonstwie Hilfsstellung, so ist der Vsvertreter zur Benutzung dieser Hilfen verpflichtet. Bahnen sich Geschäftsmöglichkeiten an, so sind sie zu verfolgen. Ist ein Kunde bereit, einen Antrag zu stellen, so muß der Vsvertreter alles dazu beitragen, damit es hierzu komme. Gestellte Anträge sind dem Unternehmer unverzüglich vom Vermittlungsvertreter weiterzuleiten. Der Abschlußvertreter hat normale oder für den Ver sogar besonders erwünschte Anträge rechtzeitig anzunehmen.

Ziff. 3 Hauptpunkte (Anm. 138) umschreibt die Bemühungspflicht: „Der Vertreter ist verpflichtet, die Geschäfte des Vsunternehmens nach besten Kräften zu fördern . . .“. Durch den Agenturvertrag kann die Aufgabenstellung und damit die Bemühungspflicht noch näher konkretisiert werden. Hat der Vsvertreter Verträge verschiedener Vszweige und -arten zu vermitteln, so darf er nicht einseitig eine spezielle provisionsgünstige Branche bevorzugen (zuweilen versuchen Ver, solche Tendenz durch ein kompliziertes Punktsystem und Sonderbelohnungen zu verhindern). Ist ein Vsvertreter stark mit Inkasso- und anderen Verwaltungsarbeiten beschäftigt, so muß das seine Bemühungspflicht schmälern.

Bei allen Bezirksvertretern beschränkt sich die Bemühungspflicht auf den zugeteilten Bezirk (Anm. 188). Ist ausnahmsweise dem Vsvertreter ein Monopol für den Bezirk zugewiesen (Anm. 189), so ergibt sich daraus eine noch erhöhte Verpflichtung, diesen Bezirk zu bearbeiten. OLG München 26. V. 1955 BetrBer 1955 S. 714 betont hinsichtlich des Bezirksvertreters, daß in dem Bezirk „der Erfolg der vertretenen Firma mit seiner laufenden, ordnungsgemäßen Tätigkeit überhaupt steht und fällt“, er dürfe deshalb seine Tätigkeit nicht „einschlafen“ lassen.

Bei Mehrfachvertretern (Anm. 26, 178) muß notwendig die Tätigkeit für mehrere Unternehmer die Bemühungspflicht in ihrer Intensität beeinflussen, besonders dann, wenn der Vsvertreter in der gleichen Branche für mehrere Ver oder gar als Makleragent arbeitet. Hier wird die Bemühungspflicht nicht verletzt, sofern der Vsvermittler überhaupt tätig ist und die Geschäfte unter sachlichen Gesichtspunkten auf die verschiedenen Ver verteilt. Es darf aber nicht vorkommen, daß er sich wegen Überlastung oder aus anderen Gründen längere Zeit für einen der Ver überhaupt nicht einsetzt.

[217] bbb) Interessenwahrnehmungspflicht.

Nach dem Wortlaut von § 86 I HGB braucht der Handelsvertreter nur bei Vermittlung oder Abschluß das Interesse des Unternehmers wahrzunehmen. Aber nicht nur „hierbei“ ergibt sich für den Handelsvertreter die Obligation, die Belange des Unternehmers zu wahren (Duden a. a. O. S. 299). Zwar mag das Gesetz von einem anderen Standpunkt ausgehen (HandelsvertreterGBegr. S. 18—19, Knapp a. a. O. Anm. 3 zu § 86, S. 13), aber es konnte ein weitergehendes Handelsgewohnheitsrecht nicht beseitigen. Ziff. 3 Hauptpunkte (Anm. 138) verpflichtet den Vertreter, die Interessen des Vsunternehmens „in jeder Hinsicht“ wahrzunehmen.

Nur zum Unternehmer, also Ver oder Generalagenten steht der Vsvertreter in Vertragsbeziehungen. Deshalb sind auch nur die Belange des Unternehmers — überspitzt ausgedrückt: einseitig — zu wahren, der Vsvertreter ist nicht „ehrlicher Makler" (HandelsvertreterGBegr. S. 19). Aber im Interesse des Vers oder Generalagenten liegt es auch, daß der Vmer gut betreut wird. Insoweit läßt sich zwar kein Vertrag zugunsten Dritter annehmen, wohl aber ist der Vsvertreter dem Ver oder Generalagenten gegenüber verpflichtet (a. A. Schröder a. a. O. Anm. 19 zu § 86, S. 54), dem Kunden einen möglichst vollständigen und sachgerechten Vsschutz zu verschaffen, ihm nur ordnungsgemäße Aufklärungen und Belehrungen zu erteilen und ihm Hilfestellung bei der Antragstellung, insbesondere bei der Erfüllung der vorvertraglichen Anzeigepflicht zu gewähren. Geschieht das nicht und haftet demzufolge der Ver dem Kunden (vgl. Anm. zu § 43), oder kann der Ver sich infolge des Verhaltens des Vsvertreters z. B. auf eine Verletzung der vorvertraglichen Anzeigepflicht nicht berufen (Anm. 40 zu § 16), so kann der Vsvertreter dem Ver aus dem Agenturvertrag schadenersatzpflichtig sein. Der Vsvertreter ist seinem Agenturvertragskontrahenten auch noch nach Zustandekommen des Vsvertrages verpflichtet, den Vmer ordnungsgemäß zu betreuen, z. B. bei Vertragsänderungen, aber auch in Schadensfällen. Hier können allerdings schwierige Interessenkonflikte für den Vsvertreter auftauchen, will er doch einerseits „seinem" Kunden helfen, während er andererseits nur dem Ver oder Generalagenten vertraglich verbunden ist. Bei nicht zufriedenstellender Schadensliquidation drohen oft Kündigung des Vsvertrages und damit Provisionseinbußen (Möller Vsvermittlung S. 110). In diesem Widerstreit muß der Vsvertreter grundsätzlich die Belange des Unternehmers bevorzugen, also jene des Kunden und eigene zurückstellen (Knapp a. a. O. Anm. 3 zu § 86, S. 13). Der Vsvertreter darf sich auch nicht in Passivität zurückziehen, sondern muß sich für den Standpunkt des Vers sogar aktiv einsetzen, bei Schadensverhandlungen allerdings nur, wenn diese auch sonst zu seinem Aufgabenbereich gehören. Vgl. auch Anm. 176, 230.

Bei Vermittlung und Abschluß kommt die Wahrnehmung der Interessen des Unternehmers darin zum Ausdruck, daß keine dem Ver unerwünschten Verträge vermittelt werden, sei es, daß diese — etwa wegen des subjektiven Risikos — speziell ungünstig sind, sei es, daß Verträge der fraglichen Art generell gesehen verlustbringend verlaufen; man denke an gewisse Kraftverkehrsven des Güterfernverkehrs, hinsichtlich derer die Vsvertreter angehalten werden, sie möglichst nicht zu bringen, bei denen aber andererseits für den Ver hinsichtlich der Haftpflichtv Kontrahierungszwang besteht (§ 3 I 2 PflVG) und bei deren Übernahme geschäftliche Rücksichten auf einen Kunden eine Rolle spielen können, der auch andere Ven zu vergeben hat (zu alledem Vsvermittlung 1956 S. 2—3). Zweifelsfrei ist es, daß der Vsvertreter keine insolventen Kunden bringen darf (Schröder a. a. O. Anm. 17 zu § 86, S. 54). Beim Vsvertrag sind durchweg laufende Prämien zu zahlen, so daß die Solvenz besonders wichtig ist, zumal wegen § 39 II die Leistungsfreiheit des Vers ein kompliziertes Mahnverfahren voraussetzt. Besonders vorsichtig muß der Abschlußvertreter bei Deckungszusagen gegenüber insolventen Vmern sein.

Ist der Vsvertrag zustande gekommen, so bezieht sich die Interessenwahrnehmungspflicht des Vsvertreters darauf, „sich die Betreuung und Erhaltung des Bestandes angelegen sein zu lassen" (Ziff. 3 Hauptpunkte: Anm. 138), „den Vsbestand zu pflegen" (zu III Ziff. 2a Anordnung über V und Zeitschrift: Anm. 195). Diese Bestandspflege kann oft anläßlich eines vorzunehmenden Inkasso erfolgen. Sie kommt in höflicher, schneller und sachgerechter, möglichst individueller Behandlung der Kunden zum Ausdruck. Immer wieder sind Aufklärungen und Belehrungen zu erteilen (dazu Näheres Anm. zu § 43), bei denen die Belange des Vers zu wahren sind. Das gilt auch bei Vertragsänderungen und -verlängerungen; hier hat der Vsvertreter wachsam zu sein und sich für die Deckung etwaiger erweiterter Risiken zugunsten des Unternehmers einzusetzen. In der Lebensv muß bei drohenden Stornofällen der Vsvertreter einerseits dafür sorgen, daß die Gefahrtragung des Vers gegenüber einem prämiensäumigen Vmer möglichst bald aufhört, daß aber andererseits der Vsbestand möglichst nicht geschmälert wird (Anm. 185). Das einzelne Vsverhältnis kann auch im übrigen während seines Bestehens Interessenwahrnehmungsaufgaben für den Vsvertreter auftauchen lassen, man denke an die Überwachung der Solvenz des Vmers, ferner an die Aufspürung und Wahrnehmung von Regreßmöglichkeiten zugunsten des Vers nach einem Schadensfall.

Schließlich kommt die Interessenwahrnehmung auch bei jenen allgemeinen Verwaltungsaufgaben in Betracht, die Vsvertretern übertragen werden (Anm. 186). Zu denken ist etwa an den Einkauf von Büromöbeln oder Büromaterial oder die Ermietung von Büroräumen für Rechnung des Vers oder Generalagenten, an die Erledigung von steuerlichen Aufgaben für den Unternehmer, an die Mitwirkung bei Vermögensanlagen des Vers, an den Aufbau einer Unterorganisation im Namen des Vers. Bei allen diesen Handlungen muß der Vsvertreter die Belange des Unternehmers in jeder Hinsicht wahren.

Die Interessenwahrnehmungspflicht ist gelockert bei Mehrfachagenten, die in der gleichen Branche für mehrere Ver tätig sind, und bei Makleragenten. Hier tritt das Handeln im Interesse des Vmers in einer auch dem Ver erkennbaren Weise stärker in den Vordergrund, so daß ein Ver es nicht als Verletzung seiner Belange rügen kann, wenn dieser Vsvertreter ein Risiko unter sachlichen Gesichtspunkten nicht voll oder überhaupt nicht bei ihm deckt (vgl. Anm. 216). Wäre der Vsvertreter ein Einfirmenvertreter gewesen, so hätte der Ver gegen ihn möglicherweise einen Schadensersatzanspruch wegen Interessenverletzung stellen können.

Aus der Interessenwahrnehmungspflicht wird eine erweiterte Geheimhaltungspflicht (Anm. 220) abgeleitet.

[218] ccc) Benachrichtigungspflicht.

Den Vsvertreter trifft die Rechtspflicht, dem Unternehmer die „erforderlichen" Nachrichten zu geben (§ 86 II HGB, §§ 675, 666 BGB). Das Gebot wird konkretisiert hinsichtlich der unverzüglichen Mitteilung von jeder Geschäftsvermittlung und von jedem Geschäftsabschluß (§ 86 II HGB), ferner für die Erben hinsichtlich der unverzüglichen Anzeige vom Tode des Vsvertreters (§§ 675, 673 BGB; Anm. 341). In Ergänzung der Benachrichtigungspflicht besteht eine Obligation des Vsvertreters, dem Unternehmer „auf Verlangen über den Stand des Geschäfts Auskunft zu erteilen" (§§ 675, 666 BGB).

Ein Abschlußvertreter muß den Ver oder Generalagenten von den Geschäftsabschlüssen unterrichten, da sonst unbekannt bleibt, welche Vsverhältnisse zustande gekommen sind. Das Gesetz verpflichtet zur Mitteilung der einzelnen Geschäftsabschlüsse, jedoch kommt es vor, daß „das ausgefertigte Neugeschäft eines Abschlußagenten bis zum Fünften des folgenden Monats einzureichen" ist (Trinkhaus I S. 54); durch solche Abrede wird § 86 II HGB, insbesondere auch die Unverzüglichkeitsfrist modifiziert. Bei Großrisiken, die möglicherweise eine Rückv erforderlich machen, oder bei Risiken, für die eine Maximalkontrolle bedeutsam sein kann, sind an die Schnelligkeit der Anzeige besondere Anforderungen zu stellen.

Ein Vermittlungsvertreter kann gemäß § 43 Ziff. 1 Anträge entgegennehmen, von der Entgegennahme an läuft die Bindungsfrist für den Vmer (Anm. 74 zu § 1), die Annahmefrist für den Ver (Anm. 75 zu § 1). Deshalb ist es hier ganz besonders wichtig, daß der Vsvertreter „von jeder Geschäftsvermittlung . . . unverzüglich Mitteilung" macht, zumal dann, wenn der Antrag, durch dessen Weiterreichung die Mitteilung zu erfolgen pflegt, noch Zwischeninstanzen durchlaufen soll (z. B. Generalagenten, die ihrerseits lediglich Vermittlungsvertreter sind). Deshalb ist es gefährlich, wenn vereinbarungsgemäß ein Vermittlungsagent Anträge nur „am Freitag jeder Woche an den Ver abzusenden" hat (Trinkhaus I S. 54). Das kann dem Antragsteller gegenüber zu einer Fristüberschreitung führen, die auch als geringfügige eine Ablehnung des Antrags enthält (Anm. 76 zu § 1). Außerdem kann eine culpa in contrahendo des Vers vorliegen, bei welcher der Vsvertreter als Erfüllungsgehilfe des Vers anzusehen ist und aus der sich ergeben kann, daß im Wege des Schadensersatzes der Ver Vsschutz gewähren muß (Anm. 90 zu § 1). Mißlich ist es auch, wenn zwar der Antrag noch rechtzeitig angenommen wird, immerhin aber so spät, daß der technische Vsbeginn vor dem formellen liegt. Hat jemand am 23. VI. eine V beantragt, die am 1. VII. beginnen soll, wird aber der Antrag infolge Säumnis des Vermittlungsvertreters vom Ver erst am 6. VII. (bei einer Annahmefrist von 14 Tagen) angenommen, so wird der Vmer, der sofort bei der Annahme die Prämie zahlt, verärgert sein, wenn er hört, daß er infolge von § 38 II in der Zeit vom 1. VII. bis zur Zahlung keinen Vsschutz genießt (Anm. 16 zu § 2, Anm. 17, 20 zu § 38). Die pünktliche Weiterleitung von Anträgen durch die Vermittlungsvertreter ist also besonders wichtig.

Die Benachrichtigungspflicht reicht aber über die kommentarlose Weiterleitung von Polizendurchschriften und Anträgen weit hinaus. Es müssen vielmehr wichtige Angaben über das objektive und subjektive Risiko hinzugefügt werden, sie sind erforderlich, insbesondere zur Vervollständigung des sich aus einem Antrag ergebenden Bildes (Trinkhaus I S. 53). Bei einem Abschlußagenten ist zu beachten, daß seine Kenntnis jener des Vers gleichsteht (vgl. § 44). Vor der Vermittlung muß der Vsvertreter den Unternehmer über wichtige Anbahnungen unterrichten, nach dem Abschluß über Unsicherwerden des Vmers, Prämienverzug, bedeutsamere Vsfälle usw. (vgl. Knapp a. a. O. Anm. 5 zu § 86, S. 13—14).

Während die bisher genannten Benachrichtigungen sich auf Vermittlungen i. w. S. beziehen, ist § 86 II HGB zu entnehmen, daß auch allgemeine Mitteilungen und Berichte in Frage kommen. Der Ver oder Generalagent ist z. B. interessiert an der Einstellung und dem Verhalten des Publikums, d. h. an den bestehenden Geschäftsmöglichkeiten, ferner an der Anziehungskraft seiner eigenen Bedingungen und Tarife und an dem Verhältnis zur Konkurrenz (Trinkhaus I S. 53—54). Problematischer ist es, ob der Vsvertreter auch Mitteilung zu machen hat über die von ihm persönlich angewandten Werbemethoden, handelt es sich hier doch um die persönlichkeitsgebundene Unternehmersphäre des Vsvertreters (Duden a. a. O. S. 300 spricht von der Diskretion und dem „Wunsch, höchstpersönliche Werbekünste für sich zu behalten").

Besonders bei den zuletzt genannten allgemeinen Berichten kann es zweifelhaft sein, in welcher Häufigkeit sie zu erstatten sind. Es dürfte ausreichen, wenn sie — handelt es sich nicht um ganz besondere Vorkommnisse — höchstens vierzehntäglich gegeben werden. Soll der Vsvertreter vertraglich verpflichtet sein, in kürzeren Intervallen — z. B. täglich oder zweimal wöchentlich — zu berichten, und zwar womöglich auch über seinen Tageslauf, so kann das ein Anzeichen dafür sein, daß der Unternehmer auf Tätigkeit und Arbeitszeit des Vsvertreters kontrollierend Einfluß nehmen will, wodurch die Selbständigkeit verloren geht (sehr weitgehend für Unselbständigkeit Trinkhaus I S. 54—55, vgl. auch Anm. 161). Erhält ein Vsvertreter Reisekosten erstattet, so müssen diese nachgewiesen werden. Dieser Nachweis ist nicht mit der Benachrichtigungspflicht aus § 86 II HGB zu verwechseln.

Eine besondere Berichtspflicht soll Vsvertretern in Fällen auferlegt werden, in denen in der Lebensv ein Vsantrag mit einem Darlehnsgeschäft verbunden wird. „In der Vertreteranweisung ist darauf hinzuweisen, daß die Unterlassung dieser Anzeige zur Auflösung des Vertragsverhältnisses mit dem Vertreter führen könne" (VA 1927 S. 128—129).

Aus §§ 675, 666 BGB ergibt sich, daß den Vsvertreter wie jeden Geschäftsbesorger eine Auskunftspflicht belastet, die nur auf Verlangen des Unternehmers zu erfüllen ist, diesem also einen verhaltenen Anspruch gewährt. Es ist „über den Stand des Geschäfts" Auskunft zu geben. Unter Geschäft kann hier zunächst das gesamte Geschäftsbesorgungsverhältnis verstanden werden, außerdem aber auch die einzelne Vermittlung i. w. S. Hat z. B. der Ver gehört, der Vsvertreter bemühe sich um eine Industriefeuerv, so kann er verlangen, daß ihm über den Stand der Verhandlungen berichtet werde.

[219] ddd) Weisungsfolgepflicht.

Wie jeder Handelsvertreter ist auch der Vsvertreter verpflichtet, Weisungen des Unternehmers zu folgen (Duden a. a. O. S. 299, Josten-Lohmüller a. a. O. Anm. 4 zu § 86, Knapp a. a. O. Anm. 8 zu § 86, S. 14, Schröder a. a. O. Anm. 31 zu § 86, S. 59, Würdinger in: RGRKomm. HGB Bd 1 Anm. 4 zu § 86, S. 702; HandelsvertreterGBegr. S. 14—15). Die Weisungsfolgepflicht läßt sich aus den §§ 675, 665 BGB ableiten, sie trifft auch andere selbständige Geschäftsbesorger, z. B. den Vsmakler (Anm. 57) und den Kommissionär (§ 384 I HGB).

Es handelt sich bei den Weisungen (Vertreterinstruktionen) um einseitige Willenserklärungen des Unternehmers, welche die Bemühungs- und Interessenwahrnehmungspflicht (Anm. 216—217) konkretisieren, gegebenenfalls auch die Inkasso-, Schadensbearbeitungs- und Verwaltungspflicht (Anm. 222—224). Ausnahmsweise werden die Weisungen vertraglich vereinbart, insbesondere bei Abschluß des Vertretervertrages (Ziff. 1 Hauptpunkte [Anm. 138]: „Die Übernahme der Vertretung geschieht unter den nachstehenden Bedingungen sowie gemäß den diesem Vertrage beigefügten und den noch zu erlassenden Geschäftsanweisungen, soweit sie diesem Vertrag nicht zuwiderlaufen"). Da die später „zu erlassenden" Weisungen einseitige sind, gilt für sie nicht die Beurkundungspflicht des § 85 HGB (Anm. 210). Stillschweigende Weisungen erwähnt Schröder a. a. O. Anm. 32 zu § 86, S. 60.

Die Weisungen können, was den Inhalt anlangt, hinsichtlich der Bemühungspflicht z. B. angeben, an welche Personenkreise der Vsvertreter sich werbend wenden soll oder nicht, welche Risiken zu bevorzugen oder zurückhaltend zu behandeln sind, welche Vsbedingungen und Prämien vorgesehen oder vereinbart werden sollen, und welche Werbemethoden empfohlen oder verboten sind. Zur Rationalisierung der Verwaltungsarbeit wird der Vsvertreter oft angewiesen, bestimmte Formulare zu benutzen („Abrechnungen und Saldonachweise, Konzeptpapiere, Monatspapiere über das beurkundete Geschäft, Rückgabelisten, Schadenspapiere, Reisekostenrechnungen und gewisse Statistiken": Trinkhaus I S. 49).

Alle Weisungen müssen aber zwei Grenzen beachten.

Erstens dürfen sie nicht zur Unselbständigkeit des Vsvertreters führen, also dazu, daß er nicht mehr „im wesentlichen frei seine Tätigkeit gestalten und seine Arbeitszeit bestimmen kann" (§ 84 I 2 HGB). Die Weisungen dürfen den Vsvertreter „nicht so fest binden, daß er wie ein Angestellter seine Tätigkeit und seine Arbeitszeit nach den Weisungen einzuteilen hat. Die persönliche Freiheit, über die Verwendung seiner Arbeitskraft letztlich zu entscheiden, muß ihm belassen bleiben" (HandelsvertreterGBegr. S. 15). Es darf das Unternehmertum dem Handelsvertreter nicht geraubt werden, so daß ein „Weisungsrecht hinsichtlich der Führung der Ausgestaltung des Handelsgewerbes" nicht gegeben ist (Schröder a. a. O. Anm. 31 zu § 86, S. 59). Die Grenzen sind flüssig. Knapp a. a. O. Anm. 2 zu § 92a, S. 57 weist darauf hin, die Weisungen könnten einen Stärkegrad erreichen, wonach dem Handelsvertreter „die Übernahme weiterer Vertretungen unmöglich ist (z. B. genaue Festlegung des Personenkreises bzw. des Gebietes [Straßen, Orte], die der Handelsvertreter in bestimmter Zeit bearbeiten muß)", vgl. § 92a I 1 HGB. S. oben Anm. 159, 161 und die Beispiele bei Trinkhaus I S. 50—61.

Zweitens dürfen die Weisungen nicht in Widerspruch zum Vsvertretervertrag stehen, insbesondere den darin vorgesehenen sachlichen und örtlichen Aufgabenbereich (Anm. 183—191) nicht beeinträchtigen. Das Arbeitsfeld darf nicht beengt werden (Beispiel: Verkleinerung der Bezirksgrenzen: Anm. 191), aber auch nicht ausgeweitet werden (Auflastung größeren Arbeitsaufwandes, Anordnung nicht geschuldeter Werbemaßnahmen: Schröder a. a. O. Anm. 31 zu § 86, S. 60).

Bei hiernach unzulässigen Weisungen fragt es sich, ob der Vsvertreter sie beachten muß. Würdinger in: RGRKomm. HGB Bd 1 Anm. 4 zu § 86, S. 702 meint, Weisungen solcher Art seien „nicht verbindlich". Trinkhaus I S. 51 empfiehlt dem Vsvertreter, sich dadurch zu wehren, daß er solche Weisungen „stets ablehnt", Schröder a. a. O. Anm. 32 zu § 86, S. 60 nimmt an, daß der Handelsvertreter unzulässige Weisungen „gleichwohl befolgen muß", außer bei (sehr selten anzunehmender) Schikane (§ 226 BGB). Richtig dürfte allein die Auffassung sein, wonach unzulässige Weisungen unwirksam sind: Mit einer Weisung, also durch eine einseitige Willenserklärung, konkretisiert, also gestaltet der Unternehmer die Pflichten des Handelsvertreters. Diese ungewöhnliche Rechtsmacht kann dem Unternehmer nur insoweit zustehen, als sie ihm vertraglich eingeräumt ist. Überdies können unzulässige Weisungen dem Vsvertreter ein Recht zur Kündigung aus wichtigem Grunde verleihen (Schröder a. a. O. Anm. 32 zu § 86, S. 60). Schließlich kann sich der Unternehmer schadensersatzpflichtig machen (Schröder a. a. O. Anm. 32 zu § 86, S. 60); ihn trifft eine Verpflichtung, von seinem Weisungsrecht nur in den gegebenen Grenzen Gebrauch zu machen; den Vsvertreter könnte ein mitwirkendes Verschulden (§ 254 I BGB) treffen, falls er offenbar unzulässige Weisungen befolgt.

Sind Weisungen zulässig, so kann dennoch der Vsvertreter gemäß §§ 675, 665 BGB von ihnen abweichen, wenn er den Umständen nach annehmen darf, daß der Unternehmer bei Kenntnis der Sachlage die Abweichung billigen würde. Jedoch hat der Vsvertreter vor der Abweichung Anzeige zu machen und die Entschließung des Unternehmers abzuwarten, wenn nicht mit dem Aufschube Gefahr verbunden ist. Zu denken ist besonders an die Gefahr, daß ein für den Ver oder Generalagenten wertvolles Geschäft nicht zustande kommt (Duden a. a. O. S. 299, vgl. auch Schröder a. a. O. Anm. 32 zu § 86, S. 61).

Zulässige Weisungen haben grundsätzlich nur einen Einfluß auf das Innenverhältnis zum Unternehmer, nicht aber auf das Außenverhältnis zum Kunden, insbesondere auf die Vollmacht des Abschlußvertreters. Wird z. B. eine Anweisung gegeben, gewisse Risiken nicht zu zeichnen, so bedeutet das nicht zugleich einen beschränkten Widerruf der Vollmacht gemäß § 168^2 BGB. Der Verkehrsschutz erfordert es vielmehr, den Vollmachtsumfang zu generalisieren und zu standardisieren, wie es § 43 für ganze Vszweige tut, für die ein Agent bestellt ist. Es gelten entsprechend die für den Vsmakler in Anm. 57 gemachten Ausführungen.

[220] ddd) Geheimhaltungspflicht.

§ 90 HGB schafft eine vertragliche Geheimhaltungspflicht des Handelsvertreters, und zwar nicht nur für die Zeit nach Vertragsbeendigung (so Würdinger in: RGRKomm. HGB Bd 1 Anm. 1 zu § 90, S. 752), sondern auch für die Zeit der Vertragsdauer. Über die nachvertragliche Geheimhaltung Näheres Anm. 362. Die während der Vertragsdauer zu erfüllende Geheimhaltungspflicht ergibt sich weithin aus der Interessenwahrnehmungspflicht (§ 86 I HGB; Anm. 217); jedoch ist sie nicht nur bei der Vermittlung i. w. S. zu beobachten, sondern schlechthin, also auch außerhalb der Vermittlungstätigkeit (Duden a. a. O. S. 332).

Der Wortlaut des § 90 HGB verbietet die Verwertung oder Mitteilung von Geschäfts- und Betriebsgeheimnissen, die dem Handelsvertreter anvertraut oder als solche durch seine Tätigkeit für den Unternehmer bekannt geworden sind, jedoch nur in gewissen Grenzen. Es handelt sich also um eine vertragliche Unterlassungspflicht.

Vorauszusetzen ist ein Geschäfts- oder Betriebsgeheimnis, also etwas, „was einem Gewerbebetrieb so eigentümlich ist, daß es in anderen Kreisen nicht oder doch nur vereinzelt zur Anwendung gelangt, und dessen Geheimhaltung . . . für den eigenen Gewerbebetrieb wichtig ist . . . Der Neuheitsbegriff des gewerblichen Rechtsschutzes spielt hier keine Rolle", jedoch kommt es darauf an, ob jene Eigentümlichkeit „für die Öffentlichkeit oder eine Mehrzahl von Personen unbekannt war" (RG 22. XI. 1935 RGZ Bd 149 S. 334). Hiernach können schwebende Anbahnungen, Kundenlisten und Unterlagen über Vsverhältnisse (Vertragswortlaut, Besichtigungsberichte, Schadensverlauf) ebenso Geschäfts- und Betriebsgeheimnisse sein wie Rückvsunterlagen, Unterlagen über Zusammensetzung und Erfolge der Außenorganisation, Vorstandsverträge, Konzernbeziehungen, Verwaltungskostenaufstellungen, Entwürfe eines Geschäftsplans für neue Vszweige oder Vsarten usw. Auf den Wettbewerbsgesichtspunkt kommt es bei § 90 HGB nicht an (vgl. andererseits § 17 UWG). Von einem Geheimnis kann nicht die Rede sein, soweit Tatsachen allgemein bekannt oder doch zugänglich sind, z. B. in Geschäftsberichten, Statistiken des Bundesaufsichtsamtes oder der Verbände. Sind Geschäfts- und Betriebseigentümlichkeiten publiziert, möglicherweise auch in wissenschaftlichen Veröffentlichungen, so sind sie nicht mehr Geheimnisse. Die Beweislast dafür, daß ausnahmsweise der Unternehmer auf die Geheimhaltung keinen Wert gelegt hat oder daß es sonst an dem Geheimnischarakter fehlt, trifft den Vsvertreter (Schröder a. a. O. Anm. 5 zu § 90, S. 211).

Das Geheimnis muß dem Vsvertreter anvertraut oder ihm als solches durch seine Tätigkeit für den Unternehmer bekanntgeworden sein. Das Anvertrauen muß seitens des Unternehmers oder in dessen Auftrag (z. B. durch einen unechten Generalagenten) erfolgt sein. Dabei ist ein Hinweis auf die Vertraulichkeit nicht begriffswesentlich (Schröder a. a. O. Anm. 6 zu § 90, S. 211), jedoch liegt im Wesen des Anvertrauens, daß dem Vsvertreter der Geheimnischarakter objektiv erkennbar ist (Duden a. a. O. S. 333). Alternativ reicht es auch aus, wenn Geheimnisse dem Vsvertreter „als solche durch seine Tätigkeit für den Unternehmer bekannt geworden sind". Ein Zusammenhang der Kenntniserlangung mit der Vermittlungsarbeit i. w. S. ist nicht zu fordern, z. B. kann das Geheimnis bei einer informatorischen Tätigkeit im Innenbetrieb zur Kenntnis gelangt sein. Unerheblich ist es, ob die Kenntniserlangung rechtmäßig oder rechtswidrig war (Schröder a. a. O. Anm. 7 zu § 90, S. 211). Wesentlich aber ist das Bekanntwerden der Geheimnisse „als solcher", d. h. der Vsvertreter muß um den Geheimnischarakter wissen; dem Wissen ist das fahrlässige Nichtwissen gleichzustellen (Schröder a. a. O. Anm. 7 zu § 90, S. 211). Problematisch ist es, ob auch Umstände, die der Vsvertreter selbst erarbeitet hat, als anvertraut oder bekanntgeworden anzusehen sind, man denke an eine Liste der von dem Vsvertreter selbst geworbenen Kunden oder an die Ergebnisse einer von ihm selbst vorgenommenen Besichtigung. Schröder a. a. O. Anm. 7 zu § 90, S. 212 bezieht solche Umstände in den Kreis der Geheimnisse ein, was schon angesichts des Wortlauts von § 90 HGB nicht unbedenklich ist.

Verboten ist die Verwertung und Mitteilung der Geheimnisse, allerdings nur in gewissen Schranken. Verwertung ist die wirtschaftliche Ausnutzung, bei der es — anders als nach § 17 I, II UWG — auf das sonstige Motiv (Wettbewerbszweck, Eigennutz oder Schadenszufügungsabsicht) nicht ankommt. Da die Namen der selbstgeworbenen Kunden in Verhältnis des Vsvertreters zum Unternehmer nicht als dem Vsvertreter bekanntgewordenes Geheimnis angesehen werden können, bestehen keine Bedenken dagegen, daß ein Mehrfachvertreter wegen weiterer Ven an diese Kunden erneut herantritt. Verboten ist auch eine Mitteilung an andere, mag diese z. B. auch in einer wissenschaftlichen Veröffentlichung erfolgen. Schröder a. a. O. Anm. 9 zu § 90, S. 212—213 stellt (unnötigerweise) zusätzlich darauf ab, ob der andere, welchem mitgeteilt wird, seinerseits das Geheimnis ausnutzen kann, Verwertung und Mitteilung sind nur verboten, „soweit dies nach den gesamten Umständen der Berufsauffassung eines ordentlichen Kaufmannes widersprechen würde". Bei der Bemessung des Umfanges der Geheimhaltungspflicht muß berücksichtigt werden, daß der Vsvertreter ein selbständiger Kaufmann ist, der imstande bleiben muß, seine Kenntnisse und Erfahrungen immer wieder auszuwerten, auch wenn er sie für einen Unternehmer bereits nutzbar gemacht hat. Das gilt besonders für Mehrfachvertreter. Sieht man (zu Unrecht) Listen der selbstgeworbenen Kunden als Geheimnisse an, so ist doch jedenfalls infolge der einschränkenden Schlußklausel des § 90 HGB dem Vsvertreter keine Pflichtverletzung vorzuwerfen, falls er die Beziehungen zu diesem Kunden nochmals verwertet. Anders liegen die Verhältnisse bei Listen von Kunden (z. B. eines Nachbarbezirkes), die der Vsvertreter nicht selbst geworben hat. Zu alledem auch Schröder a. a. O. Anm. 9—13 zu § 90, S. 213—215.

Die Geheimhaltungspflicht des Vsvertreters läßt sich nicht auf die in § 90 HGB erwähnten engen Tatbestände beschränken. So kann die Geheimhaltung auch zu einer Tunspflicht werden, z. B. zur vorsichtigen Aufbewahrung vertraulicher Unterlagen. Überdies kommen auch Geheimnisse in Betracht, die dem Vsvertreter nicht anvertraut oder durch seine Tätigkeit bekanntgeworden sind, sondern auf andere Weise. Kraft des zum Unternehmer bestehenden Vertragsverhältnisses wird man auch hier vom Vsvertreter fordern müssen, daß er das so bekanntgewordene Geheimnis nicht verwertet oder verbreitet. Auf diese zusätzliche Geheimhaltungspflicht weisen hin Knapp a. a. O. Anm. 4 zu § 90, S. 47, Schröder a. a. O. Anm. 2 zu § 90, S. 210, beide unter Erwähnung von solchen Äußerungen, die den Unternehmer irgendwie schädigen oder bloßstellen. Eine Ausweitung gegenüber § 90 HGB bringt Ziff. 13 Hauptpunkte (Anm. 138), wonach der Vsvertreter verpflichtet ist, „alle Geschäftsunterlagen sorgsam aufzubewahren, ihren Inhalt vertraulich zu behandeln . . ."

Über Wettbewerbsklauseln vgl. Anm. 221, über Herausgabe vertraulicher Unterlagen vgl. Anm. 226, über Geheimhaltungspflichten des echten Unteragenten gegenüber dem Ver vgl. Anm. 230.

Die Verletzung der in § 90 HGB normierten und der erweiterten Geheimhaltungspflicht kann zur Kündigung aus wichtigem Grunde und zu vertraglichen Schadensersatzansprüchen führen (Anm. 232—234).

Strafbar ist die Verletzung der Geheimhaltungspflicht grundsätzlich nicht (Duden a. a. O. S. 333). § 17 I UWG ist in Ermangelung eines Arbeitnehmerverhältnisses nicht anwendbar, jedoch kann ein selbständiger Vsvertreter gemäß § 17 II UWG strafbar sein. § 17 I, II UWG lautet:

> Mit Gefängnis bis zu drei Jahren und mit Geldstrafe oder mit einer dieser Strafen wird bestraft, wer als Angestellter, Arbeiter oder Lehrling eines Geschäftsbetriebs ein Geschäfts- oder Betriebsgeheimnis, das ihm vermöge des Dienstverhältnisses anver-

traut worden oder zugänglich geworden ist, während der Geltungsdauer des Dienstverhältnisses unbefugt an jemand zu Zwecken des Wettbewerbes oder aus Eigennutz oder in der Absicht, dem Inhaber des Geschäftsbetriebes Schaden zuzufügen, mitteilt.

Ebenso wird bestraft, wer ein Geschäfts- oder Betriebsgeheimnis, dessen Kenntnis er durch eine der im Abs. 1 bezeichneten Mitteilungen oder durch eine gegen das Gesetz oder die guten Sitten verstoßende eigene Handlung erlangt hat, zu Zwecken des Wettbewerbes oder aus Eigennutz unbefugt verwertet oder an jemand mitteilt.

Zivilrechtlich können sich nicht nur vertragliche Ansprüche eines Unternehmers gegen einen Vsvertreter ergeben, der die Geheimhaltungspflicht verletzt hat. Es kommen vielmehr auch gesetzliche Ansprüche in Betracht, z. B. unter dem Gesichtspunkt der Geschäftsführung ohne Auftrag, insbesondere des § 687 II BGB (Josten-Lohmüller a. a. O. Anm. 3 zu § 90, Würdinger in: RGRKomm. HGB Bd 1 Anm. 3 zu § 90, S. 753). Ferner kommen Ansprüche aus den §§ 1 UWG, 826 BGB in Frage, falls ein Verstoß gegen die guten Sitten, speziell zu Zwecken des Wettbewerbes vorliegt. Ausnahmsweise kann sich sogar ein gesetzlicher Anspruch des Unternehmers gegen den Empfänger der in § 90 HGB erwähnten Mitteilung richten (Schröder a. a. O. Anm. 20—21 zu § 90, S. 217).

Kolibri 360 GmbH
Ferdinand-Jühlke-Straße 7
99095 Erfurt, Deutschland
produktsicherheit@kolibri360.de